# 고대 프랑스어 통사론 연구

(Études de syntaxe de l'ancien français)

김 영 모

도서출판 만 남

# 머 리 말

이 책은 필자가 그동안 '11-15세기 중세 프랑스어 연구'라는 언어학적 연구의 큰 틀에서 기획해온 중세 프랑스어 연구 시리즈의 마지막 작업에 속하는 책이다.

필자는 그동안 '중세 프랑스어'란 국내에서는 좀 생소하고 무거운 주제를 가지고 오랜 시간을 매달려왔다. 필자가 처음 '중세 프랑스어 연구'의 집필을 시작한 동기는 국내 프랑스어학 연구 분야에서 소외되어온 중세 프랑스어를 정리하여 국내에 소개해보자는 간절한 소망에서였다. 애당초 필자는 11-15세기 중세프랑스어를 어우르는 형태·통사론을 구상했었지만, 필자의 역량부족으로 우선의 연구를 14-15세기로 한정하면서, 부차적인 문제를 동시에 해결하는 방법, 즉 공시적 기술에서 통시적 기술이란 방법론을 적용할 수밖에 없었다. 이렇게 해서 우선 14-15세기 중세연구에 대한 1차 작업을 마칠 수 있었고, 그 첫 번째 결과물이 14-15세기 프랑스어의 음운·형태·통사론을 함께 묶은 『중세 프랑스어 연구』란 책이었다. 하지만 이 작업을 시작하면서 연구의 범위를 14-15세기 프랑스어로만 한정할 수 없다는 어려운 상황에 부딪쳐야했다. 왜냐하면 이 시기의 프랑스어가 라틴어의 흔적에서 벗어나 프랑스의 국어로 자리 잡기 시작하는 프랑스어 발달사적 중요성이 매우 큰 시기의 언어이기 때문에, 중세 프랑스어 연구를 14-15세기로 한정할 경우 자칫 한쪽으로 치우친 절음발이 연구로 전락할 수 있다는 위험이 도사리고 있었다.

이러한 한계를 극복하기 위한 필자의 중세연구는 계속되었고, 라틴어 동사에서부터 15세기 프랑스어 동사까지의 프랑스어 동사의 역사형태론이라 할 수 있는 『프랑스어 동사활용 대사전』(2004)을 거쳐, 11-15세기 중세 프랑스어 형태론을 통시적으로 고찰한 『중세 프랑스어 형태론 연구』(2005)란 졸저를 통하여 그 부족함을 어느 정도 보충할 수 있었다.

말하자면 14-15세기 중세 프랑스어로 한정하여 시작된 연구가 결과적으로 11-13세기 프랑스어에까지 확대되고 말았다. 이처럼 필자의 연구가 방대한 중세연구로 확대된 가장 큰 이유는 앞서 언급한 것처럼 중세프랑스어의 언어적 특성에서 기인하는 요인 즉, 14-15세기 중세 프랑스어의 형태·통사론적 연구가 결과적으로 11-13세기의 프랑스어를 배제할 수 없다는 이 시기 언어의 독특한 구조적 특성 때문이었다. 따라서 이번의 『고대프랑스어 통사론 연구』는 처음에 필자가 구상했던 대로 11-15세기의 프랑스어를 언어학적 측면에서 정리하는 일종의 마지막 결과물로 해석할 수 있다.

필자를 이와 같은 중세프랑스어 연구의 계속된 작업으로 이끈 가장 큰 이유 중의 하나는 국내의 프랑스어학 연구에서 이 시기의 언어를 소개하는 연구서가 여전히 미흡하다는(특히 통사론 분야) 사실이었고, 다른 하나는 졸저 『중세 프랑스어 연구』(2002)가 2003년 문화관광부 우수학술도서로 선정됨으로써 안게 된 필자의 심적 부담이었다. 말하자면 졸저의 문화관광부 우수학술도서 선정은 필자로 하여금 그동안 국내의 프랑스어학 연구에서 불모지나 다름없는 11-13세기 통사론 연구에 박차를 가한 계기되었음은 말할 나위 없다.

하지만 욕심과는 달리 11-13세기 고대프랑스어 통사론에 대한 연구는 앞의 작업들과는 사뭇 달랐다. 지금까지의 중세프랑스어 연구과정을 통해 이러한 문제를 어느 정도 예상했지만, 생각과는 달리 11-13세기 언어의 실타래처럼 얽혀있는 통사구조를 파악하는 일은 기존의 작업과는 비교가 되질 않았다. 특히 각 지역 필사본 고유의 통사구조를 정리하고, 여기로부터 표준 통사체계를 재구성하여 이에 맞는 예문을 자료체를 중심으로 정리하는 일은 여간 신경이 쓰이는 일이 아니었다. 그래서 『중세프랑스어 연구』를 골격으로 하여 고대프랑스어 특유의 통사구조의 지붕을 얹히는 방식을 선택했지만, 이에 필요한 각 예문을 필사본 철자 그대로 타이핑하고, 독자들의 편의를 위해 이를 다시 현대프랑스어로 옮기는 일 또한 아주 복잡한 작업이었다. 욕심이 너무 과했다는 자책감과 필자의 무능함에 자괴감마저 들곤 했다. 더욱이 필자를 괴롭힌 것은 이러한 필자 개인의 역량부족이라는 한계 상황보다도 중세프랑스어 연구에 매달린다는 것이 너무나 '현실 감각'이 없는 작업으로 비춰졌을 때에 오는 허탈감이었다. 하지만 생사의 갈림길에서도 꿋꿋한 선비정신을 끝까지 지키시며 직분을 다하셨던 충정공(諱 克成) 할아버지에 대한 외경이 오늘의 이 작업을 완수하게 된 큰 힘이 되었음을 꼭 밝히고 싶다.

이 책은 11-13세기 프랑스어 통사체계의 특징을 공시 · 통시적 관점에서 기술한 책이다. 고대 프랑스어로 통칭되는 11-13세기의 프랑스어는 라틴어 격 어미 체계의 유지와 같은 라틴어 어법을 유지하면서도, 주어 인칭 대명사의 생성, 지시사 체계의 발달, 어순의 확립 등과 같은 현대 프랑스어의 모습을 갖추기 시작하는 전이기의 언어이다. 또한 이 시기의 프랑스어는 국어로의 언어적 통일이 이루어지지 않아, 파리와 일-드-프랑스를 중심으로 하는 프랑시엥어와 피카르디어, 로렌어, 샹파뉴어를 비롯하여 앙글로-노르망디어 등의 지역 방언으로 분할되어 지역이나 필사본에 따라 지역방언 고유의 언어적 특성을 보인다. 따라서 현존하는 모든 문학텍스트는 각 지방 고유의 독특한 언어적 색채, 즉 프랑시앵어, 앙글로-노르망디어, 발론어, 로렌어의 등등의 언어적 특징을 제공한다.

따라서 이 책의 목적은 최초의 고대프랑스어로 씌어진 문학인 『성 알렉시스의 생애*Vie de Saint Alexis*』(1040년)로부터 시작하여 『롤랑의 노래*La Chanson de Roland*』(1100)를 거쳐, 『아서왕의 죽음*La Mort le roi Artu*』, 크레티엥 드 트르와(Chrétien de Troyes)(1165)의 소설등과 같은 중세 최고 문학기인 11-13세기에 씌어진 문학어 통사구조의 탐색에 있다.

이 시기의 중세 프랑스 문학어 구조의 이해를 위해서 Foulet의 『고대프랑스어 통사론 개요*Petite syntaxe d'ancien français*』(1967)를 시작으로 Lesage와 Hasenhor의 『고대프랑스어 입문*Introduction à l'ancien français*』(1990), Thomasset의 『고대프랑스어 읽기*Pour lire* *l'ancien français*』(1997)를 거쳐 Buridant의 『고대프랑스어 신(新) 문법*Grammaire nouvelle de l'ancien français*』(2000)에 이르기까지 많은 문법서나 개요서가 프랑스에서 출간되었다. 하지만 대부분의 연구서들은 고대프랑스어의 음운, 형태, 통사, 어휘와 같은 폭넓은 주제에 관한 개요서 내지 입문서의 형식을 취하고 있다. 이 중에서도 Joly의 『고대프랑스어 개요*Précis de l'ancien français*』(1998)가 가장 현대 언어학적 관점에서 고대프랑스어의 형태 · 통사체계를 기술하고 있지만, Joly 또한 통사론 부분에서 '동사의 직설법, 접속사, 전치사' 등에 관한 기술을 배제하는 한계를 보인다. 또한 고대프랑스어의 통사체계에 관한 연구서는 Foulet의 『고대프랑스어 통사론 개요』와 Moignet의 『고대프랑스어 문법*Grammaire d'ancien français*』(1979)이 고전에 속하지만, 여러 부분에서 내용의 기술이 빈약하고, '화법, 어순, 직설법, 불변사'의 기술이 너무나 형식에 치우쳐 있으며, 자료체가 시대에 뒤떨어진 경우가 많다. Ménard의 『고대프랑스어 통사론*Syntaxe de l'ancien français*』(1988)만이 순수하게 고대프랑스어 통사론을 공시적 관점에서 기술한 연구서로 볼 수 있으나, Foulet나 Moignet와 마찬가지로 자료체가 일부 문학 텍스트에 한정되어있고, 내용의 구성에서 일관성이 결여되어있는 또 다른 한계를 보인다. 말하자면 형용사를 명사의 한정사에서 분리한다거나 어순을 비롯한 접속사에 대한 기술이 배제되어 있는 실정이다. 또한 Hasenhor의 『고대프랑스어 입문』은 Lesage의 책을 재편집한 것으로 간결한 구성이 돋보이지만, 일부 불변사와 어순 등이 생략되었고, 그 내용의 구성이 너무 평이하다.

이와는 달리 국내에서의 고대 프랑스어에 대한 입문서나 연구서는 전무한 실정이다. 11-13세기 고대프랑스어 대한 연구는 앞서 언급한 졸저 『중세프랑스어 형태론 연구』가 있지만, 이 책은 통사론을 배제한 11-13세기 프랑스어의 형태체계를 공시적 관점에서 기술하고 있다. 이처럼 그동안 국내에서의 11-13세기 고대프랑스어에 대한 언어학적 연구는 프랑스어학 연구에서 철저히 외면당해 왔으며, 이는 국내의 프랑스어문학 연구에서 큰 결함으로 지적되어 온지 오래다.

따라서 이 책은 이러한 국내외의 11-13세기 프랑스어의 통사체계 기술의 문제점을 보완하고, 나아가 이 시기 고대프랑스어의 강독과 이해에서 걸림돌이 되어왔던 고대프랑스어의 통사구조를 공시·통시적 관점에서 기술함으로써, 이 시기의 문학 및 역사 텍스트를 언어학적으로 이해하고자하는 학생 및 연구자들에게 필요한 언어학적 입문서 내지 안내서의 역할을 하고자 하는 의도에서 씌어졌다. 그러므로 독자들은 이 책을 통해 고대프랑스어의 통사체계의 특징을 이해함으로써 고대프랑스어 통사체계가 어떠한 변화발전을 거쳐 현대프랑스어에 이르렀는지를 프랑스어 발달사의 측면에서 일목요연하게 확인할 수 있을 것이다.

무엇보다도 이 책의 특징은 고대프랑스어의 통사체계 분석에서 전통적 기술방식에서 벗어나 현대 언어학적 관점을 적용하여 분석하고 있다는 점이다. 말하자면 전통적 기술인 8품사 체계에서 벗어나 명사, (명사의 한정사를 양화사(quantifiant)와 특징 부여사(caractérisant)로 구분하였고), 대명사, 동사, 불변사, 담화의 양식 및 문장의 구조로 분류하여 고대프랑스어의 통사체계를 구성한 점이다.

이 책은 모두 7장으로 구성되었다. 제1장은 명사어의 통사체계에 관한 기술로 먼저 라틴어의 흔적을 유지하고 있는 격 어미 체계의 특성을 다루고 있으며, 이어서 명사어의 한정사를 양화사와 특징부여사로 구분하여 이들 형태소의 통사적 특성을 분석하였다. 명사의 양화사는 담화가 순간적으로 참고하는 대상이나 존재를 지시하는 것으로 관사, 기수형용사, 지시, 소유, 부정 형용사를 포함하며, 명사의 특징 부여사에는 품질형용사, 서수형용사, 분수와 배수, 의문, 감탄형용사가 포함된다.

제2장에서는 대명사의 통사적 특성에 관한 연구로 인칭, 소유, 지시, 관계, 의문, 부정대명사를 분석하고 있다. 특히 인칭대명사와 지시사의 경우, 라틴어와 고대프랑스어를 구분하는 인칭대명사의 생성과 지시사 체계의 발달에서 야기되는 고대프랑스어 인칭대명사 및 지시사 특유의 통사적 특성을 분석하고 있다.

제3장은 이 책에서 가장 많은 분량을 차지하는 동사의 통사체계에 관한 분석으로 태, 상, 명사법(부정법, 분사법, 제롱디프), 인칭법과 시제로 나누어 고대 프랑스어에서의 통사적 특성을 분석하였다.

제4장은 전통문법에서 말하는 전치사, 부사, 접속사에 관한 연구로 이들 형태소를 불변사로 분류하여, 자료체를 중심으로 통사적 특성을 살피었다. 특히 이 장에서는 고대프랑스어 고유의 통사체계에 속하는 절의 연결사 *si*를 비롯하여 발화행위 부사 *mar/buer*의 통사적 특성을 살펴봄으로써 고대프랑스어 언술체계의 특징을 제시하였다.

마지막 제5장에서 7장까지는 고대프랑스어 담화의 양식과 문장의 구조에 관한 분석으로, 이 장에서는 부정문, 의문문, 명령문, 복문, 어순, 강조구문과 소개사, 직·간접화법의 통사적 특성을 살피었다. 부정문의 경우 인칭대명사의 경우와 마찬가지로 술어 대용형 *non*과 술어 비대용형 *ne*로 구분하여 이들 형태소가 통사구조에 미치는 영향을 분석하였다. 이어서 소위 종속접속사로 분류되어 종속절로 알려진 복문의 분석에서는 여러 가지 상황 보어질의 통사적 특성을 고려하여 보어절에서의 직설법과 접속법의 상호교체 가능성을 제시하였다. 또한 라틴어 강세요소가 여전히 큰 영향을 미쳤던 고대프랑스어 어순의 통사적 분석은 이러한 라틴어의 영향과 프랑스어 어법의 정착과정을 동시에 파악할 수 있도록 하였다. 마지막으로 화법의 분석을 통해 중세 프랑스문학 특유의 화법이 발화체에서 어떻게 구현되는지를 살펴봄으로써, 현대프랑스어와의 차이가 무엇인지를 분석하였다.

이상에서 알 수 있듯이 이 책은 고대프랑스어 통사체계의 전반적인 특징을 현대 언어학의 관점을 적용하여 이 시기에 출간된 다양한 장르의 문학, 예컨대, 소설, 시, 연극, 연대기 등의 텍스트를 통해 분석한 연구서로 볼 수 있다. 그러므로 독자들은 이 책을 통하여 그동안 국내의 프랑스어학 분야에서 소홀히 취급돼왔던 고대 프랑스어의 언어체계를 이해하고, 나아가 그 관심을 증폭시킬 수 있으리라 확신한다.

앞에서 열거한 고대프랑스어에 관계되는 원서의 도움이 없었다면

이 책의 집필은 불가능했을 것이다. 그 중에서도 Joly 교수님과 Hasenhor 교수님의 책이 이 졸저의 집필에 큰 지침이 되었다. 특히 파리-소르본 대학의 박사학위 지도교수였던 Thomasset 교수님의 방법론은 이 책의 전체적인 틀을 짜는데 기여했다. 곧 뵙겠다던 약속을 아직도 지키지 못한 불초한 제자가 되고 말았지만, 동양인 첫 제자에 대한 남달랐던 배려를 생각하면 아직도 가슴이 찡하다. 이 자리를 빌려 다시 한번 진심으로 감사의 말씀을 드리고 싶다.

마지막으로 본서의 출판을 흔쾌히 받아주신 만남 출판사 차상면 사장님께도 진심으로 감사드린다. 돌이켜 보건대 한번의 출간도 어려운 경제성이 전혀 없는 전문연구서의 출간을 계속하여 부탁드린 것 같아 만남출판사 차상면 사장님께 정말로 죄송할 따름이다. 그 속 깊은 배려가 없었더라면 11-15세기 중세프랑스어에 대한 국내에서의 연구는 결코 계속되지 못했을 것이라는 사실을 꼭 밝히고 싶다. 아울러 오랫동안 중세프랑스어 연구의 난해한 편집 때문에 고생해온 만남출판사 편집장님께도 깊이 감사드리며, 바쁜 와중에도 온갖 정성을 다하여 멋진 디자인으로 본서의 표지를 만들어준 카이스트 산업디자인과 백목련 양에게도 고마움을 전한다.

막상 원고를 출판사에 넘기고 나니 후련하다는 생각보다는 마음의 짐이 더 크다. 과연 처음에 의도했던 대로 이 책이 11-15세기 중세프랑스어 연구의 마무리 작업으로서의 역할을 제대로 할 수 있을지 걱정이 앞선다. 변함없는 독자 여러분들의 질정을 기다린다. 부족한 부분에 대한 연구는 계속하여 보완 수정할 것을 약속한다.

글을 읽고 쓰고 가르치는 이 길만이 내가 가야할 숙명의 길이라며 자나 깨나 독려하며 큰 사랑을 아끼지 않는 구구님께 감히 이 책을 바친다.

2007년 4월 烏棲山下 새재山房에서

김 영 모

# 일러두기

본서는 독자들의 편의를 위하여 다음과 같은 편집원칙을 적용하여 구성하였다.

1. '고대 프랑스어'의 시기구분

본서에서 말하는 '고대 프랑스어'라는 명칭은 11-13세기 중세프랑스어를 일컫는다. 지금 현재 'Ancien français'라는 프랑스어 원어는 '고불어' 또는 '고대불어'로 국내에서 각각 번역되고 있는 현실이다. 하지만 이와 같은 우리말 번역은 프랑스어 발달사에 대한 선입견이 없을 경우 매우 자의적이기 때문에, 'Ancien français'란 우리말 번역은 '11-13세기 중세 프랑스어'가 가장 타당할 것이다. 하지만 본서에서는 편의상 이 시기의 프랑스어를 '고대 프랑스어'라 부르기로 한다.

2. 학술용어 및 고유명사

학술용어는 우리말 번역과 함께 원어를 명조체로 병기했으며, 고유명사는 외래어 표기법을 따랐다. 하지만 필요한 경우 프랑스어 원어 발음도 함께 표기하였다.

예) 직접목적격(cas régime), 양화사(quantifiant)
예) 크레티엥 드 트롸(Chrétien de Troies)

3. 내용의 구성, 인용문 및 인용부호

본서의 본문과 인용문에서 사용한 이탤릭체나 진한 이탤릭체는 고대프랑스어의 문법적 설명이나 언어학적 설명이며, 기타의 인용부호는 다음과 같다.

(1) >/< : 어휘의 파생관계를 설명
예) mil(<mille), aucun(s)(<aliquis + unus)

(2) (=' ') : 고대 프랑스어 텍스트의 현대 프랑스어로의 해석
예) acesmee(='gracieuse'), hairon(='héron')

(3) 《》 : 자료체의 현대 프랑스어로의 해석(이탤릭체로 표기)
예) ***Filz*** sui un roi(*Aliscan*, 7836)
《*Je suis fils d'un roi*》
Mon ***cheval*** prist(*Yvain*, 544)
《*Il prit mon cheval*》

(4) ( ) : 우리말 설명이 필요한 경우 프랑스어와 함께 병기
예) 소속(*estre* 동사와 함께)
부정형용사(*autre, même, tel, quel*)

4. 참고문헌

마지막으로 참고문헌은 자료체와 연구서로 구분하였다. 먼저 자료체의 경우, 11-13세기에 씌어진 다양한 문학텍스트를 장르별로 구분하여 문학사적 중요성을 고려하여 본서에 많이 인용된 주요 자료체와 일반 자료체로 구분하여 독자들의 편의를 도모하였다. 이어서 고대프랑스어 통사체계를 이해하거나 연구하고자하는 사람들에게 필요한 11-13세기 프랑스어에 관한 일반 개론서 및 연구서를 제시하였다. 따라서 독자들은 참고문헌에서 11-13세기에 씌어진 다양한 중세문학 텍스트와 이 시기 프랑스어의 언어학적 이해에 필요한 연구서를 참고할 수 있을 것이다.

# 차 례

# 1. 명사(Substantif)

고대 프랑스어 명사의 격 어미 체계는 라틴어 명사의 격 어미 체계와는 달리 주격과 목적격으로 축소되었다. 명사의 주격과 목적격은 다음과 같이 문맥에서 다양한 의미로 사용되었다.

## 1.1. 명사의 격

### 1.1.1. 주격

명사의 주격은 고대 프랑스어와 마찬가지로 동사의 주어, 속사, 동격, 돈호법에서 사용되며, 주로 생물 명사, 한정사, 속사, *Dieus*, *sire*, *home*와 같은 명사에서 찾아볼 수 있다.

1. 동사의 주어

Un hostel bel et bien garni
***Li reis*** est fiers e sis curages pesmes.(*Rol.*, 56)
《*Le roi est orgueilleux et sa détermination encore pire*》
Eurent, u li quens sejorna
Tant que li ***Parlement*** dura.(*J&B*, 165)
《*Ils trouvèrent un logement très confortable où le comte séjourna tant que le Parlement siégea*》

☞ **참조**

(a) 주어가 고유명사인 경우, 주격 또는 목적격으로 사용되기도 하였다.

Et puis jura messires ***Gauvains*** et Perceval, et ***Boorz*** et Lyonnel et aprés *Hemains li Blans*.(*Queste*, 23, 23)

(b) 주격에서 동사는 비교 · 제한의 상황 보어절과 명사 관계절에서 생략 될수 있다.

... celi qui tant doit amer,
La Damoisele as Blances Mains,
Dont je parti come ***vilains***.(*B.I.*, 3120)
《*Celle que j'ai tant de raisons d'aimer, la Damoiselle aux Blances Mains, que j'ai quittée comme un rustre*》
Nus ne le vit u chanstel entrer, fors ***li vallés*** tant seulement li celui fait avoit descouvert a Agran.(*Trist.*, prose, 134, 4)
《*Personne ne le vit entrer, à l'exception du jeune homme qui avait révélé l'affaire à Argan*》

(c) 비인칭 표현(*avoir* 동사와 함께)에서는 목적격과 경합한다.

Sire, la aval de soz vostre palés a ***un perron grant***...(*Queste*, 5, 14)
《*Sire, là au pied de votre château, se trouve un gros bloc de pierre...*》 (목적격)
Tant i ot ***escu*** et tant ***heaume***
***embarré, copé et fendu,***
que par force i ont retenu
Des Artésiens .V. a cel poindre.(*Dole*, 2696)(주격)
《*Il y eut tant de boucliers et de heaumes défoncés, tranchés et fendus que cinq Artésiens furent capturés dans cet assaut*》

## 2. 주어 속사

*Estre, demorer, remanoir, devenir* 등의 동사나, 형용사가 동반되는 *cheoir, morir, gesir* 등의 동사 또는 *soi faire, soi feindre, soi sentir a, soi veoir* 다음에서 주어의 속사로 사용된다.

***Uns chevaliers*** sui.(*Lancelot*, 3, 195)

《*Je suis un chevalier*》
Et cel sera ***li mieldres chevaliers*** del monde.(*Queste*, 5, 24)
Prist a moillier Orable la roïne;...
Et si fu ***feme*** le roi Tiebaut d'Aufrique.(*PO.*, 25)
《*Il prit pour femme Orable la reine ; elle fut l'épouse du roi Thibaut d'Afrique*》
Il acoucha malades(*Artu*, 38, 2) 《*Il se mit au lit, malade*》
Sire, fet il, jel vos dirai
J'ai nom ***Biax Filz***.(*Perceval*, 345)

## 3. 동격

Dist, ***Esquanors, li vels chenuz floriz***.(*PO*, 1517)
《*Escanor, le vieillard à la barbe et aux cheveux blancs, dit*》
Oiez, seignor, Deus vos croisse bonté,
***Li glorïeus, li rois de majesté***!(*J&B*, 224)
《*Ecoutez, seigneurs, que Dieu acroisse votre valeur, Dieu le glorieux, le roi de majesté!*》
Sire, fet Kex ***li seneschaux***, se vos asseez ja au disner, il m'est avis que vos enfraindroiz la costume de ceanz.(*Queste*, 5, 1)
《*Sire, dit Keu le sénéchal, si vous vous mettez maintenant à table, vous allez enfraindre, me semble-t-il, la coutume qui règne ici*》

## 4. 돈호법

***Sire compainz***, ***amis***, nel dire ja!(*Rol.*, 1113).
***Agravain***, biaus niés, ne dites jamés tel parole.(*Artu*, 6, 23)
《*Agravain, cher neveu, ne tentez plus de tels propos.*》
Et li rois dist a Galaad : ***Sire***, veez ci l'aventure dont je vos parlai.(*Queste*, 12, 9)
Certes, ***biaus niés***, fet li rois, voirement a ce esté mescheance
***Aucassins***, fait ele, biaus dox amis(*Aucassin*, XXVI, 15)
《*Aucassin, dit-elle, mon très cher ami*》

### 1.1.2. 목적격

명사의 목적격은 여러 가지 문법기능 즉, 직접 · 간접 목적보어와 같은 목적어의 동격, 전치사가 선행하는 간접 목적어, 상황보어의 기능을 하였다.

1. 직접 목적보어

Trop astes ***vilein plait***
De mei hunir et e avillier.(*Lanval*, 364)
《*Vous avez entrepris une honteuse vilénie en me désohorant*》
Mon ***cheval*** prist(*Yvain*, 544)
《*Il prit mon cheval*》
***Le col*** a lonc.(*Partonopeus*, 5969) 《*il a le cou long*》

2. 직접 목적보어의 동격

Et aprés i envoia un suen chardonal, maistre Perron de Chappes croisié(*ConquesteC*, 2)
《*Et ensuite il y envoya un de ses cardinaux, maître Pierre de Chappes, croisé*》
Deu reclama, ***le verai justier***.(*PO*, 898)
《*il invoqua Dieu, le véritable justier*》

3. 직접 목적보어 속사 : *apeler*, *calmer*, *trover*, *tenir*, *veoir*의 목적보어 또는 '재귀대명사 + a/por', 'faire + 서술명사'

Traïtor ***le conte*** apelent.(*Cligès*, 1914)
《*Ils traitent le comte de félon*》
Tot li ferai tenir a ***songe***
quanqu'il a fet le roi cuidier.(*Dole*, 4030).
《*je l'amènerai à avouer qu'il a inventé tout ce qu'il a fait croire au roi*》

Tant le servirent volentiers
que il les fist puis ***chevaliers***.(*J&B*, 2130)
《*Il le servirent de si bon gré qu'il les a depuis faits chevaliers.*》

☞ **참조**
이 경우에도 주격이 사용된 용례를 찾아볼 수 있다.

En ce que len vos apela plus ***durs*** que figuiers puet len une merveille entendre.(*Queste*, 67, 27)
《*Que l'on vous ait appelé plus dur que pierre, c'est là une chose étonnante*》

4. 전치사가 선행하는 간접 목적보어

Li contes... retorne a parler ***de Lancelot*** qui estoit malades chiés l'antain...(*Artu*, 37, 39).
《*Le comte... revient sur Lancelot qui se trouvait malade chez la tante..*》

특히 목적격은 전치사가 행하는 모든 상황보어 기능을 할 수 있다.

5. 소개사 *ez(vos), voi ci, veez ci* 다음에서

As li devant ***un soen drut***.(*Rol.*, 3459)
《*Voici que se présente à lui Gemalfin, un de ses intimes*》
Que qu'ele s'aloit dementant
estes vos .II. ***serjanz*** lo roi.(*Do Mire*, 123)
Veez ci ***l'escu*** que je vos les en remembrance de moi.(*Queste*, 34, 19).

6. 귀속, 방향이나 소속을 의미하는 동사 뒤에서

1) 귀속이나 방향

Lietart, qui tandis s'apansoit
de respondre ***Brun*** par savoir
tele chose qui sanblast voir,
li dist...(*Renart*, 9973)
《*Liétard qui se préoccupait de donner* à *Brun une réponse avisée et qui parût plausible, et lui dit...*》
Puis quel volés, or jurrai ***vostre fille.***(*Ami*, 1792)
《*Puisque vous le voulez, je vais prêter serment* à *votre fille*》

2) 소속(*estre* 동사와 함께)

Roignel qui fu ***seignor Lietart***.(*Renart*, 9352)
《*Rougeaud qui appartenait au seigneur Liétard*》
Filz sui ***un roi***(*Aliscans*, 7836)
《*Je suis fils d'un roi*》

☞ **주의**

전치사 à도 귀속, 방향이나 소속의 의미를 표현할 수 있다.

donez ***a*** chascun sa deserte!(*Dole*, 4007)
《*Donnez* à *chacun ce qu'il mérite!*》
Enuieus estes et vilains,
de tancier ***a*** voz compaignons.(*Yvain*, 91)
《*Vous êtes odieux et rustre de chercher querelle* à *vos compagnons*》

7. 내재된 목적보어

다음과 같은 일부 자동사는 내재된 목적보어를 포함할 수 있다.

1) 운동(*aler, mener, coure, venir...*)이나 상황(*estre, ester, demorerm sejorner...*)을 표현하는 동사 뒤에서 장소의 보어명사

li vilains, qui estoit asis
en la sele sor le cheval,
le fait troter ***trestot .I. val***.(*Renart*, 10206)
《*Le paysan, assis sur son cheval, le fait trotter* à *travers un vallon*》
Vois tu celui qui la vient ***cel chemin***?(*Alis.*, 1770)
Et s'estut loing ***cele part*** la,
Tant que la pucele parla.(*Yvain*, 1959)
《*Il se tient* à *cet endroit,* à *l'écart, jusqu'*à *ce que la jeune fille prenne la parole*》

2) 운동을 표현하는 *aler, mener, coure, venir, emmener*... 등과 같은 동사 뒤에서 방향의 보어 명사

Hé Dex! dist il, ***quel part*** porrai aler?(*Ami*, 2443)
Li quens Guillelmes vint ***cele part*** corant.(*Alis.*, 789)

3) 운동을 표현하는 *aler, marcher, passer, mener*... 등과 같은 동사 뒤에서 거동(allure)의 개념을 갖는 명사

Venez avant, passez ***grant pas***.(*Théophile*, 230)
《*Avancez, dépêchez-vous*》
Lors est tot maintemant venuz
Amors vers moi, ***les saus menu***.(*Rose*, Lorris, 1879)
《*Amour est aussitôt venu vers moi en soutillant*》
Son seignor siut ***toz les galos***.(*Yvain*, 754)
《*Il suit son maître au grand galop*》

4) 평가동사(*valoir, coster*), 특히 부정의 가치를 표현하는 *ne valoir un(e), ne proisier un(e)*...) 뒤에서 가격을 표현하는 보어명사

... il volsist qu'il fussent tuit ars,
si li eüst costé ***cent mars***.(*Yvain*, 1277)

《*il aurait voulu les voir tous brûlés, lui en eût-il coûté cent marcs*》
... certes ***une chanberiere***
ne valent tuit, bien le savez,
li chevalier que vos avez.(*Yvain*, 1632)
《*tous vos chevaliers, vous le savez bien, ne valent pas une femme de chambre*》
Dist Haucebier : Quar lessiez cel glouton!
La soe force ne vaut pas ***un bouton***.(*Alis.*, 373)
《*Laissez cette canaille! s'écrie Haubecier, sa force ne vaut rien*》

5) 측정(mesure)을 표현하는 동사구 뒤에서 측정의 보어명사

En covenant eüs a Damedé
Que ne fuiroie de bataille champé,
Por Sarrazins, ***pleine lance*** d'esté.(*Alis.*, 903)
《*Tu avais juré à Dieu de ne pas fuir - fût-ce de la longueur d'une lance - une mêlée à cause des Sarrasins*》
... et fu sanz doute
plus granz de moi la teste tote.(*Yvain*, 522)
《*et assurément, il me dépassait d'une tête*》

☞ 참조
다음과 같이 내재된 목적 보어를 용인하는 동사들이 있다.

ço dist Rollant : Cornerai ***l'olifant***.(*Rol*, 1702)
《*Rolland dit : je sonnerai du cor*》
feri(='frapper') li vavasors ***trois cos***.(*Yvain*, 217)

8. 상황보어

1) 시간

(1) 시간을 표현하는 전치사 없이 목적격으로 사용된 *jor*, *nuit*,

*soir, heure, matin, endemain, an, autrier,* ...등의 보어명사가 시간 속에 사건을 위치시켜준다.

uns vilains... au son essart novel bien ***main***
pres d'un grant bois un jor ala.(*Renart*, 9274).
《*un paysan... alla un jour de bon matin sans son nouveau champs, tout près d'un grand bois*》
Mes ***cel jor*** molt se merveillierent
del roi qui einçois se leva.(*Yvain*, 42)

☞ **주의**

이 때 다음과 같이 시간의 명사가 전치사와 함께 쓰이기도 한다.

Entre cez choses dant Renarz
proie porchaçoit ***au matin***.(*Renart*, 9683)
Et cele revint ***par matin***.(*Yvain*, 1787)

(2) 또한 이 시간의 명사들은 *estre, demorer, sejorner, aler...* 등과 함께 사건의 지속을 환기시켜주기도 한다.

Venus ***sui*** a cauchiers ferrés
***Trente journees*** parmi glache.(*Nicolas*, 360)
《*J'ai fait, avec des souliers ferrés, trente journées sur de la glace*》
***VII. ans toz pleins*** geüs a son costé(*Alis.*, 889)
《*Pendant sept années pleines, tu es restés à son côté*》

2) 부사적 가치(방법, 조건, 양보, 원인)를 갖는 통합체로 된 목적보어

(1) 방법

Sire, fet li rois Baudemagnus, ***salve vostre grace***, il nel fera mie

premiers.(*Queste*, 23, 11)
《*Sire, dit le roi Baudemagu, ne vous en déplaise, ce n'est pas lui qui prêtera serment le premier*》

(2) 조건

Dame, cuidiez vos recovrer
vostre seignor par vostre duel?
- Nenil, fet ele, mes ***mon vuel***
seroie je morte d'enui.(*Yvain*, 1606).
《*Madame, croyez-vous retrouver votre époux en vous lamentant ainsi? - Non, répond-elle, mais s'il ne tenait qu'à moi, je serais morte de chagrin*》

(3) 양보

se vos la damoisele ne poés desendre encontre moi, l'enmenera ***mau gré vostre***.(*Trist.*, prose, 127, 18)
《*si vous ne pouvez défendre la damoiselle contre moi, je l'emmènerai malgré vous*》

(4) 태도

de Malpertuis, son fort plaisié,
s'en est issuz ***le col baissié***.(*Renart*, 10240)
《*(Renart) est sorti tête baissée de sa forteresse de Maupertuis*》

(5) 원인

De mes douz fiuls que je ai decolez
Ne plaing je nul, ***foi que je doi Saint Omer***.(*Ami*, 3052)
《*Par la foi que je dois à saint Omer, je ne plains aucun de mes deux fils que j'ai décapités*》

> ☞ 주의
>
> *vodtre merci, mien escient(mien escientre), moie coupe...* 등은 소망의 접속법 현재와 현재분사에서 *estre* 동사가 생략된 절과 동가를 이룬다.
>
> mes vos, ***la vostre grant merci,***
> m'i enorastes et servistes.(*Yvain*, 1012)
> 《*mais vous - que grâce vous en soient rendues - m'avez honorée et servie*》
> De si qu'a terre est la hache colee
> Plus de .II. piez ***mien esciant*** entree.(*Alis.*, 285)
> 《*La hache glisse jusqu'à terre, où elle s'enfonce, je crois bien, de plus de deux pieds*》
> Dex, ***moie colpe***, quant je ai foï tant!(*Alis.*, 98)
> 《*Mon Dieu, pardon d'avoir fui ainsi!*》

3) 전치사 보어

***par la froidor*** chascun crient et resoigne.(*Dole*, 848).
《*Le froid plonge chacun dans la crainte et l'angoisse*》
Ensamble li ont requise
La merci ***por le seneschal***.(*Dole*, 5526).
《*Tous ensemble ils ont demandé grâce pour le sénéchal*》

> ☞ 주의
>
> 일부 다의성 전치사(예컨대 *por*)들은 다양한 형태의 상황보어를 도입할 수 있다.
>
> et voit que dame et puceles
> le resgardent ***de lor biaus iex***.(*Dole*, 2257)
> Atant s'en part ***o son varlet***.(*J&B*, 101)
> Li Descouneüs vait devant
> ***Avuec Robert*** son escuier.(*B.I.*, 2769)

### 1.1.3. 명사의 한정보어

고대 프랑스어는 다음과 같이 목적격으로 된 3가지 방식, 즉 '형태소 제로(ø) 구조', '전치사 à로 된 구조', '전치사 de'로 된 구조로 명사의 한정보어를 구성할 수 있다.

1. 형태소 제로(ø) 구조

고유명사 앞에서 소유의 전치사 de가 생략된 고대 프랑스어의 'hôtel Dieu', 'bain Marie'와 같이 '피한정사-한정사'의 어순을 따르는 직접 목적격(cas régime) 구문이 고대 프랑스어에서 통용되었다.

1) 이 구조는 고유명사, 사회적 위계질서 속에서 성장한 사람들의 이름, 소속, 친족 관계의 이름에서 주로 발견된다.

Et messire Gauvains... meinne Boort en la chambre ou il avoit lessié ***l'escu Lancelot***.(*Artu*, 44, 59)
Vos le sivrez a la feste ***seint Michel***..(*Rol.*, 37).
《*vous le suivrez* à *la fête de Saint Michel*》
***La mort le roi Artu***. 《*La mort du roi Arthur*》
Ce est la ***misnie le conte***.(*Renart*, 9832).
《*C'est la maison du comte*》
Je sui, fait il, Kex, ***li senescaus le roi*** Artu.(*Trist.*, *Prose*, 125, 9).

2) 한정사는 사람을 지칭하며, 고유명사나 보통명사, 대명사(관계)로 표현된다. 이때 명사는 정관사, 소유사를 동반할 수 있으며, 봉건 사회의 위계질서를 의미하거나(*roi*, *duc*, *comte*, *emper eor*, *seignor*, *dame...*), 친족(*parent*, *mere*, *cosin*, *seror*, *fil*, *frere...*)을 의미한다.

***les noveles Calogrenant***
li reconta tot mot a mot.(*Yvain*, 658)
《*il lui raconta l'histoire de Calogrenant sans rien omettre*》
Reportés ***le tresor le roy***.(*Nicolas*, 1290)
《*Allez remettre le trésor du roi à sa place*》
Et quant il ot veüe ***la tombe son frere***... il vint devant le roi et apela la reïne de traïson.(*Artu*, 74, 50)
La Virge la me raporta
Qu'a Dieu est mere,
***la qui bonté*** est pure et clere.(*Théophile*, 626)
《*La Vierge me l'a rapporté, elle, la mère de Dieu dont la bonté est infinie*》

3) 또한 고대 프랑스어 텍스트에서는 '한정사 - 피한정사'의 어순 을 발견할 수 있으며, 이 구조는 *Dieu*나 부정대명사 *autrui*, 관계대명사 *cui*(*qui*)에서 찾아볼 수 있다. 따라서 'fous felons.... enquierent autrui amors(*Vergy*, 958)'(='épient les amours d'autrui')와 같은 표현에서도 이 구조를 찾아볼 수 있다.

Sire, oiez moi, por ***Dieu merci***!(*Théophile*, 602).
《*Seigneur, écoutez-moi, pour l'amour de Dieu!*》
si dist au chevalier que ele laise ses enfans en ***la Dieu garde***.(*Lancelot*, 4, 6)
J'estoie trop aiesse hui main,
qant vos mestoie en ***autrui main***
par promesse, la moie chose.(*Renart*, 9634)
《*J'étais très heureux ce matin quand je remettais dans d'autres mains, par une promesse, mon propre bien*》
ele cuidoit vraiement que Lancelos amast cele ***qui manche*** il avait portee au tornoiement.(*Artu*, 32, 32)
《*Elle était persuadée que Lancelot aimait celle dont il avait porté la manche au tournoi*》

☞ **참조**

비인칭 동사가 따르는 명사는 종종 목적격 형태를 취한다. 특히 이 형식은 *avoir* 동사에서 두드러지며, 현대 프랑스어 'il y a'의 기원인 표현에서 이 구조를 찾아볼 수 있다.

Puis dist que ***nul peril*** n'i a.(*J&B*, 4529)
《*Puis il a dit qu'il n'y a aucun danger*》

2. 전치사 à로 이루어진 구조

1) 이 구조 또한 고유명사, 사회적 위계질서 속에서 성장한 사람들의 이름, 친족관계의 이름에서 발견된다.

il vindrent au soir a ***l'ostel a la dame*** ches qui Lancelos avoit demoré.(*Artu*, 45, 15)
《*Ils arrrivèrent le soir chez la dame qui avait accueilli Lancelot*》

2) 한정사는 복수 보통명사가 오거나 정관사나 소유사가 아닌 부정 관사로 현동화 될 수 있다.

Celui jor meïsmes vint a Lancelot la damoisele qui estoit ***suer aux deus freres*** d'Escalot.(*Artu*, 57, 2)
Et se tu fenme vix avoir,
je te donrai la file ***a un roi*** u ***a un conte***.(*Aucassin*, 2, 33)

3) 한정사는 상류층 인사나 친족을 표현하지 않을 수 도 있다.

Maint bon poison et mainte angile
mangai, que je en fui cheanz,
an ***la chareste au marcheant***.(*Renart*, 9768)

> ☞ **참조**
> 전치사를 이용한 명사의 한정보어 구조는 16세기의 시에서 통용되었고, 17세기에도 발견된다.
>
> Je suis la très humble ***servante au seigneur Anselme***.(*L'Avare*, I, 4)
> La vache ***a notre femme***
> Nous a promis qu'elle ferait un veau.(La Fontaine, *Contes*, IV, 11, 72)

3. 전치사 *de*로 이루어진 구조.

1) 이 구조는 한정사가 사람이 아닌 동물이나 사물의 경우에서 사용된다.

ele laise son fil a terre devant ***les piés des chevax***.(*Lancelot*, 3, 6)
A esperon jusqu'à la porte
de son chastel l'en a mené.(*Yvain*, 901).
La tombe qui covroit le mort senefie ***la durté dou monde***.(*Queste*, 37, 31).

> ☞ **참조**
> 하지만 이 경우에도 전치사 *a*와 함께 사용된 용례도 발견된다.
>
> si le rabatent sovent et menu si anemi entre ***les piés as chevax***(*Lancelot*, 14, 19)
> 《*ses ennemis le repoussent sans cesse entre les pieds des chevaux*》

2) 하지만 한정사가 인칭대명사, 지시사 또는 부정사(*autrui*)인 경우 전치사 *de*의 구조를 이룬다.

Car forment het ***l'orguel de li***.(*J&B*, 1001)
Il le rechut tant hounereement com il onques plus pot pour ***l'amour***

***de cele*** k'il amoit de tout son cuer.(*Trist.*, 500)

3) 아울러 한정사가 명사일 경우, 전치사는 담화에서의 관계, 기원, 종(種), 부분, 동작주 등의 관계를 나타낼 수 있다.

(1) 담화에서의 관계

Et por ce que le velt oïr et savoir de sa bouche, s'il onques puet estre, li demande ***la verité de son père***.(*Queste*, 20, 6)
《*Comme elle veut l'entendre de sa propre bouche, si c'est possible, elle lui demande la vérité au sujet de son père*》

(2) 기원

... a seignor refuser ne doi
boen chevalier et ***fil de roi***.(*Yvain*, 2050).

(3) 종(種)

et en voit issir une figure la plus hisdeuse qui fust en ***semblance d'ome***.(*Queste*. 36, 22)
《il en voit sortir la plus hideuse forme humaine que l'on puisse maginer》

(4) 동작주나 대상의 관계

li dus de Tintaguel fu mors par ***la traïson de Uterpandragon*** et ***de Merlin***.(*Lancelot*, 6, 7)
《*Uterpandragon et Merlin sont les agents du procès signifié par le substantif traïson,* à *savoir trahir*》
si l'en avint tout issi comme ele dist, car ele morut sanz faille por ***l'amour de Lancelot***.(*Artu*, 39, 23)

4) 전치사 *de*의 구조가 형태소 제로구조와 전치사 *a*로 된 구조를 대체 하기도 하였다.

(l'espee) tout estoit tainte et vermeille ***du sanc de Kahedin***, son fil.(*Trist.*, prose, 143, 12)(피한정사와 한정사는 소속관계로 연결된다)
por quoi ***li cors dou crestien mauvés et faus*** n'i doit remanoir.(*Queste*, 37, 5)

### 1.1.4. 격 어미 체계의 한계

유추현상은 단순화와 형식의 통일이란 목표에서 제1 활용형(제1 변화형 명사)으로 활용되었으며, 제1 활용형은 곧이어 나머지 두 활용형(2 · 3변화형 명사)을 흡수했다. 목적격은 다음의 경우에서 주격으로 대체되는 경향이 강했다(하지만 반대의 경우도 존재했다).

① 돈호법(문장의 밖에 위치하는 특성 때문에 아주 종종 목적격으로 의미되는 경향이 있었다)

***Seignurs barons***!...!(*Rol.*, 1165) 《*Pour seigneur baron*-주격복수》

② 주어의 동격 및 속사

Ne je ne sui ne ***duc*** ne ***conte***.(*Vergi*, 76) 《*Pour dus et cuens*》

③ 주어 그 자체 : 동사에 후치된 주어는 종종 목적격 형태를 띤다.

## 1.2. 명사의 양화사(Quantifiant)

양화사는 담화가 순간적으로 참조하는 대상이나 존재를 지시하는 것으로 관사, 기수 형용사, 지시형용사, 소유형용사, 부정형용사(*nul*, *tout*, *autre*, *tel*)가 명사의 한정사로 명사의 양화사에 속한다.

> ☞ **참조**
> 특징 부여사(caractérisant)와 양화사는 지시형용사와 소유 형용사를 비롯하여 부정사에서 서로 결합되기도 한다.

### 1.2.1. 관사(Article)

관사는 명사의 한정사로 명사의 성 · 수에 따라 변하며, 명사구를 이루어 명사의 양화사(quantifiant)의 역할을 한다. 고대 프랑스어의 관사는 현대 프랑스어와 마찬가지로 정관사, 부정관사, 부분관사로 나눌 수 있다. 정관사는 라틴어의 지시사 *ille*, 부정관사는 라틴어의 수사 *unus*에서 파생하였지만, 프랑스어의 관사는 이러한 라틴어 어원과는 전혀 다르다.

#### 1.2.1.1. 정관사(Article défini)

고대 프랑스어의 정관사는 현대 프랑스어에서처럼 명사의 한정사로서의 체계적인 용법을 갖지 못하였다.

1. 정관사는 문맥에서 이미 언급한 존재나 대상을 지시한다.

Li ami ***au*** vilain parlerent
et ***au*** chevalier demanderent
sa fille a oes ***lou*** païsant.(*Do Mire*, 19)

2. 화자나 청자(독자나 청자)의 사회, 문화, 종교적으로 공통되는 세계에 속하는 개념을 나타내는 명사 앞에서

1) 사회, 문화, 종교적 문맥

Cartage virent la cité
dont Dido tint ***la*** fermeté.(*Enéas*, 376)
《*Ils aperçoivent la cité de la Cartage dont Didon gouverne la forteresse*》
La vos requistrent ***li*** troi roi voirement...(*Ami*, 1286).

2) 세상에서 유일한 대상을 가리키는 명사 앞에서

Onques si bele n'ot el(en + ***le***) mont.(*B.I*, 2244).
《*Il n'y avait pas de plus belle femme au monde*》
mes seulement de l'acontance
voel feire une brief rembrabce
qui fu feite a privé consoil
entre ***la*** lune et ***le*** soloil.(*Yvain*, 2400)
《*Je veux seulement faire un bref rappel de l'entrevue qui eut lieu en privé entre la lune et le soleil*》

3) 물(eau), 불(feu), 공기(air), 대지(terre)와 같은 명사 앞에서

Lors devient ***la*** terre si gobe
qu'el velt avoir novele robe.(*Rose*, Lorrris, 59)
《*La terre devient alors si fière qu'elle veut avoir une robe nouvelle*》
Car en ***l'***eve le fis seoir.(*Reart*, 9758).
《*Je le fis asseoir dans l'eau*》
***Lo*** feu mistrent en la cité.(*Enéas*, 1160)
《*Ils mirent le feu à la cité*》

4) 인생, 죽음, 시간과 같은 보편적인 경험에 관계되는 개념을 한정할 때

Ele clot les oils, si se pasme
por la destrece de son fil
que il lessa en tel peril
et entre *la* mort et *la* vie.(*Dole*, 3995)
《*Elle ferme les yeux et s'évanouit, desespérée par la détresse de son fils abandonné en grande danger, entre la vie et la mort*》
Tant parollent entr'aux que *li* jors fu biax et clers.(*Queste*, 22, 20)
《*Tandis qu'ils sentretenaient, le jour s'était levé dans toute sa splendeur*》
si tost com *l'*aube creva.(*Renart*, 9899)
《*Dès que l'aube parut*》

5) 신체의 일부분을 나타낼 때

El ot un poi basses *les* hanches.(*Dole*, 4359).
《*elle avait les hanches plutôt basses*》
*lo* cuer avez dur et serré.(*Enéas*, 1805)
《*Vous avez le coeur dur comme la pierre*》
Ele clot les oils, si se pasme
*Le* nés ot bien feit a droiture
et *les* ieuz vers comme faucons...
*le* col ot de bone moison
*la* char plus soëf que toison.(*Rose*, Lorris, 530).
《*Elle avait le nez droit et bien dessiné, les yeux brillants comme ceux d'un faucon...son cou était bien proportionné et la peau était plus douce que la fourrure*》

☞ 주의

(a) 이러한 용법이 항상 일반적이거나 의무적인 것은 아니었다. 소유사가 정관사와 함께 사용되기도 하였다.

Ahi! dist ele, frans chevaliers de pris,
entre *ses* dens, que nus ne l'entendit.(*Ami*, 1435)
《*Elle dit tout bas, entre ses dents, sans que personne ne*

*l'entende; "Ah! nobles et illustres chevaliers"*》

(b) 또한 이 경우 정관사와 소유사가 병행되어 사용되기도 하였다.

Sa dolor li fesoit mouiller
des larmes dou(de + *le*) cuer *son* visage.(*Dole*, 3823)
《*La douleur qui lui brise le coeur inonde son visage de larmes*》

(c) 특히 일부분을 나타내는 기수형용사 앞에서는 정관사를 사용한다.

et vaslet corent contre lui
quatre, sel desarment *li* dui.(*Perceval*, 3060).

3. 명사의 한정보어

1) 한정은 명사의 한정보어 기능을 하는 명사 통합체로 이뤄진다.

Par Libe nonce ceste fame
***la*** felenie de la dame.(*Enéas*, 1567).
《*Cette rumeur annonce par toute la Lybie la trahison de la dame*》

2) 한정은 한정을 받는 관계절의 형태로 실현된다.

Je dot mout, se je te croi
***la*** tricherie et ***la*** non foi
que j'ai mainz autres trovee.(*Renart*, 9568).
《*Je crains fort, en te faisant confiance, la tromperie et la perfide que j'ai trouvée chez maint autre*》

3) 한정은 명사와 동격인 고유명사로 실현된다.

***Li*** quens Rabel est chevalier hardiz.(*Rol.*, 3352)

《*le comte Rabel est un chevalier pein de courage*》
Chele nuit se coucha ***li*** rois Bans auques par tant, car les nuis estoient courtes.(*Lancelot*, 1a, 15)
《*cette nuit-là, le roi Ban se coucha d'assez bonne heure, car les nuits étaient courtes*》

이 때 정관사가 생략되기도 하지만, 이런 용법은 매우 드물다.

S'avint un jor apres disner
parlout a ses barons ***roi*** Marc.(*Tristan*, 1337)
《*Un jour après le repas, le roi Marc était en conversation avec ses barons*》

4. 언급한 명사의 반복기능을 하는 대명사의 역할을 할 때

1) 한정은 부가형용사, 소유사, 부정사를 통해 이뤄진다.

Se feme avoit a non Cassine
***li*** plus cortoise et ***li*** plus fine
qui onques esteüst en Ronme.(*Eracle*, 120)
《*Sa femme s'appelait Cassine: c'était la plus noble et la plus parfaite qui vécut jamais à Rome*》
ma gent et ***la*** soe soit une.(*Enéas*, 633)
《*que mon peuple et le sien ne fassent qu'une*》

☞ **주의**

이 용법에서 소유형용사나 부정형용사로 한정받는 명사화된 정관사의 용법과 관사가 생략된 명사화되는 소유형용사나 부정형용사의 용법을 혼동해서는 안 된다.

Del(de+*le*) suen li ad offert assez.(*Eliduc*, 628).
《*il lui offert une grande partie de ses biens*》
Un des(de+*les*) suens fist utre passer

la porte ouvrier er desfermer.(*Eliduc*, 915)
《*il fait entrer l'un de ses hommes pour qu'il dérouille et ouvre la porte*》

2) 한정은 명사나 한정보어 명사 연사를 통해 이뤄지기도 한다.

Lors se parti li rois Mordrains de sa nef et entra en ***la*** Nascien.(*Queste*, 208, 10).
《*le roi Mordrain quitta alors son navire pour se rendre dans celle de Nascien*》
(li rois) fist trois sairement entiers
l'ame Uterpandagron son pere
et ***la*** son fil et ***la*** sa mere.(*Yvain*, 664)
《*le roi prononça trois serments solennels sur l'âme d'Uterpandragon son père, et celle de son fils et celle de sa mère*》

3) 한정은 한정보어 대명사를 통해 이뤄지기도 한다.

Et s'i voldrai demorer
que chevaliers soie noviax...
de vostre main, non de *l'*autrui.(*Cligès*, 347).
《*Je voudrais demeurer ici assez longtemps pour y être fait chevalier... de votre main et d'aucune autre*》

### 1.2.1.2. 부정관사(Article indéfini)

1. 부정관사는 언술에서 그 존재가 확인되지 않은 'un certain'의 의미로 개인을 표현할 수 있다.

Jadis ert ***uns*** vilais mout riches.(*Do Mire*, 1)
Et païs ot ***un*** chevalier.(*Do Mire*, 15)

2. 부정관사는 라틴어 어원 *unus*, *una*처럼 'un(e) seul(e)'의 의미를 가질 수 있다.

Por ce que ouen ***une*** foiz
avoie a bien entendu
m'en ont li doiable randu
le grredon et la deserte.(*Renart*, 10642)
《*Pour m'être une seule fois dans l'année préoccupée de faire le bien, les diables m'en ont récompensé et remercié*》

3. 부정관사 복수형 *uns*, *unes*는 쌍을 이루는 물건(*unes chausses*, *ungs gants*)이나 전체, 연속을 표현하기도 한다.

et por garder que ses mains blanches
ne halassent, ot ***uns*** blans ganz.(*Rose*, Lorris, 561)
《*Pour éviter que ses mains blanches ne brunissent, elle portait une paire de gants*》
chaussiez refu par gant mesrise
d'***uns*** sollers decopez, a laz.(*Rose*, Lorris, 825).
《*Elle était aussi chaussée parfaitement d'une paire de chaussures échancrées, à lacets*》
Et li preudons venoit a pié et menoit par la main un chevalier a ***unes*** armes vermeilles.(*Queste*, 7, 22).
《*Le vieillard était à pied et tenait par la main un chevalier revêtu d'une armure vermeillé*》

4. 부정관사는 대명사로 기능할 수 있다.

Robins en mena un sommier
et ***un*** autre li messagiers.(*J&B*, 2036)
《*Robin emmène une bête de somme et le messager une autre*》

5. 부정관사는 기수 형용사 앞에서 'quelque'의 의미를 갖는다.

Agee d'***un*** trente cinq ans.(*N. du Fail*, 173)

6. 부정관사는 'un(e) même', 'un(e) seul(e) et même'의 의미로도 사용되었다.

Dui povre clerc furent jadis,
né d'***une*** vile et d'***un*** païs.(*Del Mun.*)
《*Il y avait autre fois deux pauvres clercs, natifs d'une même région, d'une même ville*》
Si porterez cest affichal,
cest tissu et ceste aumosniere
tot est brodee d'***une*** mainiere(*Dole*, 4292).
《*Vous lui porterez cette broche, cette etoffe et cette aumônière; l'ensemble est brodé d'un seul et même motif*》

### 1.2.1.3. 부분관사(Article partitif)

12-13세기의 고대 프랑스어에서 등장하기 시작한 부분관사 *du, de la*는 중세 프랑스어기에 비약적인 발전을 이룬다. 정관사에 *de*가 결합되어 만들어진 부분관사는 셀 수 없는 물질명사에서 양의 일부분을 나타낸다. 고대 프랑스어의 텍스트에서 부분관사의 사용이 절대적인 것은 아니었다. 고대 프랑스어에서 부분관사의 용법은 다음과 같다.

1. 부분관사는 부정문이나 양의 부사(*molt, poi, trop, assez, le plus...*) 뒤에서 사용된 전치사 *de*의 용법에서 발달하였다.

En ma meson n'a point ***de*** pain.(*Do Mire*, 282).
Mais nonpourquant durement estoit navrés et mout avoit perdu de ***sanc***.(*Trist.*, prose, 142, 54).

2. 부분관사는 한정된 양의 일부분을 표현한다.

Tant avoit ***du*** sanc perdu que a grant painne se pooit il tenir en estant.(*Trist.*, prose, 135, 40).
《*Il avait tant perdu de sang que c'est* à *peine s'il pouvait tenir debout*》
S'au bacin viax ***de l'***eve prendre.(*Yvain*, 395).
《*Si tu veux prendre de l'eau au bassin*》
N'en ad vertut, trop ad perdut ***del*** sanc.(*Rol.*, 2229).
《*Il n'a pas de vigueur, il a trop perdu de sang*》

3. 부분관사는 비한정 명사의 일부분이나 사람 및 대상을 표현하는 비한정 명사의 일부분을 표현하기도 하였다.

et fist ***du*** charbon et feu metre.(*Av. Comp.*, 104).
de la vitaille, dou pain querrai por Dé.(*Ami*, 2306).
《*Je quêtrai de la nourriture et du pain, au nom de Dieu*》
Et la dame fu en la tor
de son chastel montee au ahaut...
et vit gisanz par terre
***des*** afolez et ***des*** ocis.(*Yvain.*, 3185).
《*La dame, montée en haut de sa tour... voit gisant* à *terre des blessés et des morts en grande quantité*》

### 1.2.1.4. 관사의 생략(Omission de l'article)

고대 프랑스어에서 관사의 부재는 일반적으로 명사가 불변의 외연(extensité)에 포함되었다는 사실을 알려준다.

## 1. 고유명사

개인이나 유일한 것을 환기시켜주는 고유명사는 한정이 필요하지 않다. 하지만 그 용법은 인칭명사나 지리명사, 유일하거나 추상적인 일반적인 개념을 나타내는 명사(고유명사나 지리를 표현하는 명사)의 의미소나 시대에 따라 다르다.

### 1) 인칭명사

유일한 존재를 지칭하는 인칭명사에서는 중세 문학 속에 등장하는 동물이나 보석 등에서 차용한 인칭명사라 할지라도 관사가 생략된다.

*Lancelot, Kahedin, Yseut, Gueiève, Vivien, Jehan, Renanrt, Hercelot ; Beaucent, Machepere, Folatile...; Durandal, Joyeuse, Escalibur...*

### 2) 지리명사

#### (1) 나라, 지역, 지방에서

et li autre troi dient qu'il sont de ***Danemarche***.(*Queste*, 267, 31)
《*les trois autres disent qu'il sont de Danemark*》
Jo l'en cunquis ***Normendie*** la franche,
Si l'en cunquis ***Provence*** e ***Equitaigne***
E ***Lumbardie*** e trestue ***Romaine***.(*Rol*, 2324)
《*J'ai conquis pour lui la Provence et l'Aquitaine et la Lombardie et toute la Romaine*》

하지만 이 시기의 텍스트에서 정관사가 사용된 예문이 발달하기 시작한다.

Et par ceste aventure puet len bien conoistre que ce est cil qui metra a fin les aventures de ***la*** Grande Bretagne.(*Queste*, 10, 15)
《*Cette aventure montre bien que c'est lui qui mènera à terme les aventures de la Grande Bretagne*》

아울러 현대 프랑스어에서도 통용되는 장소를 나타내는 전치사 *en*, *de* 다음의 지리를 나타내는 명사에서도 관사가 생략된 예도 발견된다.

En ***Cornuaille*** n'en set on nule nouvele du monde, fors tant voirement que on dist... que mesire Tristrans s'est departi de ***Cornuaille***.(*Trist., prose*, 111, 17).
《*en Cornouaille on en sait absolument rien ; on dit seulement... que monseigneur Tristan a quitté la région*》

(2) 도시 명사 앞에서(현대 프랑스어와 유사)

Il avint ja de fors ***Compiegne***
trois avugle un chemin aloient....
s'en aloient devers ***Senlis***.(*Av. Comp.*, 12)
《*Il arriva un jour que, près de Compiègne, cheminaient trois aveugles... ils suivaient la route de Senlis*》

(3) 강이나 하천 명사 앞에서

Si estoit poi moindre de ***Saine***.(*Rose*, Lorris, 112).
《*Elle était un peu plus Yvaine que la Seine*》

(4) 복수로 사용된 민족(부족)명사 앞에서

Dist Blancandrins :
Francs sunt mult gentilz home...(*Rol.*, 377)
Dient ***Franceis*** : Dehet ait ki s'en fuit!(*Rol.*, 1047).
《*Les français disent : Malheur à celui qui s'enfuit!*》

이 경우에도 관사의 사용이 점차적으로 확대된다.

Les contes ke jo sai verrais
Dunt *li Bretun* unt fait les lais
Vos conterai assez briefment(*Guig.*, 20).

## 2. 보통명사

보통명사에서 관사의 생략은 현대 프랑스어에서 보다 더욱 빈번했다.

### 1) 명사가 개인이 아닌 종(種)의 의미를 갖는 경우

Or t'ai trouvé, non pas en tel maniere com ***peres*** doit trouver ***fil*** ains t'ai trouvé en cestui point comme le plus mortel anemi que ge onques trouvaisse.(*Trist.*, *prose*, 145, 8)
《*Je t'ai trouvé, non pas comme un père doit retrouver son fils mais comme le plus mortel ennemi que j'aie jamais rencontré*》

특히 속담, 격언, 진실을 표현하는 종속절에서 관사는 생략된다.

tant grate ***chievre*** que mau gist.(*Proverbes*, 2297)
《*A trop gratter, chèvre est mal couchée*》

### 2) 추상명사나 물질명사 앞에서

Ains ala en estrange terre
pour ***preu*** et pour ***honnour*** conquerre.(*J&B*, 46)
《*Il se rendit en terre étrangère pour conquérir richesse et honneur*》
desus le chief me mistrent ***sel***,
***vin*** et oille, ***farine*** et ***cendre***.(*Enéas*, 1040)

3) 명사가 돈호법으로 사용되었을 때

*Tornoior*, vous que direz
qui au jor du Juyse irez?(*Comp. Outr.*, 135).
《*Habitués des tournois, que direz-vous au moment du Jugement dernier?*》

4) 명사가 속사일 때

bien i pert que vos estes ***fame***.(*Yvain*, 16454).
《*On voit bien que vous êtes une femme*》

5) 명사가 비교절에 위치할 경우

si s'escrïe forment et huie
ausint com ***veneor*** qui chace.(*Renart*, 9947)
《*Alors il pousse des cris et des huées comme un chasseur* à *la chasse*》

6) 명사가 동사나 전치사와 연결되어있을 경우

(1) 다음과 같은 명사구에서 : 'avoir + paor, pitié, cure(='se soucier'), tort, faim, honte, talent'(='désirer')..., 'estre + avis, merveille...', 'faire + semblant, compaignie, justice, tort, honte, duel'(='manifester son chagrin'),,,, 'prendre + conseil, conroi'(='prendre soin'), 'rendre justice, tenir parlement, donner congié, crier merci'....

il s'en part atant de l'abeïe et ***prend congié*** as preudoumes de laiens.(*Trist.*, prose, 90, 12)
《*il quitte aussitôt l'abbaye, après avoir pris congé des religieux*》
Cil dient tuit, del repairier
ne del combatre n'***est mestier***.(*Enéas*, 72)

*《Ils répondent tous qu'il est inutile de rester et de combattre》*

(2) 다음과 같은 전치사구에서 : 'a(grant) peine, devise, merveille(='de façon étonnante'), terre, pié, cheval', 'sans doute, dangier, demorance(=aussitôt)', 'par nuit', 'de chief en chief'(='de bout en bout')....

et ce fu provance veraie
qu'ancor estoit leanz, ***sans faille***,
cui ot faite la bataille
et qui l'avoit mort et conquis.(*Yvain*, 1183).
*《C'était la preuve manifeste que se trouvait encore parmi eux, sans nul doute, l'agresseur qui avait vaincu et a tué leur seigneur》*

7) 다음과 같은 비한정을 포함하는 부정문, 의문문(직, 간접) 조건문에서

(1) 부정문

n'a i cil qui ne tiengne ***espié***
ou bon levrier ou arc ou hache.(*Renart*, 9836).
*《Pas un qui ne soit muni d'un épieu, d'un bon lévrier, d'un arc ou d'une hache》*

(2) 직 · 간접 의문문

A dons soz ciel ne ***roi*** ne ***conte***
qui eüst an ma fille honte?(*Erec*, 533)
*《Y a-t-il sur terre un roi ou un comte qui ait honte de ma fille》*

(3) 조건문

Certes, fet Galaad, se je ***compaignie*** vousisse avoir, je ne te

refusasse mie.(*Queste*, 35, 20)
《*Assurément, répond Galaad, si je voulais un compagnon, j'accepterai ta proposition*》

8) 부정사 *autre, tel, autretel*...이나 *certain, tot* 로 수식 받는 명사에서

einz ***tel*** mançonge ne deïs.(*Yvain*, 1612).
n'en fera mes autre jornel.(*Renart*, 9364)
《*il n'accomplira pas d'autre tâche*》
j'en sai bien ***certaine*** novele.(*Dole*, 3708).
《*J'au sur elle des renseignements certaine*》
Hé! Dex, dist elle, qui formas ***toute*** jant(*Ami*, 1277)

9) 명사의 현동화가 다음과 같이 이루어질 때

(1) 소유사, 지시사 및 한정사로 수식 받는 명사에서

***vostre proesce*** qu'est elle devenue?(*Ami*, 1527)
L'acheison de ***cel jugement***
voil raconter asez briement.(*Enéas*, 99)
《*Je vais vous raconter en quelques mots les circonstances de ce jugement*》
Au ***mainte guise*** se porpanse.(*Renart*, 9467).
《*il retourne le problème dans tous les sens*》
Entemes cil qui a amor
Ne doit avoir ***nule paor***.(*B.I.*, 3115)
《*Surtout, celui qui est amoureux ne doit avoir aucune crainte*》
La nuit fu serviz au mangier
de ***tanz mes*** que trop en i ot.(*Yvain*, 5433)
《*Le soir, au repas, on lui servit tant de mets qu'il y en eut à profusion*》

(2) 기수 형용사로 수식 받는 명사에서

Atant Enéas a choisiz
***dis chevaliers*** proz et hardis.(*Enéas*, 358)

하지만 기수 형용사 앞에서 정관사가 사용된 예도 발견된다. 이때 수 형용사는 특징을 부여하기 위해 양화사의 역할을 상실하며, 관사로 현동화된 명사의 부가사(épithète)가 된다.

***Li troi avugle*** a l'oste ont dit:
Sire, nous avons un besant.(*Av. Comp.*, 148)

☞ **예외**
특징 부여사인 서수 형용사에서는 정관사를 사용한다. 하지만 이 경우에도 관사가 생략된 예를 찾아볼 수 있다.

.. revenrai dedenz ***jor quarantisme***.(*Ami*, 1785).
*《Je reviendrai dans un délais de quarante jours》(=avant le quarantième jour》*

### 1.2.2. 기수 형용사(Adjectif numéral cardinal)

기수 형용사는 부가 형용사(***deux*** amies), 속사(Elles sont ***quatre***), 명사적 형용사(les ***dix***), 명사(cinq et ***trois*** font ***huit***) 등으로 사용되며, 무엇보다도 숫자를 나열하는 한정사의 기능을 한다. 고대 프랑스어에서 기수 형용사는 숫자 3까지 격변화를 한다. 또한 중세의 필사본에서는 숫자는 일반적으로 두 점 사이에 로마 숫자로 표기되어있다.

Et ce fu en l'an de l'Incarnation Nostre Seignor Jesu Crist ***.M.*** et ***.CC.*** anz et ***.VI.***(*Villh*, 441)
*《Et cela se produisit l'an de l'Incarnation de Notre Seigneur Jésus Christ mil deux cent six》*

아울러 숫자가 두개의 복합수일 경우 복합수는 약어로 표현될 수 있다.

*.VII^xx^.* chevaliers.(*Villh*, 402)
《*cent quarante chevaliers* : 문학적 표현 *sept vingts chevaliers*》
... bien *.XX^m^.*(*Villh*, 380)
《*environ vingt mille*》

1. 고대 프랑스어에서처럼 *empreu*가 *un* 대신 덧셈에서 사용되며, 이 용법은 17세기까지 계속된다. 또한 *doi*형도 찾아볼 수 있지만, 그 사용은 극히 제한되어있다.

Plus tost ne poïst an nonbrer
***An preu***, et deus, et trois, et quatre,
Que l'en ne veïst abatre
Quatre chevalierz araumant
Plus tost et plus delivremant(*Yvain*, 3162)
《*On l'aurait vu abattre quatre chevaliers en un rien de temps, plus vite et plus aisément que l'on ne compte un, deux, trois, quatre*》

2. 'tous les deux ensemble'의 의미로 사용되던 고대 프랑스어 특유의 어법 *am(be)dui*, *am(be)deus*은 중세 프랑스어에까지 지속되었다.

Et li autre ***dui*** sus li vienent :
as espees que nues tienent
li donent granz cos ***anbedui***.(*Yvain*, 4491)
《*Les deux autres se précipitent sur lui : de leurs épées nues qu'ils ont à la main, tous deux lui donnent de grands coups*》

3. 접속사 *et*가 10 단위 또는 100 단위 명사 앞에서 사용된다.

Vint ***e*** deus sols.(*Renart*, 11, 57)
《*Vingt-deux sous*》
Sachiez que .m. et .c. et quatre vinz ***et*** .vii. anz aprés l'incarnation

de Jehu Crist...(*ConquesteV*, 1)
《*Sachez que mille cent quatre-vingt sept ans après l'incarnation de Jésus-Christ...*》

4. 20진법과 10진법이 함께 쓰인다.

Et acoustumé estoit que.. ***six vins*** povre fussent tout adés repeu en sa maison.(*SL*, 142)
《*C'était l'habitude(pour le roi) de faire nourir cent-vint pauvres dans sa maison*》

5. 20과 100은 다른 숫자가 뒤에 올 경우에도 복수형을 사용하였다.

A Pasque, en l'an de grace que li miliaires couroit par mil dous ***cenz*** quarante et huit.(*SL*, 25)
《*Le jour de Pâques, en l'an de grâce mil deux cent quarante-huit*》

6. 1000의 경우 단수형은 *mil*(<*mille*)과 복수형은 *milie, mile, mille*(<*milia*)로 구별되었다.

... ***mil*** colps i fiert.(*Rol.*, 2090)
《*Il frappe mille coups*》
Cel jurn i out cent ***mil*** lairmes pluredes.(*Alexis*, 119)
《*Ce jour-là, on versa des torrents de larmes*》
A Henri, mon fil le poisné,
Ai .V. ***mile*** livres doné.(*Rou*, 3, 9155)
《*A Henri, mon fils puîné, j'ai donné cinq mille livres*》

7. *un*(*vint et un, trente et un*....)으로 된 복합수 다음에서, 명사는 일반적으로 단수형이 온다.

Bien ot ***vint e un an***.(*Becket*, 231)
《*Il avait bien vingt et un ans*》

8. 기수 형용사 다음에 종종 전치사 *de*가 오기도 하며, 'pour ce qui est de'로 해석될 수 도 있다.

N'ai que ***seissante de*** chevaliers a armes.(*CL*, 385)
《*J'ai seulement soixante chevaliers en armes*》

9. 기수 형용사는 부정형용사 *tel*이나 *tous*, 소유형용사와 함께 쓰일 수 있다.

Il a ***telz sept plaies*** ou corps, dont la maindre estoit assez perilleuse... (il) venoit de si grant oirre(='vitesse') qu'il faisoit le feu issir de ***tous les quatre piés*** du cheval.(*Erec*, 3, 236)

### 1.2.3. 소유 형용사(Adjectif possessif)

고대 프랑스어의 소유사는 관사처럼 기능하는 비강세형과 품질 형용사처럼 기능하는 강세형으로 형태적 구분이 가능하며, 명사의 한정사로 양화사나 특징 부여사로 사용된다.

고대프랑스어에서 비강세형 소유사는 관사나 기수 형용사처럼 양화사로 정관사처럼 기능한다. 따라서 원칙적으로 소유사 앞에 정관사가 위치할 수 없으며, 정관사의 의미에 인칭의 지시가 첨가된, 즉, *mon/ton/son livre*는 'le livre à moi/toi/soi'를 의미하므로, 중복법, 돈호법의 용법을 갖는다.

Molt s'esmaient ***si*** compaignon.(*Enéas*, 239).
《*les compagnons à lui*》 / 《*les compagnons qui se définissent par rapport à lui*》
Par ***mon*** chief, ge le vueil savoir.(*Artu*, 3, 13)

> ☞ **주의**
>
> (a) 하지만 소유사가 정관사나 지시사와 함께 사용된 예도 발견되며, 특히 중세프랑스어에서 이러한 혼동이 종종 일어난다.
>
> Ains qu'en montast por chevauchier
> ***Le son*** cheval...(*Dole*, 3355).
> 《*Avant qu'il ne monte son cheval...*》
> ***Chelui sen*** baillu.(*Con* 21)
> 《*Ce bailli à lui*》
> En ***ce son*** premier voyage vaca le bon marchant l'espace de cinq ans.(*CNN*, 126, 16)
>
> (b) 여성 단수형(*ma, ta, sa*)는 모음으로 시작되는 명사 앞에서 모음 생략현상을 보인다 : *m'espee, t'entente, s'anemie...*

### 1.2.4. 지시 형용사(Adjectif démonstratif)

지시사는 지칭하거나 지시하고자하는 사람이나 사물명사를 동반하며, 명사의 한정사로 명사구를 이룬다.

고대 프랑스어에서 *cist*는 언급된 지시체가 반드시 존재하지만, *cil*에서는 이러한 지시체가 없어도 가능하다. 따라서 고대 프랑스어에서 인접한 지시 짝이 없는 한 *cil*은 *cist*로 대체될 수 없지만, *cist*를 대체할 수 있다.

#### 1.2.4.1. 제1형 Cist

*Cist*는 지시사와 짝을 이루는 지시체가 시간-공간 환경이나 기호 그 자체의 추론환경에 위치하는 정보를 통해 확인할 수 있도록 한다.

1. 지시체는 발화행위의 공간-시간환경에서 확인할 수 있다.

1) 지시체는 발화행위의 공간에 위치할 수 있다.

Li rois Hoël se met adont avant et leur crie tant com il puet: Signeur cevalier, retournés ariere et alés querre un autre passage, car a ***cest*** pont ne puet nus de vous passer.(*Trist.*, prose, 140, 11)

2) 지시체는 발화 행위의 기간에 위치할 수 있다.

Mais pour çou c'amender vous voel
le grant outrage et le mesfait
que je sans raison vous ai fait,
vous vieng ***chi*** veoir a *ceste* heure.(*J&B*, 1193)
《*C'est parce que je veux réparer le grave tort et le mal que je vous ai faits sans raison que je viens vous voir ici* à *cette heure*》

2. 지시체는 기호의 직접적인 추론 환경에서 확인할 수 있다.

1) *Cist*는 앞에서 언급한 사실을 되풀이하거나 반복한다.

Trestuit de joie se travaillent
et, a ***ceste*** joie reçoivent
lor seignor si com feire le doivent.(*Yvain*, 2359)
《*Tous rivalisent d'allégresse et c'est dans cette allégresse qu'ils accueillent leur maître comme ils le doivent*》
Mort soit ne dormira demain,
fet li rois, bone matinee!
***Ceste*** parole mout agree
a ciaus qui erent las d'errer.(*Dole*, 1797).
《*Que la mort s'empare, dit le roi, de celui qui ne dormira pas tard demain matin! Ces paroles plurent beaucoup aux voyageurs fatigués par la route*》

2) *Cist*는 잠시 후에 언급할 사실을 알리거나 동격을 표현한다.

Au roi Artus puis t'envoia,
qui ***ceste*** afaire te donna
de secorre la dameissele.(*B.I*, 3240)
《*Elle t'adressa ensuite au roi Artur qui te confia la tâche de secourir la demoiselle*》
De Troies la Bele Doete
i chantoit ***ceste*** chançonete :
Quant revient la sesons
que l'erbe verdoie...(*Dole*, 4567)
《*La belle Doete de Troyes y chantait cette chansonnette : quant revient la saison où l'herbe reverdit...*》

### 1.2.4.2. 제2형 Cil

지시사 *cil*은 *cist*와는 달리 공간 - 시간 및 추론환경에 포함되어있는 정보를 통한 지시체의 확인이 필요하지 않다.

1. 공간-시간 환경에서 인접한 지시체가 존재하지 않는다.

1) 공간 환경에서

Lancelot, je vos di de par le roi Pellé que vos avec moi venez jusqu'en ***cele*** forest.(*Queste*, 1, 12).

2) 시간 환경에서

***Cele*** nuit traisent au castel
Et furent servi bien et bel.(*B.I*, 1817)

2. 확인할 지시체가 인접한 추론(discursif) 환경에서 존재하지 않는다.

1) 공간 환경에서

S'i amainnent lor marchandie
Par la mer, qui illuec les guie,
Dont li passage mout valoit
Que ***cele*** vile recevoit.(*B.I*, 1925).
《*La mer, qui les menait jusque là, leur permettait d'y acheminer des marchandises dont les droits faisaient la richesse de la ville*》

2) 담화에서 *respondre*, *dire*, *faire* 동사와 함께 등장인물의 변화, 화자의 변화를 지시한다.

Diex! fet ele, que voi ge la?
Qui est qui se demante ici?
Et ***cil*** repont : Et vos qui?
-Je sui, fet ele, une chetive
La plus dolante riens qui vive.
***Cil*** respon : Tes, fole riens!(*Yvain*, 3566).
《*Dieu, dit-elle, que vois-je là? Qui peut bien se lamenter ainsi? Il lui répond : Et vous, qui êtes-vous? - Je suis une captive, l'être le plus malheureux qui soit. - Tais-toi, réplique-t-il, créature insensée!*》
S'il vous pleust, fet Galaad, je i alasse, car si com je pens je m'en getasse mielzs de vos. Et ***cil*** dit qu'il n'i entrera ja se li non.(*Queste*, 41, 14).
《*Si vous y consentiez, dit Galaad, je prendrais cette voie car je pense pouvoir m'en sortir mieux que vous. Mais Mélyant réplique que personne d'autre que lui-même ne n'y engagera*》

3) 중세 프랑스 문학 고유의 지시사

(1) 강조의 지시사

Et aprè Nymes, ***cele*** bone cité.(*Nîmes*, 452)
***Cil*** sire qui forma le mont.(*B.I*, 1646)
Par ***cel*** apostre qu'en quiert en Noiron Pré.(*Nîmes*, 274)
《*Par l'apôtre qu'on prie dans les Jardins de Néron*》

(2) 서사시(épique) 서술 지시사 : 봄을 환기시키거나 군대의 행진묘사

Ce fu en mai el novel tens d'esté;
Floissent bois et verdissent ***cil*** pré,
Ces douces eves retraient en canel,
***Cil*** oisel chantent doucement et souëf.(*PO*, 39)
《*C'était en mai au retour de l'été; les bois florissent, les prés reverdissent, les douces eaux se retirent dans leur lit et les oiseaux chantent avec harmonie*》
Luisent ***cil*** elme, ki ad or sunt gemmez,
E ***cil*** escuz e ***cil*** obsercs safrez,
E ***cil*** espiez, ***cil*** gunfaun fermez(*Rol.*, 1031)
《*Les heaumes brillent avec leurs pierres serties d'or, les boucliers et les hauberts brodés, les épieux et les gonfanons fixés aux lances*》

3. *Cil*은 인접한 지시체나 인접하지 않은 지시체를 갖지 않는다.

1) *cil*은 부사로 한정 받을 수 있다.

Et il s'en sueffre atant et se couche en un lit que ***cil*** de laiez li firent.(*Queste*, 72, 19)

2) *cil*은 명사 연사(전치사 *de/a*로 도입)로 한정 받을 수 있다.

Avés vos dont si grant volenté de combatre vous encontre ***chiaus*** du lignage le roi Ban.(*Trist.*, prose, 117, 28)
《*Etes-vous donc si désireux de vous battre contre les chevaliers de la parenté du roi Ban?*》

A! Dex! fet l'une, qui est ***cil***
a la cote de mustadole?(*Dole*, 2539)
《*Dieu! dit l'une d'elles, quel est donc cet homme qui porte une tunique de drap précieux?*》

3) *cil*은 관계절로 한정 받을 수 있다.

car eles estoient honorees et chier tenues par ***cels*** de qui eles doutoient qu'il ne moreussent en la Queste.(*Queste*, 18, 15)
《*car elles craignaient que ceux qui leur témoignaient amour et tendresse ne périssent au cours de cette Quête*》

특히 *com cil/cele...qui*(*cil*='un homme/une femme, quelqu'un'), *n'i a celui qui ne...*(='il n'y en a pas un qui ne..., il n'y a personne qui ne..., tous sans exception'), *il i a assez de cels qui*(='il y a beaucoup de gens qui(pour)')...와 같은 표현에서 사용된다.

... si li vint en talent,
com ***cil*** qui n'eut pas le cuer lent,
qu'il s'en iroit en Engletere.(*J&B*, 78)
《*Aussi prit-il la décision, en garçon énergique qu'il était, de partir pour l'Angleterre*》
car, por ses lances solement
porte, sont il .VII.XX. vallet,
n'i a ***celui*** n'ait chapelet.(*Dole*, 2460)
《*en effet, rien que pour porter ses lances, il y avait cent quarante jeunes gens, tous couronnés de fleurs*》
... il i ot assés de ***chiaus*** ki bien dirent apertement et voiant monsigneur Lancelot meïsme ...(*Trist.* prose, 119, 17).
《*Beaucoup de gens déclarèrent et même devant Lancelot...*》

4) 지시사는 단독으로 사용되어 개인 전체(='tous sans exception') 나 부정대명사 'un tel'의 의미를 가질 수 있다.

Tot s'esmervellent ***cil et cele***
K'amors il fait son sens müer.(*B.I.*, 1730).
《*Tous sont stupéfaits qu'Amour lui ait ainsi fait perdre la raison*》
En ce qu'il orent lessié a parler de ce, si regarderent par les sieges de la Table Reonde et troverent en chascun leu escrit : Ci doit seoir ***cil***.(*Queste*, 4, 5).
《*Laissant là leur conversation, ils examinèrent les sièges de la Table Ronde et trouvèrent écrit sur chacun d'eux : Ici doit prendre place un tel*》

4. *cil*은 *cist*처럼 인접한 지시체를 가질 수 있다.

Sire, fait il, estés, caele ;
Dites a ***cele*** damoisele
Qu'ele mon bracet n'en part pas.(*B.I*, 1336)
《*Seigneur, dit-il, je vous en prie ; dites à cette jeune fille de laisser là mon Yvain chien*》

### 1.2.4.3. **제1형 중성대명사** Ce

1. 술어형 대명사(prédicatif)

1) 문장의 강세위치에 위치 : 문두나 삽입구에서

***Ce*** vos dist Richart de Lison
qui translatee a ceste fable.(*Renart*, 12922).
Cil me porroit bien ensgagier
En tos païs, ***ce*** dist la biele.(*B.I.*, 1639).

2) 문장의 마지막에 위치

Mes or n'a ele pas fet ***ceu***,
logiee s'est an franc ceu.(*Yvain*, 1407)
《*Mais il(amour) n'a pas agi ainsi ; il s'est établi dans un noble domaine*》

3) 전치사의 보어

Ge ne l'ai pas por ***ce*** en despit.(*Dole*, 3574)
《*Je ne la méprise pas pour autant*》

2. 술어형 중성 대명사의 문법적 기능

1) 주어(인칭, 비인칭 동사, *estre*...)

Se li a dist : ce ne me plaist.(*B.I.*, 2450)
***Ce*** li semble que la nuis estoit tant oscure mervilleusement que a painnes pooit il veoir le cemin.(*Trist.*, prose, 97, 28)
***C'***est granz diax que po a vescu.(*Yvain*, 2097)
《*C'est un grand malheur qu'il ait si peu vécu*》

2) 속사 또는 목적보어 속사

Veraiement le sachiez vous, fait Boorz, que ***ce*** est il, et qu'il est vostre cousine prochains.(*Queste*, 9, 27)
***ço*** qu'ele n'est l'ai apielee.(*B.I*, 1265)
《*Je l'ai appelée ce qu'elle n'est pas*》

3) 목적보어(전치사의 보어)

Mais ***ce*** fis jou pour vostre bien.(*J&B*, 884)
De ***ço*** sui je molt bien certains.(*B.I.*, 1942)
Si l'em prent mout grant pitié et por ***ce*** li otroie il.(*Queste*, 35, 25)

## 3. 중성 대명사의 의미 · 논리적 기능

### 1) 언술 및 명사 요소를 설명한다.

Mes trop en i veraasi, ***ce*** dot.(*Yvain*, 439)
Quant Lancelos voit les Trois freres... il reconnoist tout maintenant que ***che*** sont li cevalier a qui se doit combatre.(*Trist.*, prose, 69, 36)
《*che=les Trois freres*》

### 2) 반복 또는 언급하려는 사항을 대신하는 대명사

#### (1) 반복

Et quel besoign, fet il, avez vos de moi? ***Ce*** verroiz vos bien, fet ele.(*Queste*, 1, 14)

#### (2) 언급하려는 것

***Ce*** dist cascuns sans devinaille :
Il est bon chevaliers, sans faille.(*B.I.*, 1673)
《*Et tous de dire sans avoir besoin d'être devin : c'est à coup sûr un bon chevalier*》

이 용법은 관계절, 간접 의문절, 보어절로 실현될 수 있다.

Et li quens adont l'aparla
De ***çou*** qu'ils orent devisé.(*J&B*, 209)
***Ce*** ne sai je mie se ce est verité ou non.(*Trist.*, prose, 125, 51).
car ***ce*** savez vos bien qu'il est assez mieldres chevaliers que je ne sui(*Queste*, 6, 10).

### 3) 이 용법으로부터 다음과 같은 많은 종속 접속사구가 만들어진다.

(1) 원인

*Pur ceo* qu'ele l'en escundist, Mut la laidi et avila.(*Lanval*, 318)
《*Parce qu'elle l'avait repoussé, il l'avait injuriée et humiliée*》

(2) 목적

Et *por ce* que tu eüsses prochain secors t'envoia il Galaad.(*Queste*, 46, 8)

(3) 시간

Dont n'ot mie granment alé, ***après ce*** k'il se fu departis de Palamidés, quant il a ataint Kex.(*Trist.*, prose, 122, 5)
《*Après avoir quitté Palamède, il avait fait peu de chemin lorsqu'il rejoignit Keu*》

(4) 제한 · 조건

Ja si desconseilliez ne fusses...
que tost ne fusses conseilliez
***por ce*** que te vosisse aidier.(*Renart*, 9725).
《*Tu ne serais si découragé... que tu ne fusses vite réconforté, pour peu que je voulusse t'aider*》

## 1.2.5. 부정 형용사(Adjectifs indéfinis)

대명사 - 형용사로 불리는 고대 프랑스어 부정사는 명사처럼 고유한 격 어미 체계를 갖지 않으며, 품질 형용사를 모델로 격변화를 한다. 수형용사보다 덜 정확한 수치를 표현하는 부정 양화사는 단지 크고 작은 개념, 부분이나 전체의 개념을 지시하며, *nul/quelque*, *guère/beaucoup*, *plusieurs/tous* 등이 이에 속한다.

### 1.2.5.1. 제1형 : 무(無)를 표현하는 부정 형용사(부정관사 'un'의 복 합형 포함)

1. Aucun(s)(<aliquis + unus)

현대 프랑스어에서 *aucun*은 주로 부정문에서 단수형으로 한정사의 기능을 한다. 그러나 고대 프랑스어에서는 그 사용 영역이 훨씬 더 광범위하였다. 특히 *autre*와 같은 한정사나, 소유형용사, 부사 *pou de* 등이 부정형용사 *aucun* 앞에 올 수 있다.

Encor, ce cuit, en ***aucun*** tens
Avré la merci que j'atens.(*Rose*, 1922)
《*Et puis, je le crois, j'obtiendrai un jour ou l'autre(quelque jour) la grâce que j'attends*》
Souvent esgarde vers la porte
S'***aucuns*** novels li aporte.(*Palefroi*, 764)
《*Il regarde souvent vers la porte si quelqu'un lui apporte des nouvelles*》

2. Nesun(ung)

*Nesun*은 부정문에서 'aucun'의 의미로, 단수 · 복수형이 명사의 전 · 후에서 사용되었다.

Que l'emperere ***nis un*** des soens n'i perdet.(*Rol.*, 806)
《*Afin que l'empereur n'y perde pas un des siens*》
Onques ***nesune*** beste ne fu si acesmee(='gracieuse')(*Florence de Rome*, 3633)

3. Nul

*Nul*은 현대 프랑스어와는 달리 명사의 전·후에서 단수·복수형으로 쓰였다.

> ***Niule*** cose non la pouret omque pleier.(*Eulalie*, 9)
> 《*Nulle chose ne put jamais le faire plier*》
> Par ***nule*** guise ne s'en volt esloinier(*Alexis*, 36)
> 《*A aucun prix il ne veut s'en éloigner*》

또한 *nul*은 긍정의 의미 'qui que ce soit', 'quelque', 'n'importe quel'을 의미하기도 하며, 부정의 의미를 나타낼 때는 부정사 *ne*와 함께 사용되었다.

> Di moi : veïs tu ***nul*** hairon(='héron').(*Robin*, 40)

### 1.2.5.2. 제 2형 : 양을 표현하는 부정 형용사

1. Maint(s)/tamaint

*Maint*은 명사 'grande quantité, masse', 'plus d'un'의 의미에서 파생했으며, 명사 앞에 놓여 'plus de deux', 'plusieurs'의 의미로 사용되었다. 현대 프랑스어와는 달리, *maint*은 명사에 후치할 수 있다.

1) 불변사로 단수 집합명사나 복수명사 앞에 위치한다.

> En ***maint*** maison.(*Aiol*, 7188)
> 《*En maintes maisons*》
> ***Maint*** eves.(*Troies,* 23157)
> 《*Bien des eaux*》
> ***Maint*** des autres.(*Villh.*, 51)
> 《*Nombre d'autres*》

2) 보어를 동반하지 않고 단수, 복수 명사 앞에 놓일 수 있다. 이때 전치사 *de*가 오기도 한다.

Grant duel en font ***maintes*** et ***maint***.(*Perceval*, 4812)
《*Bien des hommes et bien des femmes s'en désolent*》
***Mainte*** joste et ***mainte*** estormie.(*Rose*, 1184)
《*Mainte joute et maint combat*》
***Maintes*** bones herbes.(*Pèlerinage de Charlemangne*, 212)
《*Maintes bonnes herbes*》

2. Moult

라틴어 *multust*에서 파생한 형태소로 부사의 역할을 하기도 했지만, 형용사의 역할을 하기도 하였다.

Escuz unt genz, de ***multes*** cunoisances.(*Rol.*, 3090)
《*Ils ont de beaux écus avec de nombreuses armoiries*》
Et de ce doit il ***moutes*** merciz à Nostre Seignor.(*Queste*, 166)

3. Quelque/quel qu(e) onques

관계절을 도입하는 접속사구에서 파생한 *quelque*는 12세기부터 'a quelqu'ennui', 'a quelque peine'와 같은 표현에서 부정형용사로 사용되었다. 주로 주절에 대해 반대의 의미를 표현하는 'non sans peine', 'bien difficilement', 'avec beaucoup de peine'와 같은 의미로 사용되었다.

A ***quelque*** poinne se dreça.(*Erec*, 3036)
《*Il se releva très difficilement*》
Si li dit a ***quelque*** painne...(*Cligès*, 3036)
《*Elle lui a dit non sans peine*》
***Quelconques*** robes que il aient.(*Rose*, 11049)
《*Quels que soient les vêtements qu'ils portent*》

Ne li chaut ***quel que*** pais i face.(*Thèbes*, 4429)
《*Peu lui importe quel pacte faire*》

4. Pluisors

부정 형용사 *pluisors*는 명사의 전·후에서 정관사와 함께 사용될 수 있으며, 소유 형용사 앞에도 올 수 있다. 부정 형용사 *pluisors*는 17세기까지 'nombreux'의 의미로 사용된다.

De ***plusurs*** regnes vendrunt li hume estrange.(*Rol.*, 2911)
《*De maints royaumes viendront les vassaux étrangers*》

5. Quelconque

부정문에서 *quelconque*(='quel qu'il soit')는 명사에 후치하며, 부사 'du tout'의 의미로 해석할 수 있다.

Ausinc sachiez que toutes fames,
saient damoiseles ou dames,
de ***quelconques*** processïon
ont naturele entencïon.(Meun, *Rose*, 13929)

### 1.2.5.3. 제 3형 : 총체를 표현하는 부정 형용사

1. Tout

고대 프랑스어에서는 정관사 없이 사용된 *toz*(*trestoz*)의 복수형이 지배적이었으나, 단수형도 찾아볼 수 있다. 일반적으로 tout는 명사에 전치하나 후치한 예문도 발견되며, 분배(='chaque')·전체(='tout entier', 'toute espèce de')의 의미로 사용되었다.

***Toute*** parole ne fait a croire.(*Proverbes*, 2389)
《*Toute parole ne mérite pas d'être crue*》
***Tute*** Espaigne tendrat.(*Rol.*, 224)
《*Il tiendra toute l'Espagne*》
***Tutes*** choses unt lour seson.(*Proverbes*, 2359)
《*Toutes les choses ont leur temps*》

☞ **주의**

(a) 복수의미를 갖는 단수 집합명사에서 *tout*는 '전체'를 의미한다.

Deus ***tut*** mal te trameté!(*Rol.*, 1608)
《*Que Dieu t'envoie tous les maux*》

(b) *Tout*는 관사 없이 사용될 수 있다.

***toz*** jorz.(*Proverbes*, 2411) 《*tous les jours*》; ***toz*** siecles(*Yvain*, 6372( 《*tout le monde*》; ***tutes*** teres(*Rol.*, 394) 《*toutes les terres*》

이러한 용법은 현대 프랑스어에서도 발견된다 : à *toutes jambes*, *de toutes pièces*, *tous chemins mènent* à *Rome*, *etc*

(c) 동사나 부사 앞에서 불변형태로, 형용사나 명사 앞에서 변이형으로 사용된 *tout*는 부사의 용법을 가질 수 있다.

Li dux de Venise... fu ***toz*** armez.(*Villh.*, 173)
《*Le doge de Venise était tout armé*》
***Toz*** si armez comme il estoit.(*Perceval*, 10567)
《*Tout armé comme il était*》
lessez gesir les morz ***tut*** issi cun il sunt.(*Rol.*, 2435)
《*Laissez les morts étendus tout comme ils sont*》

아울러 부사 *tout*는 장소의 명사 앞에서 'tout le long de'의 의미로 쓰일 수 있다.

S'an vet ***tot*** un chemin ferré(*Perceval*, 4953)
《Il s'en va le long d'un chemin ferré》

또한 부정형용사 *tout*는 '정관사(부정관사)(지시사)(소유사)(기수형용사) + 명사' 앞에서도 사용된다.

Quant ge ai delez moi ma fille,
***Tot le mont*** ne pris une bille.(*Erec*, 541)
***Trestoz la corz*** s'an mervoille.(*Cligès*, 408)
Ce fu la dame dant Renart
Qui vint poignant ***tout un essart***.(*Renart*, 2097)
Einsi la dame ***tous les uit jours*** les peut et
aisa a chascune fois Yvain.(*Fille Comte Pont.*, 15, 406)

2. Chacun/chaque

부정형용사 *chacun*은 분배사로 부정관사와 함께 명사에 전치할 수 있으며, 대명사와 형용사의 기능을 하였다.

***Chescuns*** chiens qui abaie ne mort pas.(*Proverbes*, 348)
《*Tout chien qui aboie ne mord pas*》

부정 형용사 *chaque*는 12세기에 출현하지만(*Cligès*, 3326), 고대 프랑스어에서의 사용은 매우 드물다. 부정 형용사 *chaque*의 현대 프랑스어 어법은 16세기부터 자리 잡기 시작한다.

A ***chasque*** genre de beste il y a ***chasque*** genre de nourriture qui lui est propre.(Amyot, *Oevres morales*, 1587)

3. Quiconque(='quel que soit jamais celui qui')

부정 형용사 *quiconque*는 종종 관계절을 도입하기도 한다.

Savoir le puet ***qui c'onques*** veut.(*Tristan*, 608)
***Quiconques*** vous tiegne por sage, je vous tieng por fol.(*Chro. Morée*, 510)

## 1.3. 명사의 특징 부여사(Caractérisant)

특징 부여사는 *une pomme/une pomme* ***verte***에서처럼 명사나 대명사의 구체적인 차이를 부여하는 형태소로 품질 형용사, 서수 형용사, 부정 형용사(*autre, même, tel, quel*), 소유 형용사 강세형(*mien, tien, sien, etc*)이 이에 속한다.

### 1.3.1. 품질 형용사(Adjectif qualificatif)

고대 프랑스어의 형용사는 라틴어와 마찬가지로 고유한 격변화 체계를 갖지 못하며, 명사의 격변화를 모방하여 만들어졌다. 고대 프랑스어는 두 개의 형용사 체계로 구성된다.

첫째, 남성·여성의 성이 구별되는 형용사로 이 경우 여성형은 어미 -*e*로 특징지어진다.

둘째, 남성·여성의 성이 구별되지 않는 형용사로 양성형용사(épicène)이다.

고대 프랑스어의 형용사는 라틴어의 영향으로 격변화를 하며, 명사의 경우와 마찬가지로 단순화되지만(주격과 목적격), 남성, 여성, 중성으로의 성적 구분이 가능하다. 고대 프랑스어에서 중성의 사용은 제한되어 주어의 속사나(ce/il m'est ***bel***) 부사적 용법(***mieuz*** vueill ge en chevauchant qu'en languissant(*Artu*, 41, 32))으로 사용될 뿐이다.

### 1.3.1.1. 품질 형용사의 기능

1. 부가 형용사

고대 프랑스어의 형용사는 현대 프랑스어와 마찬가지로 명사나 대명사의 전·후에서 부가사의 역할을 한다.

> Mout li erent li ***lonc*** jor cort.(*Dole,* 1295)
> 《*Les jours longs lui paraissaient bien courtes*》
> certes de fust trop ***doulerex*** domages.(*Artu*, 38, 21)

2. 속사

1) 주어 속사

주어와 보어 사이에서 *être*, *devenir*, *sembler*, *paraîstre* 등과 같은 연결동사(連繫辭)(copule) 다음에서 주어의 속성을 나타낸다.

> Au matin fu la matinee
> Com en esté ***clere et serie***(='pure').(*Dole*, 2423)

2) 목적어 속사

주로 *apeler*, *trouver*, *rendre*, *nommer* 등의 동사와 함께 목적어의 속성을 표현한다.

> n'en set il nul que on doive apeler le ***boin*** cehvalier se ce n'est Palamidés.(*Trist.*, prose, 32, 17)

3) 동격

> Aucasins s'en est tornés

Molt ***dolans*** et ***abosmés***(='consterné').(*Aucassin*, 7)

4) 명사화된 형용사(현대 프랑스어 형용사와 마찬가지로 한정사와 함께)

Et parleroiz endui(='tous les deux') ensemble
De ***la bele*** qui ton cuer emble(='ravit')(*Rose*, 2680)
Et quant Dex redona ***le bel***(='le beau temps')(*Yvain*, 807)

### 1.3.1.2. 품질 형용사의 일치

1. 품질 형용사가 한 개의 명사를 수식할 때 명사의 성 · 수에 일치한다.

Com ***povres*** chiens en un coignet ..(*Rose*, 453)
Li ***bons*** escuiers fet le ***boen*** chevalier.(*Proverbes*, 1059)
Ma ***douce*** niece qui fu fille de ma suer.(*Fa*, 4, 104)

2. 품질 형용사가 여러 개의 명사를 수식할 경우, 명사가 모두 복수인 경우를 제외하고, 가장 가까운 명사에 일치한다.

Il n'avoit onques veü plus richement ***encortinee*** eglise ne mostier.(*Artu*, 48, 82)
《*Il n'avait jamais vu d'église et de monastère plus richement ornés de tentures*》

3. 형용사는 다른 형용사나 부사를 선행할 수 있으며, 이 때 선행하는 형용사가 부사처럼 기능할지라도 후행하는 형용사처럼 명사에 일치한다.

Or sui je ***bonne*** eüree.(*Laurin*, 2077)

《*Je suis bien chanceuse*》
Je ***touz*** armez alai parler au roi.(*SL*, 37)
《*Tout armé, j'allai parler au roi*》
El fu le gete ki est ***grans*** enbrasés.(*Aliscans*, 4378)
《*Il le jette dans le feu qui est tout brûlant*》

4. 형용사가 여러 개의 명사나 대명사에 관계될 때, 일반적으로 복수형이 온다.

Mout sont ***dolent il*** et ***li rois***.(*Thèbes*, 6567)
Jorz i sejorna ne sai quanz
tant que ***il*** et ***ses lÿons*** furent ***gari***.(*Yvain*, 4694)

### 1.3.1.3. 품질 형용사의 위치

고대 프랑스어의 산문 텍스트에서는 일반적으로 형용사는 명사에 전치한다. 특히 *granz*, *Yvainz*, *bons*, *maus*, *beaus*, *hauz*, *riches*, *gentiz*, *sainz*, *vieuz*, *junes*, *mestre*, *droiz*, *chiers* 등의 형용사는 명사 앞에 놓인다. 이와는 달리 명사에 후치할 경우, 문체론적 표현에 해당된다.

Il encontra le ***Couart*** Chevalier.(*Perlesvaus*, 5540)
《*Il rencontra le Chevalier Couard*》
Li chevaliers estoit armez de ***blanches*** armes.(*Laurin*, 12220)
《*Le chevalier était revêtu d'une armure blanche*》
... et Pinte qui pont les oes ***gros***.(*Renart*, 300)
... ce sera domages ***granz***, se li uns de nos ocit l'autre(*Artu*, 147, 89)

또한 두 개 이상의 형용사가 명사의 전·후에 위치할 수 있다.

***biax dolz*** conpainz.(*Yvain*, 2531)
E tint un glaive ***bon*** et ***fort***(*Artu*, 19, 4)
Et si li fet plaie ***grant*** et ***parfonde***(*Artu*, 19, 29)

### 1.3.1.4. 품질 형용사의 비교급과 최상급

고대 프랑스어의 비교급과 최상급은 분명하게 구분되지 않았다. 따라서 비교급이 현대 프랑스어의 최상급의 위치에서 사용된 예도 찾아볼 수 있다.

> Guiteclin derons pais ***meillor que*** nos porron.(*Chanson des Saines*, 4499)
> *《Nous nous accorderons avec Guiteclin le mieux possible》*
> ... ***plus*** tost ***qu'***il pot.(*Perceval*, 2643)
> *《Le plus tôt possible》*

또한 비교급에 절이 올 경우 접속사 *que*를 사용하였으며, 동사 앞에는 허사 *ne*를 사용하였다.

> Quar Dangier devient ***plus*** divers
> Et ***plus*** fel ***qu'***il ***ne*** souloit estre.(*Rose*, 3746)
> *《Car Danger devient plus pervers et plus cruel qu'il n'était》*
> Je suis ***mieus*** prinches ***k'***il ***ne*** soit.(*Feuillée*, 407)
> *《Je me comporte mieux en prince que lui》*

아울러 비교의 보어가 명사일 경우 *que*로 도입되지만, 대명사나 수사일 경우 *de*로 도입되었다.

> (Elle) estoit blanche ***plus que*** nois.(*Rose*, 1191)
> *《Elle était plus blanche que neige》*
> Je cuit ***plus*** sot ***de*** ti n'i a.(*Feuillée*, 341)
> *《Je crois qu'il n'y a pas plus fou que toi》*
> ***Meillor*** vassal n'out en la curt ***de*** lui.(*Rol.*, 775)
> *《Il n'y avait pas à la cour de meilleur vassal que lui》*
> Em ***plus de*** quarante manieres.(*Rose*, 1378)

하지만 반대의 경우도 찾아볼 수 있다.

L'eve estoit poi ***maindre de*** Saine.(*Rose*, 112)
《*La rivière était un peu moins importante que la Seine*》
Qui ***plus*** estoit droite ***d'***une ente(='jeune arbre').(*Dole*, 1291)
Ke je l'amoie ***mieus ke*** mi.(*Feuillée*, 154)
《*Car je l'aimais plus que moi-même*》

☞ 주의
비교 대상이 일반적이고 한정되지 않은 가치를 지닐 경우 최상급은 *que* 대신 전치사 *sor*로 표현될 수 있다.

Amer vous doy ***sur*** toute rien.(*Gal*, 1727)
《*Je dois vous aimer plus que personne au monde*》
Que il est chevaliers, sans faille,
***Sor*** toz chevaliers coragues(*Perceval*, 8065)
《*... que c'est, sans mentir, le plus courageux des chevaliers*》

고대 프랑스어 제 3격 어미에 속했던 형용사의 비교급은 *meiudre*, *pire/peoir*(중성 *pis*), *graindre/graignor*, *maire/maior*, *mendre/menor* (중성 *meins/moins*)이다.

1. 종합형 비교급

1) *bon*의 비교급 *meilleur*와 *mieudre*는 고대 프랑스어에서 널리 통용되었으며, 중세 말에 *mieudre*는 사라진다.

vous estes ***li mieudres*** cevaliers et li plus fors.(*Trist.*, prose, 13)
Fium nus en Deu... Car il est ***mieldre*** que tut li mescreant.(*Guillaume*, 250).
Au main(='au matin') se lieve, si vest ses ***meillors*** dras,...(*Ami*, 897).

2) *pire(s)*는 *mauvais*의 비교급으로 고대 프랑스어에서 가장 많이 사용되었다.

ses cos(='coup') afebloier voient, / si criement(='craindre') qu'il ne l'an sois ***pis*** ; / et il lor estoit ja a vis(='opinion') que il en avoit le ***peior*** / et Meliaganz le meillor.(*Charrette*, 3628). - Sui je le ***pire***?(*Feuillée*, 632).

3) *Yvain*의 비교급 *mendre*가 고대 프랑스어의 일반적인 용법으로 자리 잡는다.

la vertu(='la mérite') n'est mie ***mendre*** / de bien garder et de deffendre / les choses.(Meun, *Rose*, 8231). - cors a ***mendre***, mes fors est plus.(*Thèbes*, 768).
J'ai eü de tout ***le mendre***.(*Fa*, 4, 55)
《*En tout j'ai eu le moins cher*》

4) *grand*의 비교급 *graindre/graignuer*는 14세기까지 널리 통용되었으며, *graindre*와 *greigneur*는 주격과 목적격이 서로 혼용되어 사용되었다.

Mout le voit grant et hidex et corssu;
De lui fu ***greindres*** le chief desus le bu.(*Alis.*, 1604)
《*(Guillaume) voit combien il(le païen) est grand, hideux et colossal. Il est plus grand que lui d'être tête*》
Grans fu li deus(='douleur') as .II. serors... encore fust ***graindre*** lor angoisse.(*Lancelot*, 5a, 3).

2. 종합형 최상급

종합형의 최상급 어미 *-sme*(*altisme, grandisme, hautisme, maisme, pesme, saintisme*...)는 고대 프랑스어에서 널리 통용되었다.

... li chevaus dont il fu versez estoit uns ***grandismes*** destriers.(*Trist.* prose, 190, 46)

3. 분석형 비교급과 최상급

고대 프랑스어에서는 종합형 비교급·최상급인 '(li) plus, tres/(li) meins + 형용사'가 우등·열등 비교급과 최상급으로 널리 사용되었다. 하지만 최상급에서 정관사가 사용된 예도 찾아볼 수 있으나, 고대 프랑스어에서 이러한 용법은 여전히 임의적이었다.

Pur ***le plus*** tost aler.(*Rol.*, 1184)
Jel baiserai pour ***le miex*** affremer.(*Guillaume le Vinier*, V, 35)

> ☞ **주의**
>
> 고대 프랑스어의 최상급에서 관사의 생략은 아주 흔한 현상이었으며, 17세기에 가서야 관사의 표현이 일반화된다. 아울러 우등 비교에서 강세형 인칭대명사의 발달은 전치사 *de* 대신에 *que*의 사용을 가속화시키고, *que*의 사용은 16세기에도 여전히 강요되었다.
>
> Pourtant il dispousa de se estraindre dessoubz la loy ***plus*** estroicte vie.(*Légende de S. Anth.*, 17)
> ... il est ***meilleur*** chevalier et ***plus*** valant ***que moy***.(*Belle Maguelonne*, XV, 24)

## 1.3.2. 서수 형용사(Adjectif ordinal)

1. 고대 프랑스어에서 서수 형용사는 날짜, 참조, 왕조에서 사용되었으며, 일반적으로 명사에 전치한다.

Li ***tierz*** Richard.(*Rou*, 3, 2248)
《*Richard III*》
Le samedi ***XXVIII***e jour de septembre.(*Chartes de l'abbaye de Saint-Magloire*, 2, 134)
《*Le samedi 28 septembre*》

☞ **주의**
하지만 형용사적 용법에서 명사에 후치할 수 있다.

Quant Guïelin vit adoubé son oncle,
Cort en la chambre a la dame ***seconde***.(*PO*, 961)
《*Quand Guielin voit son oncle sur le pied de guerre, il se précipite dans la chambre de la seconde dame*》

2. 서수 형용사는 정관사나 지시사와 함께 사용되지만, 한정사가 생략될 수도 있다.

Et, se je puis, jusqu'***al*** tierz jor
Me serai ge mis el retor.(*Erec*, 265)
《*Et, je peux, dans deux jours je prendrai le chemin du retour*》

3. 서수 형용사는 동반을 표시하거나 간접적으로 전체를 한정하기 위하여 인칭 대명사 강세형에 후치 할 수 있다.

Vit Cligés chevalier soi ***quart***.(*Cligès*, 3366)
《*Il vit Cligès chevalier avec son trois compagnons*》
Il s'est atornez por movoir
***Soi tierz*** de compaignons sanz plus.(*Lai de l'Ombre*, 212)
《*Il s'est préparé à partir avec deux compagnons seulement*》
Tel dit :《Nous ne serons que trois》, Qui se trouvera luy ***cinquiesme***...(*Alexis*, 117, 849)

4. 서수 형용사는 전치사 *de*와 함께 사용될 수 있다.

S'en retorne lués droit arriere,
Par une ancïene charriere,
***Soi tierz de*** chevaliers rians.(*GuillaumeD*, 187)
《*Il s'en retourne directement, empruntant un ancien chemin de char, accompagné de deux chevaliers, tout joyeux*》

### 1.3.3. 분수와 배수

1. 분수

1) 분수는 현대 프랑스어와 마찬가지로 정관사와 함께 서수형용사를 사용하거나 *moitié* 또는 *demi*(형태가 변한다)를 사용하였다.

A ***demie*** liue galesche.(*Yvain*, 190)
《*A une demi-lieue galloise*》
Quarte abeïe et puis ***le quart*** marchié.(*Nîmes*, 385)
《*Le quart des abbayes et puis le quart des marchés*》

2) 분수는 기수형용사나 서수형용사가 선행하는 *part*(='partie')로 표현될 수 있다.

***La tierce part*** de s'erité.(*Eliduc*, 629)
《*Le tiers de son héritage*》
Ocis en ont e detrenchié
Bien ***les dous parz*** o la meitié.(*Troie*, 28389)
《*Ils en ont bien tué et massacré les deux tiers ou la moitié*》

2. 배수

1) 배수는 기수 형용사가 선행하는 *simple*, *doble*(='fois'), *triple/treble*, *quadruple*, *quintuple*, *sextuple*, *septuple*로 표현된다.

Li cors est plus blans ***quatre dobles***.(*Cligès*, 832)
《*Le corps(de Soredamor) est quatre fois plus blanc*》
Et qui auques requeillir velt
En tel liu sa semence espande
Que Diex a ***cent doubles*** li rande.(*Perceval*, 2)

《*Et si l'on veut obtenir une récolte suffisante, qu'on lance le grain sur un terrain où grâce à Dieu il rapporte au centuple*》

2) 배수는 기수 형용사가 선행하는 *fois*나 *tant*(='une fois autant')으로 표현된다. 부사 *tant*으로 표현될 경우 *tant*이 *'autant'*을 의미하기 때문에 일반적으로 *plus*는 생략된다.

Car bien ***trois tans*** de gens avoient
Que tout li Espaignol n'estoient.(*Cleomadés*, 409)
《*Ils avaient trois fois plus de gens que les Espagnols*》
***Mil tans*** plus d'onor i avra
Li venquieres.(*Perceval*, 8868)
《*Le vainqueur y aura mille fois plus d'honneur*》

### 1.3.4. 소유 형용사(Adjectif possessif)

고대 프랑스어에서 소유사 강세형('정관사 + 소유사' 형태)는 품질 형용사나 일부 부정사처럼 특징부여사의 역할을 한다.

1. 강세형인 특징 소유사는 정관사, 부정관사, 지시사와 결합할 수 있다.

1) 정관사

Que ferons nos? Nos avons perdu ***le nostre*** chemin.(*Artu*, 48, 19).
《*Qu'allons-nous faire? Nous avons perdu notre chemin*》

2) 부정관사(소유 개념을 강조하거나 수 형용사의 역할)

(Lancelot) leur dit que il l'en convient aler en ***un suen*** afere ou il

ne puet pas grant compaignie mener.(*Artu*, 61, 3)
《*Lancelot leur dit qu'il lui faut se rendre* à *une affaire personnelle* où *il ne peut pas emmener grand monde*》
Mes je i ferai ja aler
***un mien*** garçon qui molt tost cort.(*Yvain*, 1829)
《*Mais j'enverrai auprès de lui l'un de mes valets, parmi les plus rapides*》

3) 지시 양화사

Peudon, fait il, ça entendés:
***Cest votre*** poulain me vendés.(*Eracle*, 1420)
《*Seigneur, lui dit-il,* écoutez-moi : *vendez-moi le Yvain cheval que vous avez* là》
Vassal, fet cil, ***cist miens*** chemins
a tel loy com ge te dirai.(*Thèbes*, 296)
《*Mon brave, dit il, ce chemin qui mène jusqu'*à *moi soumet* à *l'obligation que je vais t'exposer*》

2. 소유 양화사는 단독으로 사용될 수 있다.

Cele qui maintenoit l'onor
a tot guerpi por ***soe amor***.(*Enéas*, 1432).
《*Celle qui gouvernait le royaume a tout abandonn*é *par amour pour lui*》

특히 *toe/soe/vostre merci, mien escïent, moie colpe, mau gr*é 또는 *maleoit gr*é *mien/tuen/suen*...와 같은 연사와 사용되어 문장에서 생략 독립절이나 분사절의 역할을 한다.

Sire, firent il, od vus irum
E ceo que vus ferez ferum.
Il lur respont : ***Vostre merci.***(*Eliduc*, 165)
《*Seigneur, disent-ils, nous vous accompagerons et nous ferons*

*comme vous. Il leur répond : grâce vous soit rendue》*
Or m'en repent, Dex! ***Moie coupe***.(*Renart*, 1110)
*《Je m'en repents, mon Dieu! c'est ma faute》*
Je quier ce que je ne vi onques
***mien escïant***, ne ne quenui.(*Yvain*, 4895)
*《Je suis en quête de quelqu'un que jamais, je crois bien, je n'ai vu ni connu》*
se vous la damoisele ne posés desfendre encontre moi, je l'enmererai ***mau gré vostre***.(*Trist.*, prose, 127, 18)
*《Si vous ne pouvez défendre la demoiselle contre moi, je l'emmènerai malgré vous》*

3. 특징 소유사는 속사(주어 · 목적어)로 사용될 수 있다.

Se je estoie damoisele,
je voudroie que la manche fust ***moie***.(*Artu*, 25, 42)
Toz est livrez a male voe
et terre et fame tient por ***soe***.(*Enéas*, 1614)

4. 특징 소유사는 소유 대명사(*le mien, le tien, le sien*)나 명사화된 소유사의 형태로 재산이나 인척 관계를 표현할 수 있다.

Onques vostre peres ne mesfist au ***mien***, que je sace, ne vous a moi.(*Trist.*, prose, 122, 28)
S'il ne vus voist mut grant bien
Il ne vosist del ***vostre*** rien.(*Eliduc*, 436)
*《S'il ne vous voulait pas beaucoup de bien, il n'aurait pas accepté vos cadeaux》*
Bel loisir ot del suen tot prendre.(*Enéas*, 48)
*《Il eut le loisir d'emporter tous ses biens》*
Ne voelt que nus des ***suens*** i vienge.(*Guig.*, 143)
*《Il ne veut pas que l'un des siens vienne là》*

## 1.3.5. 의문, 감탄 및 관계 형용사 (Adjectif interrogatif, exclamatif et relatif)

### 1.3.5.1. 의문 형용사 및 감탄 형용사 (Adjectif interrogatif et exclamatif)

고대 프랑스어에서 의문 형용사와 감탄 형용사는 속사나 부가 형용사의 기능을 한다.

1. 속사

Seneschaus, fist il, ***quex*** chose est Dieus?(*SL*, 4)
《*Sénéchal, dit-il, quel être est Dieu?*》

2. 부가 형용사

Come lyons que fains destraint
Ocit ***quel*** beste qu'il ataint...(Wace, *Brut*, 12894)
Alez ***quel*** part que boen vos iert.(*Yvain*, 5164)
Dex, ***quel*** vassal, soz ciel n'a tel!(*Erec*, 1249)
《*Dieu, quel guerrier! Il n'y a pas son pareil monde!*》

3. 목적어(*quant*은 주격보다 목적격으로 더 선호되었다)

Jorz i sejorna ne sai ***quanz***.(*Yvain*, 4694)
《*Il n'y resta je ne sais combien de jours*》
Des autres clamors i a tantes
Que je ne soi a dire ***quantes***.(*Renart*, éd. Martin, 4, 960)
《*D'autres plaintes il y en a tant que je ne peux dire combien il y en a*》

### 1.3.5.2. 관계 형용사(Adjectif relatif)

관계 형용사 *lequel*은 사법이나 행정용어 이외에는 현대 프랑스어에서 거의 찾아볼 수 없다. 그러나 고대 프랑스어에서는 'auquel cas', 'li queu(l)(s) + 소유형용사', 'li queu(l)(s) + 명사'의 형태나, 의문문에서 'lequel que' 형태로 사용된 관계형용사나 의문 형용사의 예를 종종 찾아볼 수 있다. 특히, 'laquelle chose'는 선행하는 절이나 문장을 대신받는 표현으로 사용되었다.

관계 형용사와 사용된 명사 구문은 다음과 같이 동사의 주어나 목적어 또는 전치사의 보어 기능을 한다.

1. 동사의 주어나 목적어

... et alerent au moustier Nostre Dame en la ville ; ***li quels*** moustiers estoit fais en la mahommerie des Sarrazins.(*SL*, 38)
《*... et ils allèllerent à l'église Notre-Dame dans la ville ; cette église avait été faite dans la mosquée des Sarrasins*》

2. 전치사의 보어

Sire, fait li rois, dites nos
De ***la quel*** terre estes vos?(*Joufroi*, 2877)
《*Seigneur, fait le roi, dites-nous de quel pays vous êtes originaire?*》
... nulle temptacion ne mulle doute je n'ai dou sacrement de l'autel. Pour ***laquel*** chose je vous di...(*SL*, 9)

### 1.3.6. 부정 형용사(Adjectif indéfini)

특징부여사로서 부정형용사는 다른 사람이나 사물에 관계하여 사람이나 사물을 확인한다. 이 때 부정사는 유사성, 차이, 일치, 비교의 개념에 국한되며, *mëismes, neis, tel, autre* 등이 이에 속한다.

1. Meïsmes, meesme(<metipsimus)

고대 프랑스어에서 *meïsmes, meesmems*의 위치가 고정된 것은 아니었지만, 일반적으로 라틴어 *idem*의 동일성을 지시할 경우 명사의 앞에 위치하며, 라틴어 *ipse*의 의미할 경우 명사의 뒤에서 동일한 사람이나 사물을 지시하였다. 또한 'précisément, aussi'의 의미로 양보를 표현하기도 하였다.

1) 라틴어 *idem*의 의미(명사에 전치)

En ***meïsme*** la semaine.(*Troies*, 19799)
《*La même semaine*》
Nuncerent voz cez paroles ***meïsme***(s).(*Rol.*, 204)
《*Ce sont ces mêmes paroles qu'ils pronocèrent*》

2) 라틴어 *ipse*의 의미(명사에 후치)

Mult dulcement la pleinst a sei ***meïsme***.(*Rol.*, 2343)
《*Il la plaint en lui-même, très doucement*》
Sa pel ***meïsme*** cil li vent.(*Fabliau du Boucher d'Abbevill*, 394)
《*Il lui vend sa propre peau(de mouton)*》

3) 부사의 기능 : 일반적으로 부사형 어미 -*s*가 붙는다.

(1) 'également, en outre, particulièrement'의 의미

... lié an furent
Nostre parant, si com il durent;
Liez an fu ***meïsmes*** li cuens.(*Erec*, 6245)
《*Nos parents s'en réjouirent, tout naturellement ; le comte s'en réjouit également*》

(2) 라틴어 *ipse*의 의미로 명사나 대명사를 동반하여 'même, précisément, (*mon, ton, son*) propre'의 의미

Lui ***meïsmes*** en oublie.(*Lancelot*, 715)
《*Il n'a plus consceince de son propre moi*》
... rois connut lors primes
Que c'estoit sa feme ***meïsmes***.(*Guillaume d'Angleterre*, 2542)
《*Le roi découvrit alors que c'était sa propre femme*》

☞ **주의**

(a) 고대프랑스의 *meïsmes*에서 라틴어 *idem*과 *ipse*의 의미에서 혼동이 일어난다.

En l'an ***meïsmes*** encienta.(*Fresne*, 65)
《*Elle tombe enceinte la même année(l'année même)*
***meïsmes*** l'an, Aprés la feste seint Johan.(*Lanval*, 219)
《*La même année, après la Saint-Jean*》 (*l'année même*)

(b) 현대 프랑스어에서도 *même*는 명사의 앞에서 강조하거나 명사의 뒤에서 동질성을 표현할 수 있다.

Sais-tu que ce vieillard fut la ***même*** vertu?(*Cid.*, II, 2)
Sans être rivaux, nous aimons en lieu ***même***.(*Place royale*, V, 3)

2. Neïs, neis, nois, nes, nis(<nec ipse)

1) 부정문에서 'pas même, même pas'의 의미

*Neïs* vostre oncles nel set mie.(*Cligès*, 5183)
《*Même vostre oncle ne le sait pas*》
Onques nou pensai, ***nois*** en songe.(*Ysopet*, 2, 23)
《*Je n'ai jamais eu cette pensée, même pas en rêvant*》

2) 긍정문에서 'même'의 의미

Quanque il ot m'abandona,
*Neïs* sa fille me dona.(*Erec*, 6547)
《*Il mit à ma disposition tout ce qu'il avait ; il m'offrit même sa fille*》

> ☞ **참조**
> 고대 프랑스어에서 *nes que*는 'pas plus que', 'pas plus que si'의 의미로 사용되었다.

3. Tel

부정형용사 *tel*은 현대 프랑스어에서보다 고대 프랑스어에서 더 통용되었다. 합성어 *autel*, *autrel* 또한 비교의 가치를 갖는다.

1) 유사성의 의미로 'comme moi, toi...'. 'comme cela'의 의미로

Mult grant mal funt e cil duc e cil cunte
A lur seignur, ki ***tel*** cunseill li dunent.(*Rol.*, 378)
《*Ils font grand mal à leur seigneur, ces ducs et ces comtes qui le conseillent ainsi*》

2) *tel*은 강조를 표시하며, 이 때 결과절 *qui*, *que*로 도입되지만, 때로는 결과절 없이 병치될 수도 있다.

Jo ai ***tel*** gent, plus bele ne verreiz.(*Rol.*, 564)

《*J'ai une telle armée que jamais vous n'en verrez de plus belle*》

> ☞ 주의
> 수사 앞에서 *tel*은 현대 프랑스어에서처럼 'environ, bien largement'을 의미하지 않고, 비교나 결과를 표현하거나 때로는 허사적으로 쓰일 수 있다.
>
> S'il estoient ***tel*** .c. en cel palais... Fuïr nous convenroit.(*Fierabras*, 3719)
> 《*S'il y avait cent guerriers comme lui dans ce palais, il nous faudrait prendre la fuite*》
> Li cuens Guillelmes ot espousé la dame ; Puis estut il ***tiex*** .XXX. ans en Orenge C'onques un jor n'i estut sanz chalenge.(*PO*, 1886)
> 《*Après avoir épousé la dame, le comte Guillaume resta trente ans dans la ville d'Orange : il ne passa pas un jour sans combattre les païens*》

3) 비한정의 가치를 갖는다. 단수에서는 *tels... qui*의 형식으로, 복수에서는 *tels i a, de tels i a*(='il y a des gens, certains')의 형식을 취한다.

***Telz*** cuide estre touz sains ***qui*** est a la mort.(*Proverbes*, 2344)
《*On s'imagine être en parfaite santé alors qu'on est à la mort*》
Si ot de ***tex cui*** molt greva.(*Yvain*, 44)
《*Il y eut des gens à qui cela déplut beaucoup*》
Si quiderent ***tels i aveit***...(Ambroise, *Guerre sainte*, 3159)
《*Certains pensèrent...*》
S'anuia molt a ***teus i ot***.(*Perceval*, 4273)
《*Cela déplut fort à certains*》

# 2. 대명사(Pronom)

대명사는 명사, 형용사, 절을 대신하며, 주어, 속사, 직접목적보어, 간접목적보어, 상황보어, 동작주 보어, 동격어, 한정어, 형용사의 보어, 호칭어 등 명사가 갖는 모든 기능을 한다. 고대 프랑스어 대명사는 현대 프랑스어와 마찬가지로 인칭대명사, 소유대명사, 지시대명사, 관계대명사, 의문대명사, 부정대명사로 나눌 수 있다.

## 2.1. 인칭 대명사(Pronom personnel)

인칭대명사는 의미적 기능에 따라 두 그룹으로 나눌 수 있다. 하나는 문맥에서 대상을 지칭하거나 확인하는 호칭대명사(pronom nominal)로 *je, tu, nous, vous*가 이에 속한다. 호칭대명사는 이용되는 담화의 상황에서만 대상의 지칭이 가능하며 연동사(embrayeur)의 역할을 한다. 따라서 *je*는 발화자로 기능하며, *tu*는 발화의 대상으로 기능한다. 아울러 *nous*는 말하는 화자 전체를 포함하며, *vous*는 *je*를 제외한 *tu*를 포함하는 대화자 복수를 지칭한다. 다른 하나는 인칭과는 큰 관계가 없지만, 인간사고의 모든 대상을 지칭할 수 있는 대리대명사(pronom représentant)로 *il/elle, ils/elles*이 포함된다. 따라서 대리대명사는 결코 발화행위의 중심이 될 수 없으며, 문장에서 반복어의 역할을 하기 때문에 성·수에 따라 변한다.

또한 인칭대명사는 동사와 떨어질 수 없는 술어 비대용형(forme non-prédicative)와 동사와 떨어질 수 있으며, 그 자체가 문장이 될 수 있는 술어 대용형(forme prédicative)으로 구분할 수 있다. 즉, 술어 대용형 인칭대명사는 현대 프랑스어의 *lui*처럼 그 자체가 문장이 될 수 있거나 주어가 될 수 있는 명사적 용법의 대명사이며, 이와는 반대로 술어 비대용형 인칭 대명사는 *il*(또는 직 · 간접 목적보어 인칭대명사)처럼 결코 동사를 떠날 수 없는 동사구의 역할을 하는 대명사를 말한다. 따라서 "*il* qui a voulu partir en vacances sait que..."는 비문법적인 문장이지만, 이와는 반대로 "*lui* qui a voulu partir en vacances sait que..."는 적법한 문장이 된다.

마지막으로 인칭대명사는 기능적인 측면에서 주어 인칭대명사와 목적보어 인칭 대명사로 나눌 수 있다.

### 2.1.1. 주어 인칭대명사

현대 프랑스어와는 달리 고대 프랑스어에서 주어 인칭대명사는 표현되지 않았다. 이것은 동사의 인칭표지가 인칭을 알려주는 역할을 대신했다 : *-o*, *-as*, *-at*, *-amus*... 하지만 고대 프랑스어에서부터 음성적 유추현상으로 인하여 이러한 대립이 중화되어 주어 인칭대명사가 발달하기 시작한다.

#### 2.1.1.1. 주어 인칭대명사의 술어대용 기능(prédicativité)

주어 인칭대명사는 그 기원에서부터 다른 명사와 마찬가지로 술어대용어로 기능, 즉 동사와 자율적이었다. 하지만 12세기부터 변화가 시작된다.

1. 주어 인칭대명사는 문두에 위치한다.

*Il* le saisi sanz nule arestoison.(*Ali.*, 393)
《*Il le saisit sans délai*》

2. 주어 인칭대명사는 다음과 같은 단어나 구에 의해 동사와 분리될 수 있다.

1) 동사의 보어 연사(직 · 간접목적어, 상황보어)

Dites a cele damoisele
qu'*ele* mon brachet n'en port pas.(*B.I.*, 1337).
《*Dites à cette jeune femme de laisser mon chien*》
Et se *tu* en cele a destre entres, tost i porras perir.(*Queste*, 41, 7)
《*Et si tu prends la voie de droite, ta mort est proche*》

2) 부사 및 부사구

Mes quant li deables vit ce, si en fu molt dolenz et pensa que il vos corroit sus... Et *il* si fist.(*Queste*, 45, 5)
《*Quant le diable s'aperçut de cela, il en fut très affligé et décida de vous attaquer.. C'est ce qu'il fit*》
Femme voleient qu'il preisist
Mes *il* del tut les escundist.(*Guig.*, 646)
《*Ils veulent qu'il se marie, mais il refuse catégoriquement*》

3. 주어 인칭대명사는 다른 대명사나 명사와 등위할 수 있다.

Car *vous* et *il* estes doi sot.(*Robin*, 653)
《*car vous et lui êtes deux sots*》
Vait s'en Turpins, *il* et sa compagnie(*Aspr.*, 1113)
《*Turpin s'en va avec ses compagnons*》

4. 주어 인칭대명사는 다음과 같은 형용사(절)를 통해 한정을 받을 수 있다.

1) 수형용사나 부정사

Par le palais nus mot ne sonne
Fors qu'***il*** doi...(*B.I.*, 2289).
《*Dans la grande salle, personne ne dit mot, hormis eux deux...*》
Cui chaut, quant il ne le savra,
se ***je*** meïsme ne li di?(*Cligès*, 985).
《*Qu'importe, puisqu'il ne le saura pas si je ne le lui dis moi-même*》

2) 관계 형용사절

***Je*** qui soloie decevoir
genz et bestes pranre et traïr,
et toute loiauté haïr
de bien fere me gardoie,
de toz biens to dis abondie.(*Renart*, 10624).
《*moi qui passais mon temps à tromper les gens, à prendre et trahir les bêtes, à haïr toute loyauté et qui me gardais de faire la moindre bonne action, j'étais toujours comblé de tous biens*》

5. 주어인칭 대명사는 다음과 같이 동사의 생략절에 나타날 수 있다.

1) 주동사가 생략된 등위절에서

Poet parler ea sun ami
De l'autre part e ***il*** a li.(*Laüs*, 42).
《*Elle pouvait parler à son ami, de l'autre côté, et lui faisait de même*》

2) 부분 의문문에서(1인칭 단수의 경우 강세형이 지배적)

Il i a pain, sel et cresson.
Et ***tu***? as tu rien, Marion?(*Robin*, 659)
- Ja fetes vos voz nes garnir.
- ***Gié***?(*Enéas*, 1680)
《*Vous faites déjà préparer vos navires. - Moi?*》

3) 부분 의문문의 대답이나 부정의 부사 *non*, *nen*(*nen* + *je*>*naie*, *nais* ; *nen* + *il*>*nenil*)이나 긍정소사 *o*(*o*+*je*>*oje*, *oie* ; *o*+*il*>*oïl*)와 결합하여

Si m'aïst Diex, ci a bau non.
As an tu plus? Sire, ***je*** non.(*Perceval*, 354).
《*Par Dieu, voilà un beau nom! En as-tu un autre? - Non*》
- Rikeche, veïstes vos l'oste?
- ***oie***, il est chaines.(*Feuillée*, 904).
《*Riquier, avez-vous vu notre hôte? Oui, il est là*》
- Comment? Ies tu donc si couart?
- Couart? ***Nai***, nai, mes j'ai paor.(*Renart*, 2563)

☞ **주의**

부정 대답에서, 대명사가 강세형으로 나타날 경우, 술어 대용형 부정 *non* 대신 술어 비대용형 부정 *ne*의 사용을 허락한다.

Mes cist dom est? Dont est naïs?
Qui le conduist? - Ne ***gié***. - Ne ***gié***.(*Cligès*, 4631)
《*D'où vient-il? D'où vient-il originaire? Qui le connaît? - Pas moi. -Moi non plus*》

6. 주어 인칭대명사는 다음과 같이 주어 기능 이외의 기능을 담당할 수 있다.

1) 주어의 동격에서

li niés Marsilie, ***il*** est venuz avant.(*Rol.*, 860)
***Tu***, comment faire le porroies?(*Renart*, 10880)

2) 돈호법으로 된 명사와 동격에서

Et *tu*, vassal, ki m'as nafree
tel seit la tue destinee.(*Guig.*, 107)

《*Et, toi, chevalier, qui m'as blessée, voici quelle sera ta destinée*》

3) 주어의 속사에서

Dunc n'ies tu ***gié*** et ge sui ***tu***?(*Enéas*, 4945)
《*N'es-tu donc plus moi et moi, ne suis-je donc plus toi?*》

> **☞ 주의**
> 지금까지 살펴본 많은 경우에서 주어 인칭대명사는 특히 형용사로 한정을 받거나, 동사의 동격절, 속사, 주어의 속사, 주어와 동격, 돈호법에서 술어 대용형 목적보어 대명사로 대체된다.

### 2.1.1.2. 주어인칭대명사의 표현과 생략

1. 주어 인칭대명사의 표현

1) 12세기까지 주어인칭대명사의 표현은 임의적이었으며, 그 용법은 다음과 같이 다양했다.

(1) 강조나 대립의 용법

La irai ***gié***?(*Théophile*, 121)
《*C'est là que j'irai, moi!*》
La se repost en grant delit
o sa fame gise en son lit ;
et ***ge*** de ça me contendré
a povreté, si com pourré.(*Thèbes*, 1353)
《*Qu'il se repose là-bas dans les plaisirs, couché dans son lit avec sa femme ; moi je subsisterai avec ce que j'ai dans la gêne, comme je pourrai*》

(2) 명령법의 동사 앞이나 동사 뒤에서

Mais *vous* me donnés de quemun
trois de ches deniers qui sont rouge.(*Nicolas*, 1099)
《*Mais mettez-vous plutôt d'accord pour me donner trois de ces deniers, les rouges*》
Oz *tu*, chevaliers qui vas aventures querant, voiz ci deus voies. (*Queste*, 41, 3).
《*Écoute, chevalier, toi qui vas en quête d'aventures, voici deux chemins*》

2) 12세기부터 주어 인칭대명사는 특별한 강조 의미 없이 사용되었다. 점차적으로 대명사의 동사와의 결합이 일반화되면서 술어 대용 역할을 상실하였다. 고대 프랑스어 인칭대명사는 다음과 같은 독창성을 보인다.

(1) 3인칭 단수 *il*은 고대 프랑스어 초기부터 비인칭 주어로 사용되었다.

① 특히 사건, 의무, 평가를 표현하는 동사나 동사구(*avenir*, *covenir*, *peser*, *sembler*, *plaisir*, *estre bel*, *estre a vis*, *estre merveille*...)에서 사용되었다. 이 경우 *ço*, *ce*와 경쟁하였다.

Jehans atant son oirre atorne,
*Il* li samble que trop sejorne.(*J&B*, 90)
《*Jehan prépare son voyage ; il lui semble qu'il tarde trop*》

② *il i a*, *il est*, *il puet estre*는 *i a/a*, *est*, *puet estre*로 축약되었다.

Or sachiés k'*il* n'a mie encore granment de tans que uns cevaliers de cest païs fonda cest castel.(*Trist.*, porse, 18, 10)
*il* n'est bons qui si sages soit
qui aucune eure ne foloit.(*Renart*, 10867)

《*il n'est personne d'assez sage pour ne pas se montrer fou parfois*》
***il*** ne puet estre milleur vie
que cele d'ami et d'amie(*J&B*, 2279.)

(2) 주어의 변화를 알리기 위해

Li reis, quant la novele oï,...
Jus de la tur est descenduz
E encuntre Eliduc venuz.
De sun bienfait le mercïa
E ***il***(Eliduc) les prisuns li livra.(*Eliduc*, 258).
《À *cette nouvelle, le roi... descend de la tour* à *la rencontre d'Eliduc ; il le remercie de son exploit. Eliduc lui remet les prisonniers*》

(3) 명사 *(h)om/(h)ome* 주격에서 파생한 부정대명사 *on*이 발달한다. 고대 프랑스어서는 옛 형태를 간직하기도 하였다.

Enisi puet ***on*** fol conforter.(*J&B*, 940)
《*C'est ainsi que l'on calme les fous*》
Une si grant clarté jetoit
***Hom*** ne vit onques sa parelle.(*B.I.* 3133)
《*Elle répandait une telle lumière que jamais on s'en vit de semblable*》

다른 주어 인칭대명사와 마찬가지로 *on*은 동사와 분리하여 사용된 술어대용적 용법이었으나, 점차적으로 동사와 결합하거나 동사의 전·후에 위치하였다.

Mes par l'apostre qu'***en*** a Rome requiert.(*PO*, 386)
《*Par l'apôtre qu'on invoque* à *Rome*》
***On*** aloit disant par le monde que u roiaume de Logres avoit greigenur pais que en nul autre pais.(*Trist*, prose, 122, 20).

2. 대명사의 위치

1) 동사 앞에 위치할 수 있다.

Et ***ele*** dit: Je vos creant
Le congié jusqu'a un termine.(*Yvain*, 2564)

2) 동사 뒤에 위치할 수 있다.

(1) 강세요소(보어명사 연사 또는 부사)로 시작되는 긍정문에서

Sire, fet ele, le respit de quarante jorz pren ***ge***.(*Artu*, 68, 25)
Einsi poez *vos* veoir en ceste aventure la senefiance de la Passion Jheu Crist.(*Queste*, 39, 19).

☞ **주의**

하지만 문장의 부사(*neporquant, certes, sempres, porquoi...*)로 문장이 시작될 경우, 주어 인칭대명사는 동사 앞에 위치할 수 있다.

Et ***certes il*** m'est moult bel que je le sai.(*Artu*, 28, 16)
《*Assurément, je suis très heureux de l'apprendre*》
Et ***neporquant***, fet il, ***ge*** ne l'en puis a droit blasmer.(*Artu*, 29, 7)

2) 의문문에서(술어 비대용형 대명사로 동사와 분리될 수 있다)

Volés le *vos*, biau sire, avoir?(*Am. et Yd.*, 4154)
Si dist : Sire or ai grant envie
que je seüsse vostre non ;
direiez le me *vos*?(*Charrette*, 1922)

3) 직 · 간접 삽입구에서

Sire, fet *ele*, encore i a plus.(*Artu*, 52, 50)

3. 대명사의 생략

고대 프랑스어에서 대명사의 생략은 동사의 전치 영역에서 강세요소의 등장으로 설명될 수 있다. 따라서 동사 전치 영역이 다음과 같은 요소가 올 때 주어 인칭대명사는 생략된다.

1) 제1 위치(동사 앞)에 다음과 같은 요소가 자리 잡고 있을 때 주어 인칭 대명사는 생략된다.

① 직접 목적보어가 동사 앞에 위치할 때

uns revelins avoit (*il*) chauciez.(*Perceval*, 602)
《*il avait aux pieds une paire de chaussuress grossières*》

② 상황보어 명사구가 동사 앞에 위치할 때

et a l'endemain a hore de prime le fist (*il*) chevalier.(*Queste*, 3, 8)
《*le lendemain, dès le lever du jour, il le fit chevalier*》

③ 주어 속사나 직접 목적보어 속사 명사구가 동사 앞에 위치할 때

Puis li a dit : Li miens amis,
conquis m'avés, vostre serrai (*je*).(*B.I.*, 2263)
A mari, sire, vos prendrai (*je*).(*B.I.*, 2275).

2) 제1 위치(동사 앞)에 부사나 부사구가 자리 잡고 있을 때 주어 인칭대명사는 생략된다.

Si chevauchent (*il*) le droit chemin tant qu'il vindrent a Escalot.(*Artu*, 37, 2).

☞ **주의**

(a) 하지만 등위접속사 *et*는 주어의 도치를 야기하지 않는다.

Mes je ne conterai hui mes,
se ma dame m'an leisse an pes
et ***je*** li prie qu'ele s'an teise.(*Yvain*, 121)

(b) 하지만 *et*가 부사(*cependant, pourtant, par conséquent...*)의 의미를 가질 경우, 주어가 도치되기도 하며, 때론 주어대명사가 생략되기도 한다.

Mais, por Dieu, nel prendés a ire
que j'en i voise herbergier,
et jostera (***je***) au chevalier(*B.I.*, 2558)
《*Mais pour l'amour de Dieu, ne vous fâchez pas si je vais me loger là ; et je combattrai le chevalier*》

3) 비인칭 주어 *il* 또한 다른 주어인칭 대명사와 동일한 통사적 특성을 보인다.

Molt i ot (*il*) gent de grant noblece.(*Yvain*, 2161)
《*Il y avait* à *beaucoup de seigneurs de haute noblesse*》
Sire, la aval desoz vostre palés a (*il*) un perron grant que j'ai veu floter par desus l'eve.(*Queste*, 5, 14)
《*Sire, j'ai vu là-bas au pied de votre château un gros bloc de pierre flotter sur l'eau*》

### 2.1.2. 목적보어 인칭대명사

통사적 측면에서 목적보어 인칭대명사는 동사에 결합된 술어 비대용형과 자율적인 술어 대용형으로 양분할 수 있다. 형태론적 측면에서 비강세형은 항상 술어 비대용형이며, 강세형은 대부분의 경우 술어 대용형이지만 종종 동사와 결합할 수 있다.

#### 2.1.2.1. 목적보어 인칭대명사의 형태적 혼동

1. 대명사 *li*와 *lui*사이의 혼동

1) 대명사 *li*는 남성 술어형 대명사로 *lui* 대신 사용되었다.

> Morir! fet la damoisele, Dex l'en gart; certes ce fust trop doulereux domage, car apres ***li*** ne demorast plus preudon el monde.(*Artu*, 38, 22)

2) 여성형에서 *li* 대신 *lui*형이 사용되었다.

> Et pour la grant que je vi en ***lui***, la requis ge d'amours n'a pas granment.(*Artu*, 35, 30)
> 《*Il y a en elle une telle beauté que j'ai sollicité son amour voilà peu de temps*》

2. 재귀대명사 *soi*와 대리 대명사와의 혼동

1) 재귀대명사 *soi*의 용법

고대 프랑스어에서 재귀대명사는 현대 프랑스어에서보다 더 많이 사용되었으며, *se* 대신 *soi*형으로 통용되었다.

① 동사의 뒤에서 동사와 결합할 수 있다.

Vest *soi* d'un peliçon d'ermine.(*J&B*, 1147)

특히 이 형태는 발화의 동사를 대신하는 삽입구 *faire* 다음이나 부정법 다음에서 통용된다.

Tibert, par ta confessïon,
fet *soi* Renart, di moi verté.(*Renart*, 11639).
Si n'i a que de ferir soi en l'ost(*Artu*, 112, 8)
《*Nous n'avons plus qu'*à *attaquer l'armée*》

② 전치사 뒤에서는 동사와 분리될 수 있다. 따라서 대리대명사 (*li/lui*)와 경쟁할 수 있다.

(i) 독립절에서 재귀대명사는 주어가 한정을 받고 복수일지라도 주어와 동일한 인칭을 목적격으로 대신할 수 있다.

Et Josephes l'apela a *soi* et cil i vint.(*Queste*, 33, 11)
《*Joseph l'appela et l'homme approcha*》

(ii) 종속절에서 주절의 주어를 대신할 수 있다.

... el demenot grant tristor
De son ami que ele voit
Qui pres de *soi* combatre doit.(*Enéas*, 9314)
《Elle manifeste une grande douleur pour son ami qu'elle voit sur le point de combattre à ses côtés》

(iii) 재귀대명사는 주어가 아닌 다른 단수 및 복수인칭을 대신할 수 있다.

et si tost come il le vit, si li souvint de ***soi***.(*Queste*, 110, 7)
《*Dès qu'il le vit, il se souvvient de lui*》
Li quens mengea avec le roi
Et Jehan servi devant ***soi***.(*J&B*, 168)
《*Le comte mangea en compagnie du roi et Jean fit le service devant deux*》

2) 재귀대명사 위치에서의 대리 대명사의 용법

대리 대명사는 고대 프랑스어에서 재귀대명사의 위치에서 경쟁할 수 있다.

Toute jor entendirent a ***eus*** logier(*Artu*, 108, 14).
《*Ils consacrérent toute la journée* à *s'installer*》

마찬가지로 대리 대명사는 주어가 한정 받지 않을 경우에도 사용된다.

Tex donc boen consoil autrui
qui ne savroit conseillier ***lui***.(*Yvain*, 2536)
《*Tel donne* à *autrui de bons conseils, qui ne saurait se conseiller soi-même*》

### 2.1.2.2. 술어 비대용형 대명사

술어 비대용형 대명사는 일반적으로 동사와 결합된 후접어(proclitique)의 역할을 하며 동사 영역에 속한다.

1. 동사에 전치된 대명사의 용법

1) 동사 전치 영역에 주어가 있는 경우

Girflés *li* jure qu'il n'en parlera ja.(*Artu*, 11, 30)
La fille Charle *le* tenait embracié.(*Ami*, 1927)
《*La fille de Charle le tenait dans ses bras*》
Et il *se* lieve et essuie ses eulz(*Queste*, 22, 24)

> ☞ **주의**
> 관계대명사 주격 *qui*로 도입되는 관계절에서 술어 비대용형 목적보어 인칭대명사는 동사에 선행한다.
>
> Il ne voit chose qui *li* pleise.(*J&B*, 650)

2) 동사 전치 영역에 부사가 있는 경우

Et quant il l'ot ensemble mus, si *l'*apela la Mort Artu.(*Artu*, 1, 10)
《*Quant il l'eut jointe au reste, il l'appela La Mort Artu*》

부정의 부사 ne가 문두에 위치할 경우 동사에 결합된 목적보어 인칭대명사의 전치를 허락한다.

Ne *l'*oi mie bien salüé
Quant il me vint a l'estrié prendre.(*Yvain*, 198)
《À *peine l'avais-je salué, qu'il vint me prendre* à *l'étrier*》

3) 동사 전치 영역에 다음과 같은 보어가 위치할 수 있다.

(1) 직접 목적보어

Tel cop *li* donroi de ma pate...
que je l'abatrai en la place.(*Renart*, 9377)
《*Je lui donnerai un tel coup de patte que je l'entendrai raide*》

(2) 간접 목적보어

Mais d'une chose ***me*** remembre.(*Tresc.*, 67)
《*Mais je me souviens d'une chose*》

(3) 귀속보어

Blonde ***le*** disent erroment
que Jehans ne puet mengier mes.(*J&B*, 640)
《*Elles courent dire* à *Blonde que Jean ne peut plus manger*》

(4) 상황보어

Desuz le chief ***me*** mistrent sel,
vint et oille, farine et cendre.(*Enéas*, 1040)

(5) 복합시제의 분사

... li miens amis,
conquis ***m'***avés, vostre serrai.(*B.I.*, 2275)

(6) 절

Ainz qu'il i muire, ***se*** sera chier vendu.(*Alis.*, 316)
《*Avant de mourir, il aura vendu cher sa vie*》

4) 동사 전치영역에 두 개 또는 그 이상의 강세 요소가 올 수 있다.

Apres mangier, par mi ces sales,
cil chevalier *s'*astropelerent.(*Yvain*, 9)
de ses plaies mout ***se*** dieut.(*Tresc.*, 8, 218)
《*Ses blessures la font énormément souffrir*》
et son heaume luisant
encontre terre ***li*** fu aval pendanz.(*Alis.*, 12)
《*Son heaume brillant pendait* à *son cou*》

☞ 주의

(a) 동사에 결합된 목적보어 인칭대명사는 다음과 같이 정관사 *le, les*, 부사 *ne, si*와 결합되어 모음합축 현상을 보이며, 이 형태는 13세기까지 산문에서 널리 통용되었다.

*-je + le>jol, jel; -je + les> jes; -ne + le>nel; -ne + les>nes;*
*-si + le, se + le>sil/sel; -si + les, se + les>sis, ses;*
*-le/les + qui/que>quil/quel/quis*
*-ne + me>nem; -se + me>sem*

(b) 동사에 결합된 목적보어 인칭대명사는 모음 앞에서 모음생략현상 을 보인다.

Si ***l'***en set mout bon gré(*Alis.*, 1260).
《*Il lui en est très reconnaissant*》

(c) 13세기부터 동사전치 영역에 강세요소를 갖는 것이 필수요소는 아니었다. 등위절이나 종속절에서 대명사는 접속사 다음에 위치한다.

Si s'entresaluent et ***se*** metent en elur chemin et ***s'***en vont ensemble parlant de meintes choses.(*Artu*, 30, 25)
《*Ils se saluent et se mettent en route ensemble, devisant de choses et d'autres*》
L'empereres le tint mout cort
que ***li*** a preïst une dance.(*Dole*, 3411).
《*L'empereur le presse fort de lui apprendre une danse*》

4) 부정 의문문이나 부사 또는 명사 보어로 시작하는 문장에서

(1) 부정 명령문

Bele, ne ***m'***escundites mie.(*Guig.*, 506)
《*Ma chère, ne me repoussez pas*》

(2) 부사 또는 명사 보어로 시작되는 긍정 명령문

veraiement ***le*** sachiez.(*Artu*, 24, 30)
《*Sachez-le, en vérité*》
... car ***me*** dit
se tu es boene chose ou non.(*Yvain*, 326)
《*Dis-moi donc si tu es ou non une bonne créature*》
De chele cocue grimuche
Et de ce vilain a l'aumuche
***Me*** devisés que che puet estre.(*Nicolas*, 507)
《*Ce magot à la tête en pointe et ce manant au bonnet, dites-moi de quoi il peut bien s'agir*》

☞ **주의**
앞에서 언급한 것처럼 13세기부터 발화문에서 비강세 목적보어 대명사는 등위 명령문 앞이나 종속 접속사 뒤에 위치한다.

alez a cele tombe la, et ***la*** levez, et je di que vos troveroiz desoz aucune grant merveille.(*Queste*, 36, 5)
《*Approchez-vous de cette pierre tombale et soulevez-la. Vous assistrez alors, je vous l'assure, à un spectacle stupéfiant*》

5) 부분 의문문 또는 완전 의문문에서

(1) 부분 의문문

Dunt vient ele? Ki *l'*amena?(*Guig.*, 776)
Ribauz, neanz, que vos avoie ge forfet qui en dormant m'avez navré?

《*Crétin, moins que rien, que vous ai-je fait de mal pour que vous em blessiez ainsi pendant que je dormais?*》

(2) 완전의문문(주어 이외의 다른 강세요소(모든 부사, 특히 부정부사 *ne*)가 동사 전치 영역에 있을 때, 비강세 대명사는 동사 앞에 위치)

Ne ***me*** diroiz voz autre chose?(*Artu*, 41, 26)
《*N'avez-vous rien d'autre à me dire?*》

6) 부정법이나 활용된 동사의 지배를 받는 부정법의 목적 보어 대명사는 동사구에 전치한다. 특히 전치사 a로 된 부정법이나 제롱디프를 포함하는 완곡어법에서

Sire, dist ele, mout ***me*** puis merveillier
De dant Amilie vostre compaignon chier.(*Ami*, 2008)
《*Seigneur, dit-elle, je m'étonne beaucoup de comportement de messire Amile votre compagnon bien aimé*》
Lors **le** comance a escorchier ;
le cuir li fant desus la cote.(*Yvain*, 3454)
Li clers erraument se pourvoir
qui ***les*** veut aler falordant.(*Av. Comp.*, 39)
《*Le clerc, qui veut leur jouer un bon tour, se met aussitôt* à *réfléchir*》

7) 목적보어 인칭 대명사의 어순

(1) 「3인칭 직접 목적보어 대명사 + 1·2인칭 간접 목적보어 대명사」

Por ce, fet il, que je vos vueil demaner un don ; si vos pri que vos ***le me*** dommez.(*Queste*, 40, 24)
Bien ***le vus*** dis qu'en avendreit.(*Yonec*, 321).

> ☞ **주의**
> 피카르디어에서는 음위전환(métathèse) 현상을 보이기도 한다 : *les me, les te* 대신 *le mes, le tes*의 어순이 발달한다.
>
> Non, mais pour Dieu le glorius
> ***le mes*** dites, et jes orrai.(*Chev. Bar.*, 281)
> 《*Non, mais par Dieu le Tout-Puissant, dites-les moi et j'écouterai*》
> Nequedent je ***le tes*** dirai,
> que ja de mot n'en mentirai.(*Mar. Eg.*, 917)
> 《*Cependant je te les confesserai sans le moindre mensonge*》

(2) 3인칭의 경우 직접 목적보어 대명사는 종종 생략되기도 한다.

Aportez ça l'espee ; si la metrai as piés dou lit. Et ele li(=la lui) aporta.(*Queste*, 223, 26)
《*Apportez l'épée ici, je la mettrai au pied du lit. Elle la lui apporta*》

2. 동사에 후치된 대명사의 용법

전자와는 달리 술어 비대용형 대명사가 동사에 후치된 경우는 드물다. 대명사 *le, la, les, li*는 동사에 후치한다.

> ☞ **주의**
> 서부지역 방언에서는 *mei, tei, sei*와의 유사한 강세형 *lei, lai*형이 동사 뒤에서 통용되었다.
>
> Li traïtres s'en vait : veez ***lei***, veez ***lei***!(*Becket*, 1919)
> 《*Le traitre s'enfuit : regardez-le!*》

1) 부사나 명사 보어로 시작하지 않는 긍정 명령문에서

Biax filz, fet il, je vos otroi
Vostre pleisir, et dites *moi*
Que vos volez que je vos doingne.(*Cligès*, 98)
《*Mon cher fils, dit-il, je ferai selon vostre volonté ; dites-moi donc ce que vous désirez*》

> ☞ 주의
>
> (a) 소사 *ez*(='voici'<ecce)와 동사 *estre*(*estes*)에 후치한 결합형 대명사도 발견된다.
>
> ez ***vos*** la dame changiee.(*Yvain*, 1751)
> Que qu'ele s'aloit dementant,
> estes ***vos*** II .serjanz lo roi.(*Do Mire*, VII, 123)
> 《*Tandis qu'elle se lamentait, voici que surgirent deux messagers du roi*》
>
> (b) 동사가 직 · 간접목적보어 인칭대명사를 취할 경우 「직접 + 간접 목적보어 대명사」 순으로 *ez*에 후치된다.
>
> A pié descendent, ez les vos desmontez(*Alis.*, 2130)
> 《*Ils descendent de cheval, les voilà par terre*》

2) 부사로 시작되지 않는 완전 의문문에서 - 동사가 첫 번째 위치에 오며, 결합된 대명사가 뒤를 따른다.

Volés ***le*** vous, biau sire, avoir?(*Am. et Yd.*, 4154)

동사가 직 · 간접 목적보어 인칭대명사를 갖는 경우, 「직접 + 간접 목적보어 인칭대명사」의 어순으로 동사에 후치한다.

Si dit : Sire or ai grant envie
que je seüsse vostre non ;
direiez ***le me*** vos?(*Charrette*, 1922)

☞ 주의

13세기부터 완전 의문문의 문두에 사용된 비술어형 목적보어 인칭대명사를 찾아볼 수 있다.

Beax sire, dites moi por Dieu :
***me*** dites vos tout ce par geu?(*Tresc.*, 372)

3) 주어가 생략되었거나 동사에 후치된 언술에서(이 언술의 문두에는 그 어떤 다른 강세요소도 위치하지 않는다.)

Voit ***le*** li cuens, le sens cuide changeir.(*PO*, 897)
《*A ce spectacle, le comte faillit devenir roi*》
Ot ***le*** Guibor, lou san cuida desver.(*Chev. Viv.*, 1303)
《À *ces mots, Guibourg faillit perdre la tête*》
Demande ***li*** cumfaitement
Il est venuz e de queil tere.(*Guig.*, 308)

☞ 주의

이 구조는 삽입구에서도 찾아볼 수 있다.

En non Dieu, sire, fet ***soi*** li escueirs, ge ne sei qui il est.(*Artu*, 41, 117)

4) 부정법 뒤, 특히 전치사 부정법에서

Je ai plus grant volenté de combatre ***moi*** encontre chiaus du lingnage le roi Ban que a nul autre cavalier.(*Trist.*, prose, 117, 29).
《*Je suis bien plus désiruex de me battre contre ceux du lignage du roi Ban que contre tout autre chevalier*》

3. 이해관계(intéret)의 보어 인칭대명사와 허사적 여격(datif éthique)

두개의 간접보어 인칭대명사의 경우이며, 이 때 대명사는 술어 비대용형으로 동사에 전치하거나 후치할 수 있다.

1) 이해관계 보어(complément d'intêret)

Vos ***m'*** en irez au senechal,
Si porterez cest affichal.(*Dole*, 4290).
《*Vous irez de ma part porter au sénéchal cette broche*》

2) 허사적 용법의 1 · 2인칭 대명사(datif éthique)

대명사는 화자나 청자의 관심을 끄는데 사용된다, 따라서 대명사는 항상 2인칭이며, *(A tant) ez vos...*란 표현에서 주로 사용된다.

***Ez vos*** la damme qui tant fu effraee
De la merveille est cheüe pasmee.(*Ami*, 3193)
《*Voilà la dame si bouleversée par ce miracle qu'elle tombe sans connaissance*》

이 때 *ez* 대신 *estre* 동사의 활용형인 *estes* 가 올 수 있다.

Que qu'ele s'aloit dementant,
***estes vos*** II. serjanz lo roi.(*Do Mire*, 123)

아울러 *ez*가 직접 목적보어 인칭 대명사의 지배를 받을 경우, 직접 목적보어 인칭대명사는 동사와 이해관계 보어 사이에 위치한다.

Iluec sont andui descendu.
Estes ***les vos*** andos ansanble.(*Enéas*, 1521)
Que qu'ele s'aloit dementant,

☞ **주의**

이 두 형태의 보어 용법은 고전기 불어를 거쳐 현대 프랑스어 살아남았다.

> On lui lia les pieds, on *vous* le suspendit.(La Fontaine, *Le meunier, son fils et l'âne*)
> Enterre les babas, Jean-Alain. Tu es un yuppie. Mets-*nous* ça à la poubelle!(Jannin et Honorez, *Germain et nous*... N°13)

이해관계 보어와 허사적 대명사(1 · 2인칭)(datif éthique)의 결합은 예상치 못한 효과를 준다.

> Une bouteille de beaujolais, et vlan, il *te m'*invente l'essuie-main à moteur.(Franquin, Gaston Lagaffe, N° 7)

4. 부사대명사 En/I

1) 대명사 *en*과 *i*의 의미

(1) 대명사 *en*

① 대명사 *en*은 전치사 *de*로 지배를 받는 보어 인칭대명사 의미를 갖는다. 이 때 지시체는 사물이나 사람일 수 있다.

(i) 사물

Ele estoit d'un samit vestue...
La pene ***en*** fu molt bien ouvree.(*B.I.* 2247)
《*Elle était vêtue d'un manteau de soie ; la doublure en était somptueusement travaillée*》
Puis trest l'espee, qui d'or est enheudie
Ce fu Joieuse ou durement se fie,

Tot ***en*** fendi un Turc tresqu'a l'oïe.(*Alis.*, 532)
《*Il tire alors son épée à la garde d'or ; c'était Joyeyse en qui il avait toute confiance. Il en pourfend un Turc jusqu'aux oreilles*》

(ii) 사람

Ceste meschinne au gent cors afaitié...
Un fil ***en*** ai, celui tenez vos chier.(*Ami*, 2203)
《*Cette jeune femme au corps magnifique..., j'ai eu un fils d'elle, prenez soin de lui*》
Sire, je vos ameign nostre norriçon... que vos ***en*** façoiz chevalier.(*Queste*, 2, 26)
《*Seigneur, je vous amène cet enfant que nous avons élevé...afin que vous le fassiez chevalier*》

☞ **주의**

(a) 대명사 *en*은 부정문의 조동사와 관계하는 부정구조에서 직접 목적보어의 가치를 가질 수 있다.

Biax filz, ja plus ne la retien,
La pucele, mes laisse l'i.
A celui mie n'abeli,
Qu'il jure qu'il jure qu'il n'***en*** rendra point.(*Charrette*, 1715)
《*Cher fils, ne retiens pas davantage cette jeune fille et rends-la à celui qui l'accompagne. Le jeune homme, mécontent, jure qu'il ne la rendra pas*》

(b) 대명사 *en*은 수형용사의 보어가 될 수 있다.

Je vos di por voir que g'***en*** ai occis par ma main dis et uit.(*Artu*, 3, 19)

(c) 3인칭 이외의 다른 인칭을 지시체로 가질 수 있다.

Or en serai demain delivres,
Maufrez ***en*** ait vostre visages.(*Théophile*, 373)
《*Demain je serai débarrassé de vous, quelque vilaine figure que vous fussiez*》

(iii) 대명사 *en*은 앞에서 언급한 개념을 환기할 수 있다.

Mes par Mahom, mon cheval me rendez...
Et voz neveus toz quites ***en*** ravrez.(*Alis.*, 1654)

(iv) 대명사 *en*은 언급하고자하는 개념을 알릴 수 있다.

Molt ***en*** est en grant anguisse
comment celui retenir puisse.(*B.I.*, 2285)
《*Elle est très anxieuse de trouver un moyen de le retenir*》

② 대명사 *en*은 종종 허사적으로 사용되거나 잠시 후 언급될 개념을 알릴 수 있다.

De ton servise t'***en*** ai loier rendu.(*Alis.*, 1371)
《*Je t'ai récompensé pour ton service*》
Que vous ***en*** semblet d'Arrabiz e de Francs.(*Rol.*, 3511).
《*Que pensez-vous des Arabes et des Francs?*》

③ 대명사 *en*은 *de là*와 대체할 수 있으며, 이것은 라틴어 처격(inde=*de là*)의 흔적으로 해석할 수 있다. 특히 움직임을 표현하는 동사 *aler*, *torner*, *corir*...에서 확인할 수 있다.

Et quant ele s'***en*** est tornee
s'est sa joïe en dolor tournee.(*J&B*, 665)
《*Mais quand elle a quitté la chambre, le bonheur de Jehan s'est transformé en douleur*》

이 용법으로부터 *en*은 단순한 동사 상의 지표의 가치를 가질 수 있다. 따라서 기동 동사의 앞에 위치하여 *s'en aller, s'en fuir, s'en partir*...의 동사구를 이룰 수 있다.

Mar s'***en*** ira, si l'averons desmembré.(*Alis.*, 1266)
《*Avant qu'il ne s'en aille, nous l'aurons taillé en pièces*》

이 때 고대 프랑스어에서 *en*은 동사와 분리되거나 후치할 수 있다.

Issi nos ***en*** porons aler.(*B.I.*, 2348)
《Nous pourrons ainsi nous en aller》
A tant Renart hors du crues saut,
vis li est aler s'***en*** puet bien.(*Renart*, 9703)
《*Renart saute alors du trou, bien persuadé qu'il peut s'en aller*》

또한 대명사 *en*은 움직임뿐만 아니라 인지(*regarder, entendre...*)나 발화(*apeler, araisnier, escrier...*) 동사와 함께 사용될 수 있다. 이 때 *en*은 기동의 의미나 현대 프랑스어로의 해석이 불가능한 경우도 있다.

Et li autre ***en*** ont tuit chanté.(*Dole*, 5112).
《Et les autres se sont tous mis à chanter》
Mes sires Guillames s'***en*** rit :
Certes, fet il, mout a bien dit.(*Dole*, 1563)
《Messire Guillaume sourit et dit : voilà qui est bien parlé》

(2) 대명사 *i*

일반적으로 부사대명사 *i*의 의미는 *en* 보다 훨씬 더 제한되었다.

① 대명사 *i*는 장소 'là', 'à cet endroit'의 의미를 갖는다.

Un grant cheval fist de fust faire, ...
Dedanz lo fist molt bien chever,

Et s'*i* fist faire granz estages.(*Enéas*, 893)
《*Il fit construire un grand cheval de bois... il le fit creuser avec soin pour y aménager de vastes plates-formes*》

또한 *i*는 전치사 *a*의 지배를 받는 대명사의 가치를 가질 수 있으며, 원인, 동반, 수단... 등을 표현한다.

N'en ai ja longue reneance,
que tu n'*i* puez riens conquester.(*Renart*, 9477)
《*Ne continue pas* à *refuser, tu n'as rien* à *gagner*》

② 대명사 *i*는 발화동사(*dire, mander, parler...*)나 운동 동사(*aler, venir, avenir...*)와 함께 사용되어 대상, 개념, 사람을 참조할 수 있다.

Ses messages *i* enveia
e par ses letres li manda
que de sun païs ert eissuz.(*Eliduc*, 111)
《*Il lui (=le roi)dépêcha ses messagers, lui faisant savoir par lettres qu'il avait quitté son pays*》
Biax filz, ja plus ne la retien,
la pucele, mes laisse l'*i*.(*Chev., Char.*, 1713)
《*Cher fils, ne retiens pas davantage cette jeune fille et rends-la* à *celui qui l'accompagné*》

③ 대명사 *i*는 *en*과 마찬가지로 묘사하는 요소나 장소에서 잉여적으로 사용될 수 있다.

Mar *i* entrerent paien en cel regnez.(*Alis.*, 2185).
《*Les païens ont eu grand tort de pénétrer dans ce pays*》

☞ **주의**

소개사 *(il) i a, (il) i ot, (il) i avoit...*에서 대명사 *i*는 장소의 보어가

언술에 이미 언급되었거나 시간을 표현할 경우, 생략될 수 있다.

Onques au grant siege de Troie
n'*ot* home si bien entechié.(*Dole*, 41)

④ 대명사 *i*는 사행의 상황을 참조하는 아주 경미한 가치만을 가질 수 있다.

Car le lïons d'une corroie ;
Sachiez quë il est forsenez.
Dist li vallez : "Vos *i* mentez!
Je sai mout bien que ge me di".(*Dole*, 3952)
《*Attachons-le avec une courroie. Il est complètement fou. "C'est faux, répliqua le jeune homme. Je sais très bien ce que je dis"*》

2) 대명사 *en*과 *i*의 위치

대명사 *en*과 *i*는 동사 결합형 대명사로 통사적 특성은 다른 술어 비대용형 대명사와 동일하다.

(1) 동사에 전치

① 대명사 *en/i*는 언술에서 강세요소가 동사 전치영역에 나타날 경우 동사에 전치한다.

(i) 주어가 동사 전치 영역에 오는 경우

Quant Agravains se fu aperceüz de la reïne et de Lancelot, il ***en*** fu liez durement.(*Artu*, 5, 2)
《*Lorsqu'Agravain eut découvert la liaison qui existait entre la reine et Lancelot, il en fut comblé de joie*》
Amurs *i* lance son message(*Eliduc*, 304)

《*Amour lui adresse son message*》

(ii) 부사가 동사 전치 영역에 오는 경우

Et quant il la(la tombe) volt prendre par le gros chief, si ***en*** voit issir une fumee et une flamme aprés.(*Queste*, 36, 20)
《Mais quand il voulut soulever la pierre par le haut, il en voit sortir une fumée puis une flamme》

(iii) 명사 보어가 동사 전치 영역에 오는 경우

Quant li rois March est venus a l'eglise et il est descendus, grant joie ***en*** font et grant feste tout cil de Cornuaille.(*Trist.*, prose, 87, 26)
《*Lorsque le roi Marc fut arrivé à l'église et descendu de cheval, tous les gens de Cornuaille l'accueillirent avec des manifestations de joie et de fête*》

**☞ 주의**

13세기부터 대명사 *en/i*는 다른 술어 비대용형 대명사와 마찬가지로 등위문에서 등위접속사 다음이나 동사 앞에 나타날 수 있다.(발화문이나 명령 등위문에서)

De ceste nouvele estoient il mout durement esbahi et ***en*** avoient le greigneur merveille du monde.(*Trist.*, prose, 69, 6).
Va t'en droit au chastels as puceles et ***en*** oste les mauveses costumes qui i sont.(*Queste*, 46, 28).

② 부분 의문문에서

Ou ***an*** vas tu, vaslez, di va?(*Perceval*, 882)
《*Allons, jeune homme, où t'en vas-tu?*》

③ 부사나 명사보어로 시작되는 명령문에서

Respunt la dame : 《Or *i* alums》.(*Guig.*, 287)
《*La dame répond : Allons-y donc!*》

④ 동사의 지배를 받는 부정법보어 *en/i*는 동사구를 선행한다.

Ja n'iert jorz que del mien ne praigne
tot ce que il ***an*** puet ateindre.(*Yvain*, 3853)
《*Pas un jour ne se passe sans qu'il ne ravisse tout ce qu'il peut atteindre de mes biens*》
N'en fais ja longue reneance,
que tu n'*i* puez riens conquester.(*Renart*, 9447)
《*Ne continue pas à refuser, tu n'as rien à y gagner*》

(2) 동사에 후치

① 부사로 시작하지 않는 완전 의문문에서

Si m'aïst Dex, ci a biau non.
As ***an*** tu plus?(*Perceval*, 354)
《*Pour autant que Dieu me protège, voilà un beau nom. En as-tu encore un autre?*》

> ☞ **주의**
> 이 용법으로 사용된 술어 대용형 인칭 대명사는 주로 대화에 관계되는 *moi, toi* 형이다. 또한 이 용법에서 오랫동안 *moi, toi* 대신 *je, te* 형이 사용되었다.

② 부정법 뒤에서

부사 대명사 *en/i*가 술어 비대용형 대명사이기 때문에, 이 두 대명사는 부정법 앞에 위치할 수 없다. 대명사 *en/i*는 대명사일 경우 *de ce, a ce*로 장소의 부사일 경우 *de la, la*로 대치될 수 있다. 하지만 일반적으로 부정법에 후치한다.

Lors a si grant faim d'aler ***i*** qu'il ne li sovient del deffens qui li avoit este fet.(*Queste*, 255, 31)
《*Il éprouve une telle envie d'approche qu'il oublie l'interdiction qu'on lui a faite*》
Et cil le recontent as autres qui moult estoient engrant de savoir ***en*** la vérité(*Artu*, 71, 59).
《*Et ils la racontent aux autres qui étaient très avides de connâitre la vérité à ce sujet*》

(3) 대명사 *en/i*는 다른 결합형 대명사와 결합될 수 있다.

① 다른 대명사와 결합될 경우, 이들 대명사는 다른 대명사에 후치 한다.

(i) 동사의 앞에서(동사 전치 영역에 강세 요소가 있을 때)

Pluseurs ***l'en*** requistrent suvent.(*Guig.*, 63)
《*Beaucoup le lui offrirent*》
Mout grant damage ***leur i*** est avenu.(*Alis.*, 311)
《*Ce fut là un bien grand désastre pour eux*》

(ii) 동사의 뒤에서(동사 전치 영역에 강세 요소가 없을 때)

Tien, va ***t'en*** et porte cest escu au serjan Jhesucrist.(*Queste*, 29, 19)
《*Prends cet écu et va t'en le porter au serviteur du Christ*》
Et cele dit : Garce, tes ***t'an***!(*Perceval*, 5486)
《*Espèce de chipie, crie-t-elle, tais-toi*》
Rois, por li vois, ce dist Brengain,
Acordez ***m'i***, si ferez bien.(*Trist.* prose, 524)
《*Roi, reprend Brangien, je vais le chercher ; mais réconcilliez-moi avec lui et vous ferez une bonne action*》

② 부사대명사 *en/i*가 결합될 경우, 「en + i」의 어순을 따른다.

Mes des paiens est la Terre vestie ;
Trop ***en i*** a ; le cors Deu les maudie!(*Alis.*, 525)
《Cependant la Terre est couverte de païens. Ils sont très nombreux ; que Dieu les maudisse!》

### 2.1.2.3. 술어 대용형 대명사

강세형인 술어 대용형 대명사는 동사와 자율적으로 사용되었다. 술어 대용형 대명사의 용법은 술어 비대용형 대명사보다 더 다양하다. 특히 전치사의 지배를 받는 술어 대용형 대명사는 모든 상황 보어의 기능을 담당할 수 있으며, 다음과 같은 경우에서 사용된다.

1. 대명사가 전치사의 지배를 받을 경우

Sire, ma mere m'enseigna
que vers les prodomes alasse
et que a ***aus*** me conseillasse.(*Perceval*, 1400)
《*Seigneur, ma mère m'a enseigné à m'adresser aux personnes respectables, pour prendre conseil auprès d'elles*》
Contre lui est Dido venue.(*Enéas*, 721)
《*Didon s'est avancée vers lui*》

2. 대명사가 다른 대명사나 명사와 등위를 이를 때

1) 다른 대명사와 등위

***Moi*** ne autrui jamais ne forferez.(*Alis.*, 1705)
《Vous ne ferez plus jamais de mal ni à moi ni à personne》
Se je les tenoie a Bourges et vous et ***eus***.(*Lancelot*, 14, 23).
《*Si je les avais avec moi à Bourges, eux et vous*》

2) 명사와 등위

Onc païen ne feri de son brant
que n'oceïst ou *lui* l'auferrant.(*Alis.*, 449)

3. 문체론적 효과를 위해

1) 강조효과

① 문두에서(이 때 대명사는 *meïsme(s)*로 강조될 수 있다)

***Lui*** doit on croire et fere son talant.(*Alis.*, 1518)
《*C'est en lui que l'on doit croire et lui que l'on doit servir*》
***Lui meïsmes*** devant Noël...
fis ge peschier en un estanc.(*Renart*, 9759)
《*C'est encore lui, qu'avant Noël, j'ai fait pêcher dans un étang*》

② 축복의 표현 양식에서 동사의 전후에 위치할 수 있다.

Et ***toi*** beneïe,
Auberrons! Con as esploitié?(*Nicolas*, 341)
《*Qu'il te bénisse, toi aussi, Aubéron! Comment ça a-t-il marché*》
Dex beneïe ***toi***, biau frere.(*Perceval*, 1360)

③ 다음과 같은 표현에서 : *ce poise moi(toi, lui....)*, 이 경우 *ce me pose, si me poise, il me poise*의 표현도 발견된다.

Certes, dame, fet Boorz, ce poise ***moi***.(*Artu*, 36, 47)
《*Assurément, madame, répond Bohort, cela me chagrine*》
Certes, fist li rois, s'il est deshaitiez, il ***me*** poise qu'il n'est ceanz.(*Artu*, 67, 10)
《*En vérité, dit le roi, s'il est malade, je suis désolé qu'il ne soit pas ici*》

④ '엄숙함'을 표현하는 (*par la*) *foi que doi*와 '차이'를 표현하는 *moi ne chaut, moi que chaut?, moi que monte?*에서

Dame, fait il, foi que doi *vos*.(*Renart*, 2124)
《*Madame, dit-il, par la foi que je vous dois*》
Ha! Las, dolent, et ***moi*** que chaut?(*Trist*., prose, 981).
《*Hélas!, malheureux que je suis, que m'importe?*》

2) 대립을 표현하기 위해

il n'a damoisele el monde... qui par droit ne me lessast et retenist *lui*.(*Artu*, 27, 26)
《*Il n'y a pas de jeune fille au monde... qui ne me laissât à juste titre pour le choisir, lui*》
Mon cheval prist et ***moi*** lessa.(*Yvain*, 544)
《*Il a pris mon cheval, et moi, il m'a laissé là*》

4. 생략 구문에서

1) 활용된 동사가 생략된 문장에서

① 동사가 등위된 문장에서 공통일 때, 두 번째 문장에서 생략되며, 술어 대용형 대명사가 사용된다.

Ge ne voudroie en nule maniere qu'il me blesçast ne ge *lui*.(*Artu*, 64, 150)
《*Pour rien au monde je ne voudrai que l'un de nous blessât l'autre*》
Deduiz la tint par mi le doi
a la querole et ele *lui*.(*Rose*, Lorris, 835)
《*Déduit dansait en la tenant par le doigt, et elle également*》

② 마찬가지로 복합시제에서 등위된 문장의 두 번째 문장에서 조동사가 생략되며, 술어 대용형 대명사가 사용된다.

en pou d'eure estranglé l'avra,
toz ses bues...
et ***lui*** mort, ainçois qu'on le sache.(*Renart*, 9473)
《*en rien de temps(l'ours) lui aura étranglé tous ses boeufs... et il a tué, avant qu'on ne le sache*》

③ 다음과 같은 구조에서 : *ne... se... non, ne... si... non*

il n'i entrera ja se ***li*** non.(*Queste*, 41, 15)
《*il n'y entrera jamais personne à part lui*》
Kar a sa femme aveit premis...
que il n'amereit si ***li*** nun.(*Eliduc*, 465)
《*Il avait promis à sa femme de n'aimer qu'elle*》

④ 술어 대용형 대명사는 단독으로 문장의 기능을 할 수 있다.

Amer? Et cui? - Vos, dame chiere.
- ***Moi***? - Voire voir...(*Yvain*, 2023)
《*Aimer? Et qui donc? - Vous, dame très chère. - Moi? - C'est pure vérité*》

2) 비교절에서 - 종속절에서 주동사가 반복되는 대신 *faire*로 대체된다.

Si crurent plus l'anemi qu'il ne ***firent lui***.(*Queste*, 39, 5)
《*Les hommes firent plus confiance au diable qu'à lui*》

5. 부정법과 *-ant*형(분사) 앞에서

De ceo ke ele iert bele et gente
En ***li*** garder mist mut s'entente.(*Yonec*, 26)

《*Comme elle était belle et gracieuse, il mit tout en oeuvre pour la surveiller*》
Voire. Volez ***moi*** foïr.(*Enéas*, 1680)
《*En vérité, vous voulez fuir*》

6. 술어형 대명사는 문두에서 강세 요소가 없을 경우, 결합형 대명사를 대체할 수 있다. 특히 비인칭 동사구문에서.

***Mei*** est avis que trop targe!(*Rol.*, 659)
《*Il me semble qu'il tarde beaucoup!*》
Cil unt sun commandement fait:
u ***eus*** seit bel u ***eus*** seit lait.(*Lanval*, 386)
《*Ils lui ont tous obéi que cela leur plaise ou non*》

아울러 술어 대용형 대명사는 종속 접속사 다음에 올 수 있다.

Iceste nouvele me plet, fet Lancelos, car or m'en puis aler quant ***moi*** plera.(*Artu*, 55, 12)
《*Voilà une bonne nouvelle, répond Lancelot, maintenant je pourrai m'en aller quand cela me plaira*》

7. 술어 대용형 대명사는 상황보어의 가치를 가질 수 있다.

1) 동사 *oïr*, *veoir*의 분사 *-ant*형과 관계하여

Et ce dist orendroit oiant ***moi*** et oiant mon seigneir le roi uns tex chevaliers que vos croiriez bien d'une parole...(*Artu*, 36, 33)
***Mei*** est avis que trop targe!(*Rol.*, 659).
veant ***moi*** en a deux ocis.(*Yvain*, 3860)
《*il en a tué deux sous mes yeux*》

2) 기수 형용사와 관계하여

*Soi* tierz de compegnons s'en ist
dou chastel mout priveement.(*Dole*, 3228)
《*Avec deux autres compagnons il quitte la ville en secret*》
Li vilains n'ot pas grant cointie,
Il n'ot que *soi* cart de maisnie.(*Del Mun.*, 158).
《*Le paysan n'avait pas une grande famille. Ils n'étaient en tout que quatre personnes*》

## 2.2. 소유 대명사(Pronom possessif)(cf. 소유사)

## 2.3. 지시 대명사(Pronom démonstratif)(cf. 지시사)

## 2.4. 관계대명사(Pronom relatif)

일반적으로 관계대명사는 명사, 지시대명사, 인칭대명사, 절, 발화체를 선행사로 갖는다. 아울러 고대 프랑스어에서는 관계대명사가 생략될 수 있다.

### 2.4.1. 단순형

1. Qui

1) 관계 대명사 주격 *qui*는 동사의 주어로 사용되며, 이 때 명사, 고유명사, 대명사, 사물 명사, 중성명사를 선행사로 취할 수 있으며, 분리될 수 있다.

Tel cuide avoir oeuf en feu ***qui*** n'y a que les escalles.(*Proverbes*, 2339)
《*On s'imagine parfois avoir un oeuf au feu, alors qu'on y a seulement la coquille*》
Jadis fu un rois paiiens
***Qui*** marchissoit as crestïens.(*Nicolas*, 9)
《*Il y avait jadis un roi päien qui était voisin des chrétiens*》

> ☞ **참조**
> 사물 명사를 선행사로 취하는 예는 현대 프랑스어의 몇몇 작가들의 작품 속에서도 여전히 발견된다.
>
> On sait qu'il y a ***des fleurs*** de ***qui*** l'épanouissement est nocturne.(Colette, *Paris de ma fenêtre*, 49)

2) 또한 관계대명사 *qui*는 절이나 발화체 자체를 선행사로 취할 수

있으며, 이 용법은 중세 프랑스어에서 확산된다.

Le samedi fist li roys voile, et tuit i autre vessel aussi, ***qui*** mout fu belle chose a veoir.(*SL*, 32)
《*Le samedi, le roi prit le large avec toute la flotte, ce qui fut un très beau spectacle*》

이 용법에서 관계절이 직접 목적격에 해당될 경우, *qui* 대신 *ce qui*가 사용되기도 하였다.

Sire, pour ce qu'il est escript : 《Fai premier ce qu'il afiert a Dieu..., ai je fait escrire ***ce qui*** afiert aus troiz choses desus dites, c'est savoir ***ce qui*** affeirt au profit des ames et des cors, et ***ce qui*** affiert au gouvernement du peuple.》.(*Joinville*, 2)
Je vous diray ***qui*** bon me semble.(*Miracles N. D.*, 27, 1076)

3) 관계대명사 *qui*는 고대 프랑스어와 마찬가지로 선행사 없이 다음과 같이 부정 관계사의 역할을 하기도 하였다.

(1) 관계절은 주절에서 동사의 주어 역할을 할 수 있으며, 이 때 *qui*는 'quelqu'un', 'celui qui', 'tout homme qui', 'tous ceux qui', 'quand on'의 의미로 해석할 수 있다.

***Qui*** n'a q'un oill sovent le tert.(*Proverbes*, 2010)
《*Quand on n'a qu'un oeil, on l'essuie souvent*》

(2) 관계절의 주어는 주절에서 인칭 대명사 *il*이나 *on*으로 반복된다.

***Qui*** a maraste a dyable ***en*** astre.(*Proverbes*, 1810)
《*Si l'on a une belle-mère, on a un diable au foyer*》

(3) 관계 대명사 *qui*에 의해 표현된 인칭이나 대상이 주절에서 생략되기도 한다. 이 경우, *qui*는 가정의 상황보어로 'si on...' 또는 'même si on...'으로 해석할 수 있다. 이 용법은 현대 프랑스어에서 찾아볼 수 없지만, "Tout vient à point ***qui*** sait attendre"와 같은 속담이나 "comme ***qui*** dirait"와 같은 표현에서 여전히 그 흔적을 찾아볼 수 있다.

***Quin*** fereit, ce sereit granz pechiez.(*CL*, 94)
《*Si on en faisait un roi, ce serait bien regrettable*》

4) 현대 프랑스어 'qui', 'ce qui'의 의미를 갖는 중성형 *que*(<quod)와 'tout ce qui'의 의미를 갖는 *quanque*, *quan que*가 12-13세기에 등장한다.

Or dites ce ***que*** vos plaira.(*Villh*, 16)
《*Dites donc ce qui vous plaira*》
Quant li compaignon orent fet ce ***que*** comandé lor estoit...(*Queste*, 276, 11)
《*Quand les compagnons eurent fait ce qui leur avait* été *demandé...*》
Et ke encor plus griés chose....(*Dialogue Grégoire*, 6, 11)
《*Ce qui est encore plus grave....*》

5) 관계대명사 주격의 용법에서 *qui* 대신 *que*가 사용될 수 있다. 이 용법은 16세기까지 지속된다.

Ma dame Fiere l'orgeillose
***Que*** mout estoit cortoise et bele.(*Renart*, 1498)
《*Madame Fiere l'orgueilleuse, qui était fort belle et fort courtoise*》
Tuz cels ***que*** istront de nostre lignee
Del toen forfait sentiront la hascee.(*Jeu d'Adam*, 555)
《*Tous ceux qui descendront de notre lignée souffriront de ta faute*》

2. Cui(ki)

관계대명사 *cui*는 동사의 간접 · 직접목적어, 전치사의 보어, 명사의 보어로 사용될 수 있다. 이 때 선행사는 생략될 수 있으며, 사물 명사가 올 수 있다.

1) 명사의 보어로 사용될 경우 *cui*는 명사를 선행한다.

Cil ***cui*** vos obeïssez...(*Villh*, 146)
***Cui*** Deus velt aidier, nus ne li puet nuire.(*Proverbes*, 440)
《*Celui que Dieu veut aider, personne ne peut lui faire de mal*》

2) 선행사가 있는 관계절에서 명사의 목적어나 한정사가 될 수 있다.

Bien deüst avoir vostre aïe
cil ***cui*** tant soliez amer.(*Charrette*, 6490)
Li rois Evrains, ***cui*** niés je sui.(*Erec*, 6020)
Vos le donrez ***cui*** vos plaira.(*Graal*, 3150)
《*Vous le donnerez* à *qui vous le voudrez bien*》

3) 명사가 정관사와 함께 사용될 경우 *cui*는 관사와 명사 사이에 위치한다.

Sur dragon portet ***a qui*** sa gent s'alient.(*Rol.*, 1480)
《*Il porte son étendard auquel son peuple se rallie*》
Il fu mult honorez... ***par*** le roi de France ***cui*** cusin il ere.(*Villh*, 42)
《*Il fut fort honoré par le roi de France dont il était le cousin*》

☞ **주의**
13세기부터 형용사 *quel*이 관계대명사 'duquel, de laquelle, dont, de quoi'의 의미로 사용되었다.

Le jour de la Saint Jaque ***quel*** pelerins je estoie et qui mainz biens m'avoit fait(*SL*, 86)
《*Le jour de la Saint-Jacques, saint dont j'étais le pèlerin et qui m'avait déjà fait beaucoup de grâce*》

3. Que

1) 목적격의 남성, 여성, 중성에서 관계대명사 *que*는 동사의 목적어로 사용되며, 이 때 명사, 대명사, 전치사, 문장이 선행사로 올 수 있다. 선행사 *ce*와 함께 사용되기도 하지만 종종 생략되기도 한다.

Et se volez tenir ***qu'***avez covenancié... (*Becket*, 917)
《*Et si vous voulez tenir ce que vous avez promis*》

2) 특히 복합형인 *quant que*, *quanque*(<quantum quod)가 'tout ce que'의 의미로 널리 통용되었다.

***Quanque*** l'en fet par mesure si profite et dure.(*Proverbes*, 1730)
《*Tout ce que l'on fait avec mesure est durable et profitable*》
Oblié ont et tot perdu
***Quan qu'***il avoient fait lessus(*Enéas*, 2500)
《*Elles ont perdu le moindre souvenir de tout ce qu'elles avaient fait là-haut*》

☞ 주의

(a) 대명사 *que*는 부정법 앞에서 선행사 없이 사용될 수 있다.

Com longue atente a povre bacheler
Qui n'a ***que prendre*** ne autrui que doner.(*Nîmes*, 81)
《*Qu'il est long d'attendre quand on est un jeune homme*

*pauvre qui ne sait quoi prendre et quoi donner à autrui*》

(b) *Quant que, quanque*는 관계부사로 'autant que'의 의미로 사용될 수 있다.

Vait le ferir li cuens ***quanque*** il pout(*Rol.*, 1198)
《*Le comte va le frapper, autant qu'il peut*》

(c) *Quant que, quanque*는 직설법과 함께 시간의 접속사로 'pendant que, tandis que'의 의미로 사용될 수 있으며, 접속법과 함께 양보의 접속사로 'quoique'의 의미로 사용될 수 있다.

***Quanque*** la dame est issi dementée,
Par la cité est la novele alee(*Mort Aymeri*, 4016)
《*Tandis que la dame se lamente ainsi, la nouvelle se répand à travers la ville*》
***Quant qu'***il fussent riche e manant,
Or sont il povre e pain querant(*Troie*, 27655)
《*Bien qu'ils aient été riches et nantis de biens, maintenant ils sont pauvres et mendient leur pain*》

3) 고대 프랑스어 어법 'faire que sages', 'faire que fols'의 구문에서 *que*는 목적격으로 14세기까지 사용되었다.

Il fist ***que*** proz.(*Rol.*, 1209)
《*Il a agi en preux*》 (='Il a fait ce que fait un preux')
Vos dites ***que*** sages.(*Théophile*, 62)
《*Vous parlez en homme avisé*》
Or fera Erec trop ***que*** fos
Se tost conuistre ne se fet.(*Erec*, 4868)
《*Erec se conduira comme un insensé s'il ne s'identifie pas rapidement*》

☞ **주의**

17세기에도 라퐁텐(La Fontaine)은 이 고어법을 여전히 사용하고 있다

il feroit ***que*** sage de garder le coin du feu(*Fables*, V, 2, 4)

4) 중성 *que*는 'que je sache', 'que je puisse, que je soie' 구문에서 사용된다.

IL ne me faut riens ***que je sache***.(*Guillaume d'Angleterre*, 1631)
《*Rien ne me manque, que je sache*》
Dahez ait qui vos oï onques
Ne vit onques mes, ***que je soie***.(*Lancelot*, 788)
《*Maudit soit tout homme qui vous a jamais entendu ou vu, et moi si cela m'est arrivé*》

5) *que*는 주격 *qui*와 마찬가지로 분배의 가치를 표현할 수 있다.

Apres ce le roy envoia querre quatorze mestres nothonniers, ***que*** de celle nief, ***que*** d'autres...(*SL*, 4)

6) 관계대명사 *que*는 시간, 장소를 표현할 수 있으며, 많은 경우 *où* 대신 사용되었다.

Ce fu en mai ***que*** la rose est florie.(*Aymeri de Narbonne*, 1720)
《*C'était au mois de mai, où la rose est en fleur*》
Et la si a un flun qui fiert en la mer, ***que*** on n'i puet passer se par un pont de pierre non.(*Villh*, 163)
《*Il y a là un fleuve se jettant dans la mer où l'on ne peut passer que sur un pont de pierre*》

7) 관계대명사 *que*는 'à qui, dont'의 의미로 사용될 수 있다.

Chus vaslés si fu fix l'empereur Kyrsac de Coustaninople, ***que*** uns siens freres li avoit tolu l'empire.(*Clari*, 17, 12)
《*Ce jeune homme était le fils de l'empereur Issac de Constantinople* à *qui son frère avait ravi le pouvoir*》
Et uns Alemans de l'aage de .XVIII. ans ***que*** l'on disoit que il avoit esté fiz sainte Helisabeth de Thurnge.(*SL*, 21)
《*Et un Allemand* âgé *de dix-huit ans dont on disait qu'il* était *fils de sainte Elisabeth de Thuringe*》

## 4. Quoi

관계 대명사 *quoi*는 고대 프랑스어에서 한정 받지 않는 사물에서의 사용은 드물었으며, 특히 한정 받는 사람이나 사물명사를 선행사로 취할 수 있으며 전치사 다음에서 사용되었다. 대명사 *quoi*는 중세프랑스어에서부터 현대 프랑스어의 다양한 용법으로 사용되기 시작한다. 아울러 생물, 사물, 중성 대명사(*ce, quelque chose*)를 선행사로 취할 수 있다.

### 1) 생물

Marchegai ***sor coi*** il sist.(*Aiol*, 624)
《*Le cheval Marchegai sur lequel il se trouvait*》

### 2) 사물

.... Pechié
***Par quei*** ume sunt engignié.(Ph. de Thaon, *Bestiaire*, 2902)
《*Les péchés par lesquels les hommes sont abusés*》
Ore n'a ***de quoi*** il se deffende.(*Lancelot*, 14, 8)
《*Maintenant il n'a pas de quoi de défendre*》

☞ **주의**

전치사 다음에서 모음으로 시작하는 단어 앞에서 강세형 *quoi* 대신 *que* 의 모음 생략형이 발견되기도 한다.

le cheval *so qu'*ele seoit.(*Yvain*, 4846)
《*Le cheval sur lequel elle se trouvait*》

5. Dont(<de unde)

1) 12세기부터 관계대명사로 사용되어 온 *dont*은 'd'où'의 의미로 명령문, 직 · 간접 의문문 및 관계절에서 사용되었다.

(1) 명령문

Di ***dont*** tu viens et u tu vas.(*Wistasse*, 782)
《*Dis-moi d'où tu viens et où tu vas*》

(2) 직 · 간접 의문문(원인의 의미='pourquoi, pour quelles raisons, de quoi, du fait que, de ce que')

Si vous dirons le mesfait ***dont*** li marchis haoit l'empereur.(*Robert de Clari*, 33)
《*Nous allons vous dire la mauvaise action pour laquelle le marquis haïssait l'empereur*》
Ne sai ***dunt*** vus parlez.(*Becket*, 2187)
《*Je ne sais pas de quoi vous parlez*》
N'avons ***dont*** vivre.(*Aiol*, 124)
《*Nous n'avons pas de quoi vivre*》

(3) 관계절( = 'duquel, au sujet duquel, pour lequel, avec lequel')

Halteclere ***dunt*** li acer fut bruns.(*Rol.*, 1953)
*《(L'épée) Hauteclaire dont l'acier était brillant》*
Et la fenestre avoit overte
***Dont*** il veoit a sa tainture.(*Renart*, 2302)
*《Et il avait ouvert la fenêtre à travers laquelle il surveillait sa teinture》*

☞ **주의**

관계사 *dont*은 결과절 'si bien qu'à cause de cela, si bien qu'avec cela'의 의미를 표현할 수 있다

Molt ont lor haubers desmailliez
Et les escus si detailliez
Qu'il n'ont tant d'antier sanz mantir,
***Dont*** il se puissent recovrir(*Erec*, 961)
*《Ils ont fait sauter bien des mailles aux hauberts et tellement tranchés les écus qu'ils n'ont plus rien d'entier, je vous assure, pour se couvrir》*

2) 관계대명사 *dont*은 선행사 없이 설명의 관계절을 유도하여 'ce dont', 'dont il se trouve que'의 의미로 사용되었다.

Mais la queue remest en gages,
***Dont*** mout li poise.(*Renart*, 13430)
*《Mais il y laissa la queue en gage, ce dont il est fort affecté》*

☞ **주의**

이 용법은 현대 프랑스어에도 살아남아있다.

Il se rabat soudain, ***dont*** j'eus l'ame ravie(*Les Fâcheux*, II, 6)

## 6. Où

1) 관계대명사 *où*는 여러 형태의 선행사를 취할 수 있으며, 'le jour(le moment...) où', 'là où, à qui, auquel, à quoi, dans lequel'의 의미로 사용되었다.

Sire, or sachiez que li leus ***ou*** il est ne li ennuie pas(*Artu*, 35, 9)
《*Sire, sachez bien que l'endroit* où *il se trouve est loin de lui déplaire*》
Pinte respont, ***ou*** mout se fie...(*Renart*, 4262)
《*Pinte en qui il a grande confiance répond*》
Ne m'as dit riens ***ou*** ge me teigne.(*Renart*, 4307)
《*Tu ne m'as rien dit* à *quoi je puisse m'accorder*》

2) 동사 *veoir, trouver* 다음에서, *es vos, vez ci* 다음에서 *ou*는 결과를 표현하는 현대 프랑스어 'qui', 'que'의 의미를 갖는다.

Veschi le roi ***ou*** il vient.(*Clari*, 34)
《*Voici le roi qui vient*》
Atant ez vos l'ermite *o* vient.(*Perlevaus*, 893)
《*Voici alors l'erimite qui vient*》

**☞ 주의**

(a) 라틴어 형태인 *unt*(<unde)의 사용은 드물며, 특히 전치사 *par* 다음에서 종종 발견된다.

Par tuz les champs qui pres esteient
Par unt Breton venir deveient.(*Rou*, 3, 1733)
《*A travers tous les champs voisins par* où *les Bretons devaient venir*》

(b) 고대 프랑스어 *ou*의 용법은 현대 프랑스어에서도 그 흔적을 발견할 수 있다.

Vous avez vu ce fils *ou* mon espoir se fonde.(*L'Étourdi*, IV, 2)
J'ai honte des horreurs *ou* je me vois contraint(Racine, *Thébaïde*》

## 2.4.2. 복합형 : Li quels/le quel

관계대명사 복합형 *li quels/le quel*은 고대 프랑스어에서 매우 드물게 사용되었다. 이 복합형은 13세기에 확산되기 시작하여, 14-15세기에 널리 사용된 중세 프랑스어의 대표적인 관계 대명사에 속한다. 특히, li *quels*은 *qui, que, dont*이 보여주는 성 · 수의 애매성을 없애기 위하여 법률, 학술어에서 관계대명사의 역할을 했으며, 이와 동시에 라틴어를 본떠 만든 형용사의 역할을 하기도 하였다. 또한 모든 전치사와 함께 사용되기도 했으며, 관계대명사로서는 명사, 대명사를 선행사로 취할 수 있으며, *laquelle chose*는 선행하는 절이나, 발화체를 대신 받는다. 여성형 *la quel(l)e*은 14세기에 자리 잡는다.

고대 프랑스어에서 *li quels/li quel*은 주어나 직접 목적보어로 설명적 관계절을 도입한다.

Or vous demant je, fist il, ***lequel*** ameriés mieus, ou que vous fussiés mesiaus ou que vous eussiés fait un pechié mortel.(*SL*, 4)
《*Je vous demande, dit-il, ce que vous préféreriez ou bien d'être lépreux ou bien d'avoir fait un péché mortel*》

## 2.4.3. 부정 관계대명사

부정관계 대명사는 *que*에 관계사나 부사가 첨가 된 형태로는 *qui que*(드물게 *qui qui*), *cui que, quoi que, quelque que, combien que*가

있다. *Qui que*는 사물 주어로(때로는 'qui qu'en groigne'=tant pis pour qui s'en fâche의 표현에서), *que*(*quoi*) *que*는 주어나 사물의 목적어로, *quelque que, combien que*는 양보의 의미로 사용되었다.

1. Qui qui/qui que, que que

고대 프랑스어에서 *qui qui*의 사용은 아 주 드물며, *qui que*의 사용이 일반화된다. 주절에 대해 접속법의 양보절을 도입한다.

> Mort l'abat, ***qui qu'***en peist u qui nun.(*Rol.*, 1279)
> 《*Il l'abat mort, que les gens en soient fâchés ou non*》
> ***Qui qu'***en ait duel, Yvains est liez.(*Tristan*, 1228)
> 《*Quels que soient les gens ui s'en affligent, Yvain est joyeux*》
> ***Qui qui*** me tiegne a vil, je me tieng chier.(*Aiol*, 979)
> 《*Peu importe ceux qui me méprisent, moi je m'estime*》
> ... jel ferai que qu'il me griet.(*Yvain*, 6427)
> 《*Je le ferai quoique cela me soit pénible*》

2. Quoi que

형태소 *que*는 목적어나 비인칭 구문의 진주어로 사용된다. 대부분의 경우 종속절의 동사는 접속법이 오지만 직설법의 경우도 발견된다.

> ***Quoi qu'***en doie avenir,
> Ne puis sans li garir.(*Gontier de Soignes*, 16, 49)
> 《*Quoi qu'il puisse arriver, sans elle je ne puis trouver de salut*》

3. Quelque ... qui/quelque ... que

부정 관계 대명사 *quelque ... qui*는 주어로, *quelque ... que*는 목적어로 관계절을 도입한다.

Ma mere m'ensaigna et dist
Que les puces saluaisse
En ***quel*** liu ***que*** jes traouvaisse.(*Perceval*, 684)
《*Ma mère m'a appris et m'a recommandé de saluer les jeunes filles, en quelque endroit que je les trouve*》

4. Quel que, quelconques, quelques que, comment que

이들 부정관계사에서 형태소 *que*는 관계사 및 접속사의 성격을 띤다.

Altre bartaille lur livrez de meïsme:
De ***quel que*** seit, Rollant n'estuertrat mie(*Rol.*, 592)
《*Livrez-leur de même une seconde bataille. Quelle qu'elle soit, Roland ne s'en tirera pas*》
***Comant que*** la fins l'an responde
et ***comant que*** il l'en aveigne,
n'est reins nee qui le deteingne
El mont, que n'an voist an Breteingne.(*Cligès*, 72)

## 2.5. 의문 대명사(Pronom interrogatif)

### 2.5.1. 단순형

1. Qui

의문 대명사 *qui*는 직접 · 간접 의문문에서 사람(사물)의 주어, 주어의 속사, 직 · 간접 목적보어, 전치사의 보어(*cui*)로 사용되었다.

1) 직접 의문문

(1) 주어

Et aprés le graal, ***qui*** vint?(*Perceval*, 3656)
《*Et derrière le graal, qui venait?*》
Dame Aubere, bien veigniez,
Fait il. ***Qui*** vous maine a ceste eure.(*Aubere*, 483)
《*Dame, Auberée, soyez la bien venue, fait-il. Qu'est-ce qui vous fait venir à cette heure?*》
Or oez ***qui*** m'a retenu.(*Eracle*, 5998)
《*Ecoutez donc ce qui me'a retenu*》

> ☞ **주의**
> 고대 프랑스어에서는 의문대명사 *qui*가 생략될 수 있다.
>
> Ses tu qu'il sont?(*Tristan*, 4013)
> 《Sais-tu ***qui*** ils sont?》; il distrent qu'il estoient.(*Villh*, 121)

(2) 속사

***Qui*** es tu, qui l'esprevier m'as contredit?(*Erec*, 840)
Di, ***qui*** sont chil en chele rengue?(*Nicolas*, 361)

(3) 목적어

Por les sainz Dieu, ***qui*** voi ge la?(*Renart*, 5616)
***Cui*** chaut?(*Guillaume d'Angleterre*, 1286) 《*Qu'importe?*》

(4) 한정사 및 전치사의 보어

par ***cui*** congié
avez cet blé ci despecié?(*Renart*, 13605)
Savez ***de cui*** je vos voel dire?(*Yvain*, 2401)
《*Savez-vous de qui je parle?*》

## 2. Que

1) 의문 대명사 *que*는 직·간접 의문문에서 사물 주어, 속사, 직접 목적보어, 상황보어 등으로 사용된다.

(1) 비인칭 동사의 주어

Vassal, fait ele, a toi ***que*** monte?(*Perceval*, 6880)
《*Vassal, dit-elle, que t'importe?*》
Filz, ***que*** te samble?(*Charette*, 1982)
《*Fils, que t'en semble?*》

(2) 속사

Mere, fait il, ***que*** est eglise?(*Perceval*, 573)
《*Mère, qu'est-ce qu'une église?*》
Dites moi ***que*** ce est.(*Queste*, 83, 8)
《*Dites-moi ce que c'est?*》
***Que*** devient puis li chevaliers.(*Perceval*, 8557)

(3) 직접 목적어

***Que*** dire? ***Que*** teisir?(*Cligès*, 4264)
Dameisels, ***que*** requiers?(*CL*, 217)
《*Jeune homme, que veux-tu?*》
***Que*** dites vos?(*Erec*, 1737)

2) 의문 대명사 *que*는 보어역할을 할 수 있다.

(1) 원인보어

***Q'***iraie ge faisant lonc conte?(*Renart*, 1763)

(2) 담화보어 'en quoi'의 의미

Moi ***que*** chaut?(*Erec*, 3735)

(3) 상황보어

A ***que*** fere le vos deïsse je?(*Queste*, 20, 29)

3. Quoi/coi

1) 의문 대명사 *quoi*는 직접 목적어로 의문문의 문두에 위치하지만, 주로 전치사의 보어 역할을 한다. 하지만 간접 의문문과 부정법이 동반하는 간접 의문문에서의 사용은 아주 드물었다.

... et mult se merveille ***por quoi*** ne a quoi vos iestes venu en sa terre.(*Villh.*, 143)
《*Et il se demande avec beaucoup d'étonnement pour quelles raisons et dans quel but vous êtes venus dans son royaume*》
***Por coi*** plorez an tel maniere?(*Erec*, 2512)

2) 생략 구문이나 호격 다음에서의 대답이나 간접의문문에서

Ostes, et que ferai je doncques?
- ***Coi***, sire? Ce vos dirai gié.(*Perceval*, 7752)
《*Que dois-je donc faire, mon hôte? - Ce que vous devez faire, seigneur? Je vais vous le dire?*》
Ja n'avriez vos que mengier?
- Dites-moi dont, n'avez vos ***qoi***?(*Renart*, 13176)
Car il ne set onques ***a quoi*** ce puet torner(*Queste*, 132, 14)
《*Car il ignore à quoi cela correspond*》

☞ **주의**

모음 앞에서 *quoi(coi)*는 *qu', c'*로 생략될 수 있다.

Por ***qu'***avez dit que mar i fui.(*Erec*, 2517)

4. Quel/lequel

*Quel*과 *lequel*은 직, 간접목적어, 전치사의 보어로 사용되며, 주어의 기능을 할 수 있다.

1) 주어, 목적어, 속사 및 상황보어

... il ne savoit
***Quel*** part cil an estoit alez.(*Yvain*, 969)
《*Il ne savait de quel côté l'autre s'en était allé*》
***Quiex*** hom iest tu?(*Yvain*, 329)
***Quel*** part an vont?(*Erec*, 4344)
Et ***quels*** fu il? Dirai le vos.(*Perceval*, 6987)

2) 'quel le/la + faire' 동사의 미래형(총체적 의미)

***Quel la*** ferons?(*Segretain moine*, 578)
《*Qu'allons-nous faire?*》
Baron, dist il, ***quel le*** ferons?(*CL*, 2113)
《*Barons, dit-il, comment agirons-nous?*》

☞ **참조**

이 경우에도 다른 동사의 과거형이 사용될 수 있다.

***Quel l'***avez esmeü?(*GirardV*, 1032)
《*Qu'avez-vous déclenché?*》
Quele l'avez trovee?(*Ibid.*, 975)
《*Qu'avez-vous trouvée?*》

3) 간접 의문문에서 *quel* 다음에 허사의 *que*가 올 수 있다.

Je seuc que il devinrent
Ne ***quele*** voie ***que*** il tinrent.(*Perceval*, 31167)
《*J'ignorai ce qu'ils deveinrent et la route qu'ils prirent*》

5. Quant(quanz)

의문 대명사 *quant(quanz)*은 양이나 수를 묻는 의문사로 고대 프랑스어에서 (주어) 목적어 및 속사로 사용되었다.

Beas sire, ***quant*** tornoiement, ***quans*** pogneïs ne ***quant*** estor
avez vos vencu por s'amor.(*Durmart*, 1620)
Or vos demant ge, fet li rois, ***quanz*** chevaliers vops cuidiez avoir ocis de vostre mein en ceste gueste.(*Artu*, 3, 10)
Des mes ne faz autre favele
***Quans*** en i ot ne quel il furent.(*Perceval*, 1566)

### 2.5.2. 복합형

의문 대명사 복합형 *lequel*은 성·수에 따라 변하며, 앞에서 언급하거나 언급할 명사를 대신한다. 특히 여러 개의 한정 받는 요소 중에서 선택할 필요가 있는 문장에서, 주어, 직접 목적보어, 속사, 전치사의 보어로 사용되었다.

1. 주어

*Li quel*?(*Feuillée*, 800)

2. 직접 목적어

Or vous demande je fist il, ***lequel*** vous ameriés miex, ou que vous fussiés mesiaus, ou que vous eussiés fait un pechié mortel.(*Joinville*, 7)
Et maintenant te feri li anemis d'un de ses darz. Et ses tu ***douquel***?(*Queste*, 45, 20)
... Por acerter
mais ***liquez*** de nos le prandra?(*Renart*, 52009)
《*Il prendra lequel entre nous*》
***La quel*** d'eles cel an ara.(*Flo*, 2079)
《*Pour déterminer laquelle d'entre elles il prendra cette année*》

3. 전치사의 보어

***Por lequel***, fet il l'avez dit?(*Yvain*, 3623)
《*Pour lequel, de Gauvain ou d'Yvain*》
mes ***de la quel*** volez vos dire?(*Charrette*, 1421)

## 2.6. 부정 대명사(Pronom indéfini)

고대 프랑스어 부정 대명사는 사람이나 사물을 한정하거나 양의 뉘앙스를 표현하며, 다음의 두 그룹으로 나눌 수 있다.

첫째, 선행사를 갖는 부정 대명사로 이미 언급한 사람이나 사물을 나타낸다 : *aucun(e), nul, pas un(e), l'un(e), l'un(e) l'autre, certain, la plupart, plusieurs, quelqu'un, chacun, tout, n'importe quel...*

둘째, 이미 언급한 어떤 명사도 표현할 수 없는 부정 대명사로 명사적 용법의 대명사이다 : *personne, rien, quelqu'un, quelque chose, chacun, certain, autrui...*

## 1. Aucun(s)

1) *Aucuns*은 *nus*와 유사하며 단수형에서 'quelqu'une'의 의미로, 복수형에서 'quelques uns'의 의미로 사용되었다.

Mes ***aucuns*** quis vit anbuschier
Le corrut au roi acointier.(*Brut*, 535)
《*Mais quelqu'un qui les avait vus s'embusquer courut l'annoncer au roi*》
Quant ***aucun*** passe devant lui,
En plaignant disoit : 《Mar i fui!》.(*Tristan*, 3627)
S'***aukuns*** aime plus hautement
Qu'a sa richesce nen apent,
Cil se dute de tute rien.(*Equitan*, 143)

2) 부정사 *ne*와 함께 사용될 수 있다.

Seigneur tuëour, entre vous
Ochirrés les ore si tous
Que vous ***ne*** m'en lairés ***aucun***.(*Nicolas*, 448)

3) 복수형에서 정관사와 사용되어 'certains'의 의미를 가질 수 있다.

Nus ne se doit merveillier se ***les aucunes*** se departent de leur maris quant les rezons sont resnables.(*Beaumanoir*, 1629)

4) 전치사 *de*와 사용된 *d'aucuns*도 발견된다.

***D'aucun*** qui le haïrent... (*Escan.*, 6897)

부정 대명사 *aucun*(때로는 *d'aucun*의 형태로)은 정관사와 함께 주로 긍정 'quelqu'un'의 의미로 사용되었다.

☞ 주의

*Aucun*은 17세기까지 고대 프랑스어 어법을 유지하였다.

> Phèdre était si succint qu'***aucuns*** l'en ont blâmé(La Fontaine, *Fables*, VI, 1)

하지만 고전주의 불어에서부터 *aucuns*은 현대 프랑스어 어법인 부정의 의미로 쓰이기 시작하였다

2. Auquant(<aliquanti)

부정 대명사 *auquant*은 *aucun*과 동일한 의미로 긍정의 의미로 사용되었다. 주로 복수의 의미로 대명사로(정관사의 유무에 상관없이) 'certains, plusieurs, quelques-uns'의 의미로 사용되었다.

> Li ***auquant*** dient qu'ele en estoit fuie.(*Aucassin*, 20, 6)
> 《*Certains disent qu'elle s'était enfuie*》
> ***Alquant*** i vont, ***aquant*** se font porter.(*Alexis*, 558)

☞ 주의

*Auques*(>aliquid + 부사형 어미 *-s*)는 고대 프랑스어에서 대명사 'quelque chose'의 의미로의 사용은 드물었다. 양의부사 'en quelque chose, passablement, un peu, assez, beaucoup'의 의미로 통용되었다.

> Qui ***auques*** requeillir velt.(*Perceval*, 2)
> 《*Celui qui veut récolter quelque chose*》
> une dame ***auques*** d'eage.(*Yvain*, 5137)
> 《*une dame d'un certain âge, un dame assez âgée*》
> Rollant, veez ***alques***!(*Rol.*, 1099)
> 《*Roland, voyez leur nombre*》

2. Nul(<*nullus*), negun, un, nëun, nec unus, nesun(nec ipse unus)

1) 부정 대명사 *nul*은 'aucun, nul, personne ne'의 의미를 나타낸다.

Ge nel feroi por ***nului***.(*Dole*, 4978)
《*Je ne le ferais pour personne*》

2) 부정 대명사 *nul*, *nus*은 조건문, 의문문, 비교, 관계절에서 'un, quelqu'un'의 의미를 나타낸다.

Mes conmant osa ***nus*** ce dire?(*Rose*, 17307)
《*Mais comment quelqu'un a-t-il osé soutenir cela?*》
...s'il trove el vergié ***nului***.(*Perceval*, 6744)
《*s'il trouve quelqu'un dans le verger*》

3. Autrui

부정 대명사 *autre*의 목적격인 *autrui*는 직접 목적어 및 전치사의 목적어로 사용되었다.

Il ne feroient ne vos ne ***altre*** mal.(*Villh.*, 214)
《*Ni à vous ni à d'autres ils ne feraient de mal*》
E emble ***altrui*** aveir.(*Becket*, 1278)
《*Et il vole le bien d'autrui*》

4. Personne(ne)

부정 대명사 *personne*는 *nul ne*와 경쟁을 이루지만, 15세기말부터 *personne*가 *nul ne*를 대체한다.

... avalerent le pont si doulcement que oncques ***personne*** n'en s ceust riens.(*Chron.*, 12, 23)

5. Rien(<rem)/chose

부정 대명사 *rien*은 사람이나 사물에서 모두 사용되며, 최상급 구문, 의문문, 조건문, 부정문의 보어절에서 사용된다.

1) 대명사로서 'chose, créature'의 의미

Tute ***rien*** turne en declin
Tut chiet, tut moert, tut trait a fin ; (*Rou*, 3, 131)
《*Toute chose connaît le déclin, tout tombe, tout meurt, tout a une fin*》

2) 'quelque chose'의 의미로 사용되거나 부정문에서 *ne*와 함께 'rien, en rien'의 의미를 갖는다.

... li reis ***rien ne*** li donna.(*Lanval*, 1928)
《*... le roi ne lui donna rien*》
Ce ***ne*** me grevera ***rien***.(*Yvain*, 1928)
《*Cela ne me sera nullement pénible*》

3) 의문, 가정, 비교절이나 *ainz que*, *sans*와 같은 종속절에서 부정사 *ne*없이 사용된 *rien*은 'quelque chose'를 의미한다.

Seneschaux, savez an vos ***rien***?(*Erec*, 1114)
《*Sénéchal, savez-vous quelque chose à ce sujet?*》
***Ne*** sai comment ***rien*** vous donroie.(*Nicolas*, 375)
《*Je ne sais comment je pourrais vous donner quoi que ce soit*》
Mes ***ainz que*** de lui ***rien*** vos die...(*Cligès*, 11)
《*Mais avant que je vous dise quelque chose à son sujet...*》

6. Autre

고대 프랑스어에서 *autre*는 다음과 같은 독창성을 보인다.

1) 관사없이 사용되어 'l'autre, un autre'의 의미를 갖는다.

... por ***autre*** amer et moi laissier.(*Chastelaine de Vergi,* 770)
《*... pour aimer quelqu'un d'autre et m'abandonner*》

2) 중성의 의미 'autre chose'의 의미로 사용된다.

Ja ***altre*** n'en ferons.(*Montauban*, 191, 21)
《*Nous ne ferons pas autre chose*》

3) 수사 다음에서 'le reste de'의 의미로 사용된다.

S'eüsseiez or un messaige envoié
Bertran le conte et a ***l'autre*** barné...(*PO*, 1402)
《*Si vous aviez envoyé un messager au comte Bertrand et au reste de vos barons...*》

4) 때론 번역이 불가능한 허사적 용법도 발견된다.

Arrement fist tribler en un mortier
Et d'***autres*** herbes que connoissoit li ber.(*PO*, 376)
《*Il fit broyer de l'encre dans un mortier que des herbes qu'il connaissait*》

7. Ame(<anima)

부정 대명사 *ame*은 사람 주어와 'quelqu'un'의 의미로 사용되었다.

Et par maintes foiz escouté

Se j'orroie venir nule ***ame***.(*Rose*, 520)
《*A maintes reprises j'ai tendu l'oreille pour savoir si j'entendrais venir quelqu'un*》

8. On(<homo)

부정대명사 *on*은 고대 프랑스어에서 *en*, *an*의 형태로 사용되기도 했으며, 주어로 사용되었다.

1) 직접화법에서 *je*, *tu*, *il* 대신 사용되어 화자와 타인과의 거리감을 표현하였다.

Que veut ***on*** chaiens?(*Nicolas*, 256)
《*Que vend-on ici?*》

2) 담화에서 부정대명사로서의 용법은 13세기부터 시작된다. *Hom*와 정관사와 함께 사용된 형태도 발견된다.

***Hom*** ki la vait repairer ne s'en poet.(*Rol.*, 293)
《*L'homme qui va là-bas ne peut en revenir*》
***L'en*** ne doit pas mectre sa faulx en autruy blé.(*Proverbes*, 1497)
《*On ne doit pas mettre sa faux dans le blé d'autrui*》

8. Quelqu'un

부정대명사 *quelqu'un*은 13세기에 등장하여 15세기부터 일반화된 용법으로 자리 잡는다.

... et luy bailla ung cheval qu'il trouva tout eschappé a ***quelque ung*** qu'il avoit tué en la parerie.(*Roman d'Erec*, 105)

9. (les) Plusieurs

대명사 *plusiors*는 대명사로 사용될 경우 정관사와 함께 사용되며(생략가능), 'le plus grand nombre', 'la plupart'의 의미를 갖는다.

La ot Yvain de dras de laine,
Tuit ***li plusor*** furent de soie.(*Tristan*, 4096))

> ☞ **주의**
>
> 고대 프랑스어에서는 *li plus* 또한 'la plupart'의 의미로 사용되었다.
>
> Li plus de vos me vait boisant(*Enéas*, 7735)
> 《*La plupart d'entre vous me trompent*》

10. Chascun(e)

부정 대명사 *chacun*은 부정관사나 형용사와 함께 일반적으로 긍정문에서 사용되지만, 이따금씩 부정문에서도 발견된다.

Mult het ***chascuns*** kë ol seit cous.(*Guig.*, 216)
***Chascuns*** ne set qu'à l'oill li pent.(*Proverbes*, 335)
Plaine corbeille en a ***chascune***.(*Floire*, 2094)
***Chacuns*** ot lance roide et fort.(*Yvain*, 818)

11. Neuns(<neguns), nuns, nesuns

부정 대명사 *neuns(neguns)*, *nuns*, *nesuns*는 일반적으로 부정사 *ne*와 함께 사용되었다.

Por ***nisun*** d'eus la cort ne ment,
qu'il n'en facent droit jugement.(*Thèbes*, 585)

Del desresnier tres bien me vant...
Que a vos ne s'an prant ***nes une***
Ne que au soloil fet la lune.(*Erec*, 831)

*Nes*(='même')와 *uns*의 합성어 *nesuns*은 'même un'을 의미한다.

***Nuns*** ne puet avoir mie,
Tant i sache faire tors,
Se sa borse ne deslie.(Muset, *Chans.*, 17, 31)
Unques por els ne se volt desmentir
pro nule chose que ***neguns*** li deït.(*Ep. S. Et.*, 38)

12. Tout

부정 대명사 *tout*는 한정되지 않은 요소들의 전체를 나타낸다.

1) *tot*는 선행하거나 뒤에 오는 명사 전체를 지시하거나, 단독으로 명사처럼 쓰이기도 한다.

Deus le commande qui ***tot*** a a jugier.(*Nîmes*, 444)

2) 복수형 *toz*, *trestoz*는 현대 프랑스어에서처럼 선행하는 명사를 대신하여 사람, 사물을 대신하거나 집단(전체)의 구성을 지시한다.

***Tuit*** s'antrevienent a eslais.(*Erec*, 1104)

13. Quanque

부정 대명사 *quanque*(*quant* + *que*)는 현대 프랑스어의 'tout ce que (qui)'의 의미로 사용되었다.

Je vos otri ***quanque*** m'avez ci quis.(*Rol.*, 3202)
***quan que*** soit, iert despenduz,
s'en les avoit trestoz penduz.(Meun, *Rose*, 5143)

14. Tel(tieus)

부정대명사 *tel*은 앞에서 언급한 명사를 환기시킬 수 있다.

Faire voeil a vous un marchiet
Si bon que ainc ne fistes ***tel***.(*Nicolas*, 967)

부정대명사 *tel* 은 '*un être*'의 의미로 해석될 수 있다.

***Teus*** cuide graingnier qui pert.(*Proverbes*, 2348)

부정대명사 *tel*이 반복되어 사용될 경우, 'li uns... li autres, cil... cil'의 의미로 해석될 수 있다.

Li gentis Moyses soloit la nuit toz sols
Porteir l'aiwe as hermites qu'il savoit besinos
***Telui*** a quatre liwes, ***telui*** trois, ***telui*** dous.(*Poème moral*, 69)

부정대명사 *tel* 은 *tel i a*의 표현에서 'certain, certaine chose'의 의미로 해석될 수 있다.

Se il n'os laisent en present,
***tel i ara*** ferai dolent.(*Tristan*, 1243)
《*il y en aura que j'affligerai*》
Quant a la cort vint la novele,
***a tex i*** ot ne fu pas bele.(*Renart*, 487)
《*elle ne plut pas à certains*》

15. Tant

부정대명사 *tant*은 'ceci précisément', 'ceci seulement'의 의미로 보어절을 이끈다.

L'empereur ***tant*** li dunez aveir
N'i ait Franceis ki tot ne s'en merveilt.(*Rol.*, 570)
Ne sui ***tant*** ose ne hardie
Que je neïs le roi le die.(*Thèbes*, 2435)

16. Un(e)

부정대명사 *un*(*e*)은 'une chose'나 'quelqu'un', 상호성(='li uns li autres')의 의미로 사용되었다.

***Un*** de cez jorz morra uns de mes pers.(*Nîmes*, 76)
***Li uns*** sifle, li autres chante.(*Erec*, 1990)
***Li uns*** contre l'autre s'adresse.(*Erec*, 2132)

17. Al, el(<aliud, alid)

부정대명사 *al*은 *el*의 형태로 널리 통용되었으며, 'autre, autre chose'의 의미로 사용되었다.

Je ne sui ça venuz por ***el***.(*Erec*, 391)
《*Je ne suis pas venu ici pour autre chose*》
si vunt ferir. Que fereient il ***el***?(*Rol.*, 1185)
《*Ils s'en vont frapper. Que feraient-ils d'autre?*》

18. Point, pas mie, goutte, giens

부정사 *ne*와 결합하여 부정문에서 사용되며, 부분관사는 *de*로 도입된다.

Nus n'avrum ***mie de*** Jurfaleu le Blunt.(*Rol.*, 2702)
Puis avint que la riviere sechad, kar ***giens de*** pluie ne vint en terre.(*Rois*, 3, 17, 7)
Soleil n'i nuist. n'i cort ***goute de*** vent.(*PO*, 463)

19. Nient(neient, noient, neant)

1) 라틴어 *ne gente*에서 파생한 *nient*는 *ne*의 도움 없이 'rien', 'nulle chose'의 의미를 갖는다. 또한 *estre nïenz*(='être impossible'), *estre nïenz a aucun*(='n'être rien en comparaison de'), *torner a neant*(='réduire à rien, anéantir'), *de nïent*(='de rien, sans raison'), *por nïent*(='inutilement, pour rien')의 표현에서 다양한 의미로 사용된다.

Et il dient que de l'eschaper ***est il noiant***,
car il le sorprendront tout nu.(*Artu*, 89, 54)
Certes, fait li visquens, ***por nïent*** en parlerés.(*Aucassin*, 6, 40)

2) 부정사 *ne*와 함께 'rien'의 의미로 사용될 수 있다.

Quant jel vos dis, ***n'***en feïstes ***nïent***.(*Rol.*, 1708)

3) 동사가 생략된 문장에서, 단독으로 사용되어 대상을 지시할 수 도 있다.

Encor aim je mix conter que ***nïent***.(*Aucassin*, 22, 28)
Li amiranz tel costume a
C'une fame un seul an avra,
Un an plenier et ***neant*** plus.(*Floire*, 1730)

4) *nïent*은 의문, 조건문에서 비한정의 가치를 표현할 수 있다.

Qui veheroit ***neant*** s'amie?(*Erec*, 6008)
G'irai a cort et si orroi
qui vers moi vodra ***nïent*** dire.(*Renart*, 812)

# 3. 동사(Verbe)

동사는 인칭, 수, 시제, 법에 따라 변한다. 명사가 단수와 복수의 형태만을 갖는 반면, 동사는 여러 형태를 가질 수 있으며, 이러한 형태론적인 변화는 동사의 활용으로 요약된다.

동사는 문장의 핵심요소로, 문장을 이루는 단어나 단어군에 중요한 기능을 제공한다. 또한 동사는 화자에게 실현된 행위를 시간 속에서 기술하고 위치시키는 역할을 한다.

고대 프랑스어 동사구조는 형태체계와 마찬가지로 대부분의 경우 현대 프랑스어의 태, 상, 법, 시제 및 인칭과 유사하다.

## 3.1. 태(Voix)

태는 동사가 사용된 방식을 말하며, 문법 주어를 선택한다. 따라서 주어가 행위의 주체가 되느냐, 아니면 대상이 되느냐에 따라서 동사의 형태를 능동태(voix active)와 수동태(voix passive)로 구분한다. 즉, 타동사가 *être* 동사와 함께 사용되면 수동태이며, 그렇지 않은 경우를 능동태라고 한다. 아울러 중간태인 대명태(voix pronominale)는 주어의 능동성과 수동성의 통합태를 일컫는다. 여기에 순수하게 태를 구성하지는 않지만, 동사의 사용이 독특한 형태인 비인칭 동사(구문)(verbe impersonnel)를 태에 포함시킬 수 있다.

### 3.1.1. 능동태(Voix active)

고대 프랑스어의 능동태는 현대 프랑스어와 큰 차이가 없다. 하지만, 현대 프랑스어와는 달리 조동사 *avoir*나 *être*의 선택이 자유로웠다.

***Morz*** est Rollant.(*Rol.*, 2397)
Or vos ***ont mort*** Sarrazin et Persant.(*PO*, 1712)
《*A présent, les Sarrasins et les Persants vous ont tués*》

1. 능동태는 타동사로 구성되며, *avoir* 동사와 활용된다.

La pucele ***prant*** le cheval.(*Erec*, 459)
La pucele ne ***tarda*** plus.(*Erec*, 473)

2. 현대 프랑스어와 마찬가지로 장소, 상태의 변화를 표현하는 자동하는 *estre* 동사와 활용되지만(*aler, venir, entrer, issir, partir, devenir, cheoir, naitre, morir*...), 절대적인 용법이 아니었다. *Aler* 동사가 *avoir*와 활용되면 'faire route', 'marcher'의 의미를 갖는다.

***Alez*** en est ***en*** un verger suz l'umbre.(*Rol.*, 11)
Eva, ça ***sui venuz*** a toi.(*Jeu d'Adam*, 204)
Il n'***orent*** mie .iiii. liues ***alé***
qu'anmi la voie ont .i. vilain trové.(*Nîmes*, 875)

3. 이와는 달리 *estre* 동사와 활용된 타동사도 발견된다.

Rollant reguardet, puis si li ***est curut***.(*Rol.*, 2086)
Li auquant dient qu'ele ***est fuie*** fors de la terre.(*Aucassin*, 6, 3)

4. 동사 *taire*는 자동사의 용법에서 *estre* 동사와 함께 대명동사의 형태(*se*) 없이 사용되었다.

Li rois parla, il ***sont teü***.(*Tristan*, 2524)

5. 동사 *morir*는 현대 프랑스어의 자동사의 용법에서는 *estre*와, 타

동사의 용법(='avoir tué quelqu'un')에서는 *avoir* 동사와 활용된다.

***Morz est*** Rollant.(*Rol.*, 2397)
Ensi ***ariés*** vos, ce m'est vis,
***vostre enfant mort***, et vos et moi.(*Guill. Angl.*, 322)
《*vous auriez ainsi tué votre enfant*》

6. 타동사가 *estre*와 활용된 용례도 발견된다 : *querre, mescroire, passer*.

Que faz en bos? Que *sui* or ***quise***?(*Narcisus*, 609)
... et disent che qu'il ***estoient quis***.(*Clari*, 6, 16)
《*et ils disent ce qu'ils étaient venus chercher*》
A navie ***fu*** mer ***passez***.(*Floire*, 59)

### 3.1.2. 수동태(Voix passive)

1. 수동태는 현대 프랑스어와 마찬가지로 「조동사 + 과거분사」 형태를 취하며, 동작주는 전치사 *par*나 *de*로 도입된다. 이 때 과거분사는 주어의 성 · 수에 일치한다.

Ce fu cele por verité
qui ***fu fete*** por esgarder.(*Erec*, 438)
Et sachiez que onques plus orgueilleusement
nuls por ne ***fu pris***(*Villh*, 157)

2. 동사 *avoir*에서처럼 현대 프랑스어에서는 불가능한 일부동사에서도 수동태를 찾아볼 수 있다.

Et au passer de fame ***eüe***

L'eve est tretoute conmeüe.(*Floire*, 1832)
Theophile, je t'ai seü
ça en arriere a moi **eü**.(*Théophile*, 667)

3. 아울러 *estre* + *e*ü*z*은 'avoir été'의 의미를 갖는다.

Se li vrais i ***fust eüz***,
li morz fust pieça ravescuz.(*Eracle*, 5172)
《*avait* été *l*à》

4. 또한 수동형 부정법이 존재하였다.

... au tornoiement qui en cele parerie devoit ***estre feruz***.(*Queste*, 188, 18)

5. 하지만 고대 프랑스어에서는 능동형 부정법으로 현대 프랑스어에서 수동형으로 해석되는 부정법을 표현하였다.

Ce fu cele, por verité,
qui fu fete ***por esgarder***.(*Erec*, 438)
《*c'était, en vérité, une beauté qui avait été faite pour être regardée*》
Or est Renart prés de ***confondre***.(*Renart*, 1224)
《*près d'être détruit*》
Et quant ce sera chose que madame la reïne sera gugier, de ce cos asseür je bien qu'ele sera la hors menee por ***destruire***.(*Artu*, 91, 6)
《*pour être mise* à *mort*》

### 3.1.3. 대명태(Voix pronominale)

고대 프랑스어에서 생성과정에 있던 대명태는 수동 및 능동의 의미를 표현한다. 또한 대명태는 재귀대명사로 불리는 목적보어 인칭 대명사를 동반하며, 복합시제에서 원칙적으로 *estre*와 활용되지만 간혹 *avoir*와 활용된 예도 발견된다. 대명태는 고대프랑스에서부터 현대 프랑스어의 용법으로 사용되었다.

1. 대명동사의 용법

1) 재귀적 용법

현대 프랑스어의 'se lever' 형으로 주어의 행위가 다시 자신(목적보어 인칭 대명사)에게로 되돌아오는 대명태이다.

***Soi*** meïsme ***gabe*** et ***dechoit***
Qui fait pramesse et ne la salt.(*Perceval*, 1030)
《*Il se trompe et se dupe lui-même celui qui fait une promesse et ne la tient pas*》
Thideüs mout bien ***se desfent***.(*Thèbes*, 1565)
《*Thydée se défend très bien*》

2) 상호적 용법

현대 프랑스어의 's'aimer' 형으로 주어는 일반적으로 복수형이 온다. 접두사 'entre'가 대명동사에 첨가되기도 하며, 'l'un l'autre'가 상호적 의미를 강조할 수 있다.

Si ***se baisierent***.(*CL*, 1976)
《*Ils s'embrassèrent*》
Granz cos ***s'antredonent***(*Erec*, 879)
《*Ils se donnent de grands coups*》

☞ 주의

전치사 *entre, entre... et*, 두 요소의 대구형인, *l'uns... l'autre/chacuns... l'autre* 또한 상호성을 표현할 수 있다.

> Ainz les veïssiez ***entr'***eus deus Baisier comme .II. colombiaus.(*Rose*, 1272)
> 《*Vous auriez pu les voir tous les deux s'embraaser comme deux tourterelles*》
> Il la salue ***e ele lui***.(*Guig.*, 475)
> 《*Il la salue et elle aussi*》
> Dist ***li uns a l'altre***.(*CL*, 608)
> 《*Ils se disent l'un à l'autre*》

3) 본질적 용법

본질적 대명동사는 현대 프랑스어의 'se taire' 형으로, 본질적 대명동사의 *se*는 주어의 행위를 강조하거나, 허사처럼 쓰인다. 일반적으로 본질적 대명동사는 원래의 동사와 의미적 차이를 갖지만(penser='réfléchir', se penser='se préoccuper'), 고대 프랑스어에서는 의미적 차이를 구별하기가 쉽지 않다.

> Aprés ***se sieent*** li baron.(*Robert*, 2201)
> 《*Ensuite les barons s'asseoient*》
> Aiols *se regarda*, vit le portier.(*Aiol*, 3641)
> 《*Aiol regarda, il vit le portier*》
> Carles ***se dort***.(*Rol.*, 724)
> 《*Charles est en train de dormir*》

☞ 주의

현대 프랑스어에서도 본질적 용법의 많은 대명동사를 찾아볼 수 있다 : *se commencer, se délibérer, se feindre, se jouer, s'oublier....* 고대 프

랑스어에서는 더욱 많은 동사들이 본질적 용법으로 사용되어 주어의 행위에의 참여를 강조했다 : *soi criembre(craindre), soi croire(croire), soi courir(courir), soi dire(dire), soi douloir(souffrir), soi faire(dire), soi fuir(s'enfuir), soi porpenser(réféchir), soi avoir(se comporter), soi estre(être)...*

4) 수동적 용법

현대 프랑스어 'se vendre'형의 동사로, 고대 프랑스어에서 대명동사의 수동적 용법은 극히 드물다, 일반적으로 상적 가치를 지니며 미완성 사행을 암시한다.

Ne lor membre con blez ***se vent***.(*Perceval*, 13404)
《*Ils ne se soucient pas de savoir à quel prix le blé est vendu*》
Car amors ne ***se puet celer***.(*Tristan*, 575)

2. 대명 동사의 활용

1) 인칭법에서 강세형 또는 비강세형 대명사의 용법

동사 앞에서 비강세형 대명사가 사용될 경우, 주어가 동작주와 피동작주라는 사실을 나타내며. 강세형이 동사의 앞이나 전치사 뒤에서 사용될 경우, 주어와 목적어가 동일함을 표시한다.

Je desfandrai ma dame et ***moi***.(*Lancelot*, 4890)
《*Je défendrai ma dame ainsi que moi-même*》
Demente *soi* en tel mesure.(*Pyrame et Thisbé*, 148)
《*Il se lamente ainsi*》

2) 복합시제

복합시제에서 비강세 재귀대명사가 동사를 선행할 경우 조동사는 항상 *estre*이며, 과거분사는 주어에 일치한다(cf. 과거분사 일치규칙). 아울러 복합시제에서 목적보어 대명사가 부재일 경우에도 재귀 대명사는 표현된다. 대명사가 부재인 형태(*armez est*)는 상태를 강조하며, 대명사가 표현된 형태(*armez s'est*)는 지나간 행위를 강조한다.

Vers vos ***s'en*** ***est parjurez***.(*Rol.*, 3830)
《*Il s'est parjuré envers vous*》
Li baron de Venisse ***s'armerent*** par vigor
Quant il furent armé, si montent par fieror.(*Aiol*, 10688)
《*Les seigneurs de Venise s'armèrent vigoureusement. Une fois armés, ils montent fièrement à cheval*》

☞ **주의**

고대 프랑스어의 복합시제에서 *avoir* 동사와 활용된 경우는 아주 드물며, 동·서부 지역의 방언, 특히 앙글로-노르망디어 방언의 경우에서만 찾아볼 수 있다.

El servise Deu ***s'a*** jur e nuit ***traveillié***.(*Becket*, 4949)
《*Au service de Dieu il s'est fatigué jour et nuit*》

3) 명사형 - 부정법과 분사형

비인칭 형태로 된 동사의 명사형이면서 능동태와 수동태가 분명하게 구별되지 않는 부정법과 분사법에서(cf. 부정법 및 *-ant*형 분사법 ), 재귀대명사는 일반적으로 생략된다.

Car venés avoec nous por ***herbergier***.(*Aiol*, 1475)
《*Venez donc avec nous pour vous loger*》
Quant Lanceloz l'ot ***correcier***...(*Lancelot*, 4455)
《*Quand Lancelot l'entend se fâcher....*》
Li autre vont ***desconfortant***.(*Thèbes*, 1669)
《*Les autres se désolent*》

☞ **주의**

대명사가 표현될 경우, 항상 강세형이다. 강세형이 부정법 앞에 위치할 경우, 대명사가 주어인지 목적어인지 구별하기가 힘들다.

Pour vous et pour ***moi avancier***.(*Amadas et Ydoine*, 6725)
《Pour nous mettre dans une situation favorable, vous et moi》

### 3.1.4. 비인칭 동사(Verbe impersonnel)

1. 비인칭 동사

비인칭 동사는 날씨나 기후, 추상적 개념을 표현하며, 항상 3인칭 단수로만 사용된다. 이 때, 비인칭 대명사 *il*은 동작주를 명명하거나 구상할 수 없는 동사에서 행위의 형식적 주어 역할을 하거나 진주어를 유도하며, 그 어떤 명사구로 대체할 수 없다. 즉, 형태소 *il*은 대명사의 의미를 상실하며, 어떠한 동작주도 표현할 수 없는 중성의 의미를 갖는다(*il neige, il pleut, il tonne, il vente, il appert, il faut...*). 고대 프랑스어의 비인칭 동사와 비인칭 구문은 현대 프랑스어보다 더 다양하며, 중세 프랑스어에서부터 현대 프랑스어의 용법으로 자리 잡는다.

***Tonë*** et ***pluet***, ***vente*** et ***escalire***(*Enéas*, 191)
***Il*** ne me ***remaint*** rien souz ciel.(Rutebeuf, *Grièche d'hiver*, 41)
《*Il ne me reste rien sous le ciel*》

2. 비인칭 구문의 형식

1) (*il*) + 비인칭 동사 : 전형적인 비인칭 구문

Moi ne ***caut*** u nous aillons.(*Aucassin*, 27, 12)

*《Il ne m'importe pas où nous puissions aller》*
***Tone*** et ***pluet***, molt ***fet oscur***.(*Enéas*, 1509)

2) (*il*) + 자동사 + 명사구(진주어, 목적어)

Et quant il ***venoit aucun trespassant***.(*Trist.*, prose, 97, 7)

3) (*il*) + *estre* 동사 + 명사구(진주어)

Il se ***fu*** ja ***uns riches hom***.(*Rom.*, Sept pages, 985)
*《Il était une fois un homme riche》*

4) (*Ci*) + *avoir* 동사 + 목적격

Ci ***a riche homme***!(Rutebeuf, *Grièche d'hiver*, 27)
*《Voilà un homme riche!》*

5) (*il*) + 동사 + *que*

***Poise*** a Guillelme ***que*** noz François nel sevent.(*Nîmes*, 1210)
*《Il se souvient alors de Guillaume que nos Français l'ignorent》*

6) 직접(간접) 목적보어(명사 또는 부정법) + 비인칭 동사

***Buenes armes*** li ***covanroit***.(*Enéas*, 4327)
*《Il lui faudrait de bonnes armes》*
Or ***li covint*** a geter puer
Toutes les aultres por cesti.(*Lai de l'Ombre*, 132)
*《Il lui faudrait alors abandonner toutes les autres femmes pour celle-ci》*
Morir le ***covint***.(*Yvain*, 4701)
*《Il lui fallut mourrir》*

7) *a, i a, il i a* + 과거분사

Car ci ne doit ***avoir tancié***.(*Yvain*, 104)
《*Car ici il ne doit pas y avoir de querelles*》
Garde n'***i ait menti***.(*Raoul de Cambrai*, 6314)
《*Prends garde qu'il n'y ait pas de mensonges dans tes paroles*》

3. 비인칭 구문의 통사적 특성

1) 비인칭 대명사 *il*은 생략되거나 도치되어 동사 뒤에 올 수 있다.

Tandis qu'il estoit en cel penser li ***avint*** une aventure merveilleuse.(*Queste*, 146, 4)
Qu'eles atendent qu'il ***viegne***
***Uns chevaliers*** qui les maintiegne.(*Perceval*, 7585)

2) 비인칭 구문에서 동사는 진주어에 일치할 수 있다.

Il ***se sont*** femmes assés(*Rom.*, Sept pages, 4547)

### 3.1.5. 타동사와 자동사(verbe transitif et intransitif)

고대 프랑스어에서는 현대 프랑스어와 달리 타동사와 자동사의 구별이 명확하지 않다.

1. 고대 프랑스어에서 현대 프랑스어에 이르기까지 많은 타동사가 자동사로, 자동사는 타동사로 그 기능이 바뀌었다.

Li chevax ***marcha*** le fust.(*Yvain*, 942)
《*Le cheval marcha sur le montant de bois*》

Or ***entendez*** a mei.(*Becket*, 5966)
《*Écoutez-moi*》

2. 고대 프랑스어에서는 일부 동사들이 타동사와 자동사로 사용되었다 : *aidier aucun/aidier a aucun* ; *secorre aucun/secorre a aucun* ; *encliner aucun/encliner a aucun* ; *obeïr aucun/obeïr a aucun*...

Si les envoia dans la terre de Romenie por ***aidier*** cels d'Andrenople.(*Villh*, 404)
《*Il les envoya dans la terre de Romanie pour aider ceux d'Andrinople*》
Deus li vieut ***aidier***.(*CL*, 496)
Et tuit saluent et ***anclinent***
Mon seignor Yvain.(*Yvain*, 2061)
《*Et tous saluent Monseigneur Yvain et s'inclinent devant lui*》
Andui ***anclinent a*** l'autel.(*Erec*, 705)
《*Tous deux s'inclinent devant l'autel*》

3. 고대 프랑스어에서는 많은 절대적 용법에서, 즉, 목적보어 없이 사용된 타동사는 대명동사의 가치를 갖는다.

Li criz ***lieve*** par la cité.(*Tristan*, 827)
《*La clameur se lève à travers la ville*》
Enfer ***ovre***, qui les transglote!(*Tristan*, 2826)
《*Que l'enfer s'ouvre pour les engloutir!*》
Li hiaume ***cassent***.(*Erec*, 880)
《*Les heaumes se cassent*》

**☞ 주의**

타동사의 재귀형은 17세기까지 통용되었다.

De passion pour moi deux sultanes ***troublèrent***.(*Illusion comique*, II, 2) 《se troublèrent》

## 3.2. 상(Aspect)

상의 개념은 사행의 전개에 관계되는 대립의 총체를 지칭한다. 고대 프랑스어의 상은 단순형과 대립을 이루는 복합형으로 이루어지며, 복합형 동사는 완료된 사행을 표현한다. 따라서 복합과거는 완료된 현재, 즉, 과거에서 완료된 행위를 표현하지만, 그 결과가 여전히 지속되고 있음을 의미한다. 말하자면, 완료된 현재의 가치를 갖는 복합과거는 완료된 논리적 관점에서 선행성을 표현하며, 역사적 현재로도 사용될 수 있다. 따라서 복합과거는 과거 시제, 즉 단순과거 대신 사용될 수 있으며, 또한 가까운 과거의 가치를 표현할 수 있다.

Ore ***ai je*** molt mal esploitié,
Qui dis que c'estoient deable.(*Perceval*, 140)
《*J'ai bien mal fait à l'instant en disant que c'étaient des diables*》

이처럼 완료상과 미완료상의 대립 이외에도 동사가 사건의 사행을 정확하게 표현할 수 있다. 즉 다음의 경우에서처럼 동사가 사행의 시작, 전개, 종말을 표현하거나 근접미래, 근접과거를 표현할 수 있다.

### 3.2.1. 시제와 상을 표현하는 어법

1. 사건의 촉박 : *cuider(devoir)* + Inf.(부정법)(='faillir')

사건의 긴급함이나 실패를 표현하는 어법으로 16세기부터 'penser + Inf.' 형으로 대체된다.

Si le bati tant que mort le ***dut avoir***.(*Aucassin*, 30, 4)
《*Il le battit tellement qu'il failllit le tuer*》

De duel ***quide morir***.(*Raoul de Cambrai*, 3468)
《*Il manque mourir de douleur*》

2. 실현 중에 있는 사건 : *être/venir pour* + Inf.(*-ant*) (='faillir, se disposer à, manquer de')

Et cil qui ***sont*** de moi terre ***tenant***.(*Aspre.*, 5045)
《*Et ceux qui tiennent leur fief de moi*》

3. 사건으로의 진입 : *prendre* à + Inf./*comencier, encommencier a/venir (a)* + Inf./*aller* + Inf.

1) *prendre* à + Inf.

이 표현은 동작 개시를 의미하며, 현대 프랑스어에서는 대명동사에만 남아있다.

Sur un lit ***se prent a complaindre***
D'amours qui li fait couleur taindre.(*J&B*, 503)
《*Sur un lit, il se met* à *se plaindre d'Amour qui le fait changer de couleur*》

2) *venir*(à) + Inf.

이 어법은 놀라움이나 신속함을 표현한다. 종종 운동(mouvement) 동사와 함께 사용된다.

Quant ce ***vendra*** au ***departir***
Ge vos dorrai ma drüerie.(*Tristan*, 2686)
《*Au moment de la séparation, je vous donnerai un gage d'amour*》
Et quant ce ***vint*** as lances ***baissier***, et li Greu lor tornerent les dos.(*Villh*, 157)

*《Et quand on en vient à baisser les lances, les Grecs leur tournèrent le dos》*

3) *aller* + Inf.(근접미래 참조)

역사적 현재로도 종종 사용되는 이 어법은 행동의 엉뚱함을 강조하며, 종종 운동 동사와 함께 사용된다.

Ge ***vois*** l'uis ***ouvrir***.(*Artu*, 90, 39)
Et quant se prent l'une a florir,
au pluseurs ***vont*** les fleurs ***morir***.(Meun, *Rose*, 5925)

4) *aller* + *-ant* : 행위의 전개

고대 프랑스어에서 제롱디프로 사용된 이 어법은 현대 프랑스어에서처럼 반복된 행위나 전개에 사용되지 않고(*allant proclamant, croissant, etc*), 조동사의 역동적 의미로 쓰인다. 고대 프랑스어에서는 현대 프랑스어와는 달리 종종 *aller* 동사 대신에 *être* 동사가 사용되기도 하였다.

Et li chevax sans demoree
S'en ***vait fuiant***, teste levee.(*Perceval*, 4245)
*《Et le cheval sans plus attendre s'enfuit, encolure levée》*
Karles l'entent, ki ***est*** as porz ***passant***...(*Rol.*, 1766)
*《...qui est en train de passer》*

5) *souloir* + Inf. : 반복되는 사건

이 표현은 반과거 시제에서만 사용되어 습관을 강조한다.

Lors li remembre de grant jolivеté
Que il *soloit* en France *demener*.(*PO*, 52)
《*Alors, il se souvient de la vie de plaisir qu'il avait l'habitude de mener en France*》

6) *finer de* + Inf. : 사건의 종말을 표현하며 'cesser de + inf'의 의미로 16세기까지 사용되었다.

*De chevauchier ne cessent ne ne finent*
Tant que il vinrent en la cité d'Aufrique.(*PO*, 1270)
《*Ils ne cessent ni n'arrêtent de chevaucher jusqu'au moment où ils arrivent dans la cité d'Afrique*》

7) *venir de* + Inf. : 사건의 가까운 완료

이 표현은 막 완료된 사건을 표현하는 상으로, 현대 프랑스어의 근접과거 용법으로 해석할 수 있다. 이러한 근접과거의 현대적 용법은 고대프랑스어에서 드물게 사용되었다. 이 표현의 현대적 용법은 15세기 중세 프랑스어에서부터 사용되기 시작하였다. 특히 *venir* 동사는 신체의 이동(물리적 이동)을 필수조건으로 한다.

Piramus *vient de* deporter,
De ses dolours reconforter.(*Pirame et Tisbé*, 333)
Et dont viens tu cy? - Je *viens de soupper* de vostre maison pour coucher ceans.(*CNN*, 212, 172)

4. 결과 : *rendre/faire* + 과거분사

Nos le *ferons corrocié*.(*Nîmes*, 1266)
《*Nous allons le mettre en colère*》

5. 근접미래 : 단순미래 또는 *devoir/vouloir* + Inf.

Vespres aprouche, li solaus ***dut cliner***.(*Ami*, 579)
《*Le soir vint, le soleil allait se coucher*》
***Chaoir voloit*** del destrier arabi
Quant .I. borgois en ses bras le saisi.(*Raoul de Cambrai*, 3528)
《*Il allait tomber du cheval arabe quand un bourgeois le prit entre ses bras*》

6. 미래 대용어 : *devoir/pooir/estre a* + Inf.

Il li est bien avis que ele ***doie morir*** de duel.(*Queste*, 18, 25)
《*Il lui semble qu'elle mourra de chagrin*》
Il n'ont garde que orgueil ***se puisse entrer*** en els.(*Queste*, 156, 31)
《*Ils n'ont pas* à *craindre que l'orgueil s'introduise en eux*》
Il savoit bien que ***ert a estre***.(*Tristan*, 325)
《*Il connaissait l'avenir*》

## 3.2.2. 법(modalité)을 표현하는 어법

### 1. 의무

1) *devoir* + Inf.(='avoir lieu de, avoir raison de, apparement, à (mon...) avis')

Plaindre ***se doit*** qui est batuz.(*Yvain*, 502)
《*On a tout lieu de se plaindre quand on a* été *battu*》
Mais il ***doit*** molt cels anuier
Qui perdue l'ont folement.(*Palefroi*, 1254)
《*Mais ceux qui l'ont sottement laissé partir doivent sans doute être fort ennuyé*》

☞ 주의
(a) *devoir* 동사는 종종 종속절에서 명령을 표현한다.

Et li charga que il **deüst** dire...(*Trist. en prose*, 40, 8)
《*Et il lui confia la tâche de dire...*》

(b) *devoir* 동사는 허사적으로 사용되기도 한다.

Mieuz me venist estre alez pendre
Le jor que je **dui** fame prendre.(*Rose*, 8809)
《*J'aurais mieux fait d'aller me prendre le jour où j'ai pris femme*》

(c) 현대 프랑스어와 마찬가지로 부정문에서 부정사 *ne*가 *devoir* 동사를 선행할 경우 금지를 의미한다.

vus **ne dei** jo faillir.(*Rol.*, 1886)
《*je ne dois pas vous faire défaut*》

특히 의문문에 사용된 *devoir* 동사는 'avoir le sens de', 'signifier'를 의미한다.

Li plusor dient : 《Ce que **doit**》.(*Lancelot*, 5685)
《*La plupart des gens disent : 《Qu'est-ce que cela signifie?*》
Il li demande que **devoit**
Que le jor avec als n'avoit
Armes portees au tournoi.(*Perceval*, 5187)
《*Il lui demande pourquoi ce jour-là il n'avait pas pris les armes avec eux au tournoi*》 (*ce que pouvait signifier le fait que...*)

2) *avoir a/faire a* + Inf.

Mult **avon** por tei **a** plorer.(*Rou*, 3, 11042)
《*Nous devons bien te pleurer*》
Lors vint Gerris qui tant **fait a** douter.(*Raoul de Cambrai*, 3568)
《*Alors s'avança le redoutable Gerri*》 (=qui doit être si redouté)

2. 가능성

1) *pouvoir* + Inf.(='avoir la faculté de, avoir la possibilité de, avoir lieu de, avoir sujet de, avoir raison de')

Trop vus ***poez priser***.(*Pelerinage de Charlemagne*, 13)
《*Vous vous estimez sans doute trop*》
Il ***pooit*** bien ***estre*** mie nuit.(*Queste*, 254, 12)
Mult me puis merveiller.(Rol., 536)
《*J'ai bien sujet de m'étonner*》

2) *savoir* + Inf.(='être en état de, être capable de')

Nous ne ***seumes*** onques si tost ***revenir*** que nous ne trouvissions mon signour Pierron... qui en fu alez aprés les Sarrazins.(*SL*, 41)
《*Nous n'avons pu revenir assez tôt pour retrouver monseigneur Pierron qui était parti à la poursuite des Sarrasins*》

3. 의지

1) *vouloir* + Inf.

Oez, seignor, que Dex vos beneïe,
Li glorieus, li filz sainte Marie,
Bone chançon que ge vos ***vorrai dire***.(*PO*, 1)
《*Écoutez, seigneurs - puisse Dieu vous bénir, le roi de gloire, le fils de sainte Marie! - écoutez une bonne chanson que je vais vous dire*》

2) *querre/cuidier* + Inf.

Ja ne me ***quier*** de vous ***partir***.(*Palefroi*, 567)
《*Je ne veux pas vous quitter*》

Chier me *cuit vendre*.(*Aymeri de Narbonne*, 2789)
《*Je veux faire payer cher ma capture*》

4. (준)사역구문 : *faire* + Inf.

En seintes flurs il les ***facet gesir***!(*Rol.*, 1856)
《*Qu'il les fasse reposer parmi les saintes fleurs!*》

또한 사역동사 *faire*는 부정법과 함께 사용되어 정중함을 표현할 수 있다.

***Faites*** moi ***escouter***.(*Montauban*, 356, 32)
《*Écoutez-moi*》
Soz le genoil li ***fait*** le pié ***tranchier***.(*Cambrai*, 2924)
《*Il lui trancha la jambe au-dessous du genou*》

## 3.3. 명사법(Mode nominal)

명사법은 시제나 인칭표지(marque)를 동반하지 않는 법으로, 부정법, 분사법(현재분사, 제롱디프, 과거분사)을 포함한다. 명사법에서 동사 앞에 위치하는 목적보어 인칭 대명사는 술어 대용형 강세형 인칭대명사이다.

### 3.3.1. 부정법(Infinitif)

동사의 명사적 형태인 부정법은 고대 프랑스어에서부터 명사 또는 동사의 역할을 하였다. 고대 프랑스어의 부정법은 다음과 같이 현대 프랑스어 부정법의 모든 용법으로 사용되었다.

## 1. 부정법(구)의 명사화

### 1) 명사화된 부정법의 통사적 특성

명사화된 부정법은 고대 프랑스어에서 아주 널리 사용된 용법으로 부정법의 명사화와 부정법구의 명사화로 구분할 수 있다.

(1) 부정법은 격과 수에 따라 변할 수 있다.

명사화된 부정법은 남성형으로 곡용어미의 표지(s/ø/ø/s)를 취할 수 있다. 예컨대, 부정법 *baisier*는 다음과 같이 명사화할 수 있다 : *li baisiers/li baisier/le baisier/les baisiers.*

단수 주어나 복수 목적어의 기능에서 어미 *s*가 첨가될 수 있다.

> Li tres grans ***desiriers*** que nos avios de vos veoir... nos a mis en queste de vos.(*Artu*, 45, 32).
> 《*L'extrême désir que nous avions de vous voir... nous a lancé à votre recherche*》
> Poeit a sun ami parler...
> et lur ***aveirs*** entrechangier.(*Laüs.* ,43)
> 《*Elle pouvait s'entretenir avec son ami... et ils échangeaient des cadeaux*》

(2) 부정법 앞에 현동소(actualisateur)가 위치할 수 있다.

부정법의 명사화는 주로 타동사가 정관사(가장 흔한 예), 지시사, 소유사, 부정형용사, 의문 형용사와 함께 사용될 때 일어난다.

① 정관사

La nuit le guete deci a ***l'esclairier***.(*Alis.*, 1074)
《*Il le veille toute la nuit jusqu'au lever du jour*》
Mes des que la chose est alee
si n'i a que ***del***(de+le) ***consirrer***.(*Yvain*, 3115)

**☞ 주의**

그러나 관사는 다음에서처럼 명사화된 부정법에서 관사가 생략될 수 있으며, 특히 일반적인 가치를 갖거나, 동사구, 부사구, 부정문으로 된 절에서 생략된다. 따라서 관사의 생략은 부정법과 명사화된 부정법의 구별을 어렵게 해준다.

Mieus vaut bons ***traires*** que fous parlers.(*Proverbes*, 1254).
《*Mieux vaut un bon silence qu'un sot discours*》
Asez purez aveir ***leisir***
De mustrer lui vostre pleisir.(*Eliduc*, 453).
《*Vous aurez tout le loisir de lui exposer vos désirs*》
Bien li purrat tut a ***leisir***
mustrer et dire sun curage.(*Guig.*, 472)
《*Elle pourra ainsi à loisir lui révéler ses sentiments*》
Puis ai perdu tant vaillant chevalier
ou je n'avrai mes nul jor ***recouvrier***!(*Alis.*, 1943).
《*Depuis, j'ai perdu tant de valeureux chevaliers auprès desquels je ne trouverai plus jamais d'aide!*》

② 부정관사

Voel l'empereor losangier
d'***un boivre*** qu'il avra molt chier.(*Cligès*, 3241)
《*Je veux régaler l'empereur d'un breuvage qu'il appréciera beaucoup*》

③ 소유양화사, 지시양화사, 부정양화사

(Lancelot) fiert un chevalier qu'il encontra premier en ***son venir*** si durement que il porta a terre et lui et le cheval.(*Artu*, 18, 3)
Amis, dist ele, a ***cest mangier***
Voel l'empereor losangier.(*Cligès*, 3239).
Pres est de ma fin, n'i ai ***nul recovrier***.(*Alis.*, 135)

(3) 부정법은 품질형용사로 특징을 부여받을 수 있다.

Certes dame, fet Boorz... li nostre n'ont pas ***bon demorer*** ceanz(*Artu*, 36, 49).
《*Certes, madame, dit Bohort... les nôtres n'ont rien* à *gagner* à *demeurer ici*》

(4) 부정법은 명사의 한정보어나 관계 형용사절의 보어로 사용될 수 있다.

Forment demeine grant dolur
Al ***departir*** de sun seignur(*Elid.*, 82)
《*Elle manifeste un grand chagrin* à *l'instant de se séparer de son époux*》
Lors s'estent del grant duel qu'il ot, et a l'***estendre*** qu'il fist li escrieve sa plaie(*Artu*, 40, 21).
《*Il s'allongea alors sous l'effet de la douleur et le mouvement fit rouvrir sa blessure*》

2) 명사화된 부정법의 동사적 특성

고대 프랑스어에서 명사화된 부정법은 다음과 같이 특별한 동사보어의 제약을 받을 수 있다.

(1) 직접 목적보어

Au ***metre*** le en terre, poïssiez veoir mout granz pleurs.(*Artu*, 102, 14)
《*Que de larmes au moment de le mettre en terre*》

(2) 상황보어

Et Lancelos se seigne a l'***entrer*** el champ.(*Artu*, 150, 17)
《*Au moment d'antrer dans le champs, Lancelot fit son signe de croix*》

3) 명사화된 부정법의 기능

다음과 같이 명사의 모든 기능을 할 수 있다.

(1) 주어

Car ge sui si durment navrez que li ***chevauchiers*** me porroit moult nuire.(*Artu*, 21, 16)

(2) 동사의 보어

① 직접 목적보어

Le ***mangier*** et le ***boire*** pert
Si que li cuirs as os s'ahert.(*Am. et Yd.*, 335)
《*Il perd le boire et le manger au point qu'il n'a plus que la peau sur les os*》

② 간접 목적보어

Tant ont al ***parler*** entendu

que il sont el castiel venu.(*B.I.*, 4100).
《*Tout en parlant ainsi, ils étaient entrés dans la ville*》

③ 상황보어(시간, 방법, 수단, 목표....)

Mut furent plus al ***revenir***
qu'il esteient al fors ***eissir***.(*Eliduc*, 235)
A Deu prie k'en prenge cure,
K'a sun ***poeir*** l'ameint a port.(*Guig.*, 202).
《*Il prie Dieu de prendre soin de lui et, par sa puissance, de le conduire à bon port*》

(3) 부정법은 명사의 보어가 될 수 있다.

De son ***aler*** ont grant anui.(*B.I.*, 3897).
《*Tous se désolent de son départ*》

(4) 부정법은 'or del(dou) + 부정법'이란 감탄 구문이나 희망을 표현할 수 있다.

Ha! Bertran, sire, ***or del contraïer***!(*Cor. Lo.*, 1178).
《*Hé! seigneur Bertrand, vous êtes en train de me contrarier!*》
Seigneur, fet il, ***or del monter***!(*Artu*, 94, 8).
《*Seigneur, dit-il, à cheval!*》

> ☞ **주의**
> 여기에서 *or*의 어원적 의미(='maintenant')는 퇴색되고, 'donc'의 의미로 사용된다.

(5) 부정법은 서술(narration) 부정법으로 사용될 수 있다.

Vait s'en ***et*** celes ***a ourer***

Que maufez le puist devourer.(*Eracle*, 2568)
《*Il part, et elles de souhaiter que le diable puisse l'engloutir*》

> ☞ 주의
>
> (a) 고대 프랑스어에서부터 서술 부정법에서 전치사 *de*와 사용된 용례도 발견된다.
>
> Manlius fu assailliz d'une part, Fessulanus de l'autre ; ***et*** chascuns ***de soi desfendre*** a son pooir(*Faits des Romains*, 50, 16)
> 《*Manilus fut attaqué d'un côté, Fessulanus de l'autre ; et chacun de se défendre comme il le pouvait*》
>
> (b) 서술용법에서 이러한 전치사 *de*의 사용은 중세 프랑스어기에 일반화 된다.
>
> ... les lui trencha tous deux d'ung seul coup. ***Et*** bon curé ***de crier***(*CNN*, LXIV)

2. 명사 및 동사 기능(우언법)을 하는 부정법

비록 부정법이 명사화되지 않더라도, 다음과 같이 부정법은 명사의 기능을 할 수 있다.

1) 명사 기능을 하는 부정법

(1) 부정법의 명사적 기능

① 주어

einz m'en irai, si ne vos poist,

que plus ***demorer*** ne me loist.(*Yvain*, 4020)
《*Je vais partir, n'en soyez pas fâché, car je n'ai plus le temps d'attendre*》

이 때 부정법은 남성 주격 단수 격 어미 -*s*를 동반할 수 있다.

Voirs ***dires*** a cousté a mint.(*Comp. Guill.*, 157)
《*Dire la vérité la nuit* à *bien des gens*》

아울러 부정법 주어는 전치사 *de*로 도입될 수 있다.

Pecié n'est de feme ***traïr***.(*B.I.*, 1245)

**☞ 주의**

부정법 주어는 종종 전치사 *a*로 도입되기도 한다.

Enuiz sereit ***a aconter***
Toz cels ki abatu i furent(*Enéas*, 9412).
《*Il serait ennuyeux d'énumérer tous ceux qui sont tombés là*》

② 명사나 형용사(형용사 곁에서 전치사 *de*/*a*로)의 한정보어

Cist conseilz sereit trop hastis
d'***otrïer*** vus ceste priere.(*Guig.*, 511)
《*La décision d'exaucer votre prière serait prématurée*》
Ne soiés pas de ***joster*** sos.(*B.I.*, 2670)
《*Ne soyez pas maladroit au combat*》
Car trop a esté sa plaie perilleuse a ***guerir***.(*Artu*, 38, 20)
《*Sa blessure a été très difficile* à *guérir*》

③ 타동사의 직 · 간접 목적보어(전치사 *de*/*a*로 부정법이 도입됨)

Jehans veut ***savoir*** qui il sont.(*J&B*, 2473)
Tuit le menacent ***de ferir*** en l'entraigne.(*Alis.*, 630)
《*Tous menacent de lui transpercer les entrailles*》
Si avint couvertement au tournoiement por ce que nus ne refusast ***a jouster*** a lui par conoissance.(*Artu*, 30, 45)
《*Il est venu au tournoi ainsi dissimulé pour éviter que, le reconnaissant, on refuse de l'affronter à la lance*》

④ 동사의 상황보어

(i) 목적

Venuz estes por moi ***desfandre***.(*Yvain*, 4402).

(ii) 원인

Se il ad mal por li ***amer***...(*Guig.*, 425).
《*S'il souffre à cause de l'amour qu'il lui porte...*》

(iii) 방법

mes sanz faille ce que je vos en porrai descovrir sanz moi ***mesfere*** vos en dirai ge.(*Artu*, 13, 13)
《*mais je suis prêt à vous dire tout ce que je peux vous en découvrir sans me faire tort*》

(iv) 수단

Poeit parler a sun ami...
E lur aveirs entrechangier
E par ***geter*** e par lancier.(*Laüs.*, 44)
《*...ils échangeaient des cadeaux en les jetant et en les lançant*》

(v) 양보

Je ne leroie por la teste a ***coper***...
que devant li ne voise ore joster.(*Alis.*, 2079).
《*Rien ne m'empêcherait - dût-on me couper la tête - d'aller sous ses yeux immédiatement au combat*》

☞ **참조**
고대 프랑스어에서 전치사 *por*는 목적, 양보, 원인 등을 표현하였다.

⑤ 제외의 가치를 갖는 *n'(i) a que (de)*, *n'(i) a fors (que)(de)*, *n(i) a se (de)... non* 등의 표현에서

Si n'i a que de ***ferir*** soi en l'ost.(*Artu*, 112, 8)
《*Nous n'avons plus qu'*à *attaquer le camp*》

2) 동사 우언법(périphrase verbale)에서의 부정법

부정법은 조동사와 함께 우언법을 만들 수 있다.

(1) 시간적 우언법

시간의 우언법은 발화에 사행을 위치시키며, 근접미래, 단순미래를 표현한다.

① 근접미래

Ja vodrunt la ville ***assaillir***
et de si k'as portes venir.(*Eliduc*, 149)
《*Ils sont sur le point d'attaquer la cité et de parvenir aux portes*》

Quant la pucele dut ***monter***.(*Dole*, 4082)
《*Quand la jeune fille fut prête à monter à cheval*》

② 단순미래 : 'aler + 부정법, devoir + 부정법, pooir + 부정법', 'cuidier(='s'imaginer à tort que') + 부정법'(='être sur le point de/faillir')

Se plus demeure, por fol se puet tenir
Quant por un cop en ***vet*** .C. ***recueillir***.(*Alis.*, 695)
《*Il serait fou de rester là quand, pour un coup donné, il va en recevoir cent*》
Par foi, fet Lancelos, se ge ne vois a l'assemblee qui ***doit estre*** au chastel a Taneborc, ge ne porroie mie guerir(*Artu*, 41, 30)
《*Par ma foi, dit Lancelot, si je ne me rends pas au tournoi qui doit avoir lieu au château de Tannebourg, je ne pourrai guérir*》
Ce est a dire qu'il n'ont garde que orgueil se ***puisse entrer*** en els.(*Queste*, 156, 31)
《*Je veux dire qu'ils n'ont pas à craindre de donner prise à l'orgueil*》
Dou tot ***cuida estre*** esbahie
quant cest chevalier me carca.(*B.I.*, 2716).
《*J'ai bien été sur le point de/j'ai bien failli desespérer lorsque le roi m'a confié ce chevalier*》

(2) 상적 우언법(périphrase aspectuelle)

상적 우언법은 발화의 내부의 서로 다른 순간에 사행을 구상한다.

① 기동상(inchoatif) : 'commencer a + 부정법, prendre a + 부정법'

de si haut con il pot crïe
me ***comança a desfier***.(*Yvain*, 490)
Jehans l'en ***prist a mercïer***.(*J&B*, 158)

② 사행의 반복 : 'soloir + 부정법'

Ne purrai mes la nuit lever
N'aler a la fenestre ester
U je ***soil*** mun ami ***veeir***.(*Laüs*, 129).
《*... où j'avais l'habitude de voir mon ami*》

(3) 법적 우언법 (périphrase modale)

법적 우언법은 발화자가 말하는 관점을 표현하며, 'devoir, pooir, avoir a, faire a, savor + 부정법'의 형태로 표현된다.

① 'devoir + 부정법'

(i) 물질적, 도덕적 의무를 표현한다.

Dedenz quida hummes truver
li la nef ***deüssent garder***.(*Guig.*, 168).
《*Il pensait trouver* à *l'intérieur du navire des hommes chargés de le garder*》
... Dame, misericorde,
***doit*** an de pecheor ***avoir***.(*Yvain*, 6711)

(ii) 'avoir des raisons de', 'avoir lieu de'의 의미로 사용될 수 있다.

Durement en ***dei estre*** lié(*Elid.*, 522)
《*J'ai toutes les raisons de m'en réjouir*》

(iii) 가능성을 표현할 수 있다.

Mes jeo ferai vostre pleisir
que que me ***deive avenir***.(*Eliduc*, 678)

*《...quoiqu'il puisse m'arriver》*

(iv) 개연성(probable)을 표현할 수 있다.

... mes sire Yvains s'an venoit
au feu ou an la vialt ruer,
tot ce li ***dut*** forment ***grever***.(*Yvain*, 4322)
*《Mon seigneur Yvain, qui arrivait près du braisier où l'on s'apprêtait à la jeter, dut en concevoir une inquiétude》*

② 'avoir a + 부정법', 'faire a + 부정법': 의무의 표현 'devoir + 부정법'과 동일하다.

U que li reis deüst errer
Il ***aveit*** la terre ***a garder***.(*Eliduc*, 34)
*《Quand le roi devait s'absenter, il(Eliduc) était chargé de veiller sur le royaume》*
Lors vint Gerris qui tant ***fait a douter***.(*Cambrai*, 3568).
*《Alors s'avança Gerri, le redoutable》*

③ 'pooir + 부정법'

(i) 사행 실현의 가능성을 표현

Mout bon essample i ***puet*** en ***retenir***.(*Alis.*, 715)
*《Il est possible d'en retirer un excellent exemple》*

(ii) 사행의 개연성을 표현

Bien me ***purrat venir*** a pis
Se jeo n'ai sucurs ne aïe.(*Guig.*, 456)
*《Il m'arrivera sans doute malheur si je n'obtiens ni aide ni secours》*

(iii) 'devoir + 부정법'과 마찬가지로 의무감(='avoir des raisons de'의 의미

Se plus demeure, por fol se ***puet tenir***.(*Alis.*, 694)
《*S'il reste là, il a toutes les raisons de se considérer comme un sot*》

(iv) 허락(='avoir l'autorisation')의 의미로 사용될 수 있다.

Par les forez ***poeit chacier***(*Eliduc*, 37)
《*Il était autorisé* à *chasser dans la forêt*》

(v) 'savoir + 부정법' : *pooir* 동사처럼 능력을 표현한다.

Cungié vus doins...
D'amer cele ki defferat
E ki ***despleier*** le ***savrat***.(*Guig.*, 562)
《Je vous autorise... à aimer celle qui le(le noeud) défera et sera capable de le dénouer》

(4) 사역 구문

① 'faire + 부정법'

A sun mangier ***feseit venir***
les chevaliers mesaesiez.(*Eliduc*, 138)
《À *son repas, il faisait venir les chevaliers pauvres*》
Un veisselet ad ***fet forgier***.(*Laüs.*, 149)
《*Il a fait forger un coffret*》

② 'laisser + 부정법'

Voirs Dex, li torz an seroit tuens

se tu l'en leisses eschaper.(*Yvain*, 1211)
《*Vrai Dieu, le tort sera de ton côté si tu laisses s'échapper*》

### 3. 술어 대용형(prédicatif) 부정법

술어 대용형 부정법은 비종속절에서 뿐만 아니라 종속절에서 쓰일 수 있다.

#### 1) 비종속절에서의 부정법

##### (1) 명령법으로 된 문장에서의 부정법

특히 이 경우 부정의 부사 *ne*가 선행하며, 부정 명령을 대신하는 금지의 용법을 갖는다. 술어 대용형 부정법의 특징은 목적보어 인칭 대명사(*t'*=*te*)의 동사에 결합된 용법에서 확인할 수 있다.

Amis, fait il ***ne t'esmaier***.(*B.I.*, 2675)
《*Ami, dit-il, ne crains rien*》

이와는 달리 재귀 대명사로 지배를 받는 술어 비대용형 부정법 앞에서는 동사와 분리된 대명사 형태를 띤다.

Femme jolive de mestier
***Se*** deit lunc tens faire preier
Pur ***sei*** cherir...(*Guig.*, 516)
《*La femme aux moeurs légères doit se faire prier longtemps, pour se donner de la valeur...*》

##### (2) 직접의문문에서의 부정법 : 자문형(délibérative)의 가치를 갖는다.

Dame que ***dire***? Que ***teisir***?(*Cligès*, 4264)

2) 종속절에서의 부정법

(1) 간접 의문문에서의 부정법 : 자문형 간접 의문문

Si est tant a malese qu'ele ne set quel conseill ***prendre*** de soi.(*Artu*, 32, 34).
《*Elle éprouve un tel désarroi qu'elle ne sait quelle décision prendre*》
Ne sai mais que ***penser***.(*Cambrai*, 1172)
《*Je ne sais plus que penser*》

또한 *avoir*, *faire*, *laissier*, *trover*, *veoir*...와 같은 동사 뒤에서 간접 의문문과 유사한 명사 관계절에서

Dunc ne faz jo que ***creire***.(*Rol*., 987)
《*Je ne fais rien qui mérite d'être cru*》
Tot li gehist, ni lessa que ***conter***
de ce qu'il pot savoir et remembrer.(*Alis*., 982)
《*Il lui avoua tout, n'omettant rien de ce qu'il savait et qui lui revenait en mémoire*》

(2) 부정법절에서

부정법이 *veoir*, *oïr*, *escouter*, *apercevoir*, *sentir*... 와 같은 인지동사(지각동사)와 함께 사용되는 절의 형태이다.

① 부정법은 제사동사(verbe recteur)의 동작주와 다른 동작주를 갖는다.

Li cuens Guillelmes ***vit*** ses hommes ***morir***.(*Alis*., 48)

② 부정법은 대명사화할 수 없다.

Ki n'*ot* le laüstic ***chanter***.(*Laüs.*, 85)

③ 지배동사(제사)는 온전한 의미를 보존한다.

Cil ***virent monter*** Eliduc.(*Eliduc*, 159)

하지만 다음의 경우에서처럼 발화나 명령동사 다음에서도 부정법절이 올 수 있다. 이 구조는 라틴어 어법에서 온 것이다.

(le roi) les portes ***cumande*** a fermer
E les genz sur les murs ***munter***(*Elid.*, 240).

3) 술어 대용형(서술형) 부정법의 특성

술어 대용형 부정법은 동사의 핵심요소로 사행의 동작주나 사행의 중심이 될 수 있다. 이 때 부정법형은 수동의 가치를 가질 수 있으며, 고대 프랑스어에서 널리 통용된 용법이다.

Quant ne voi mon chier oncle ***venir***.(*Alis.*, 195)
Quant Lancelos voit son oste si durement ***porter*** a terre, si en fu moult durement corrouciez.(*Artu*, 19, 2)
El plait ad Ais en fut juget a ***pendre***.(*Rol.*, 1409)
《*Au procès d'Aix il fut condamné* à *être pendeu*》
Or est Renart pres de confondre.(*Renart*, 1224)
《*Renard est près d'être confondu*》

## 3.3.2. 분사법(-ant형) · 제롱디프(Gérondif)

다음에서 알 수 있듯이 현대 프랑스어의 *-ant*형은 분사법, 동사적 형용사와 제롱디프의 세 가지 기능을 한다.

(a) Je respire largement, tel Pelléas ***sortant*** du souterrain et ***retrouvant*** la vie, l'odeur des roses(Barthe)
(b) *Convaincant/plus convaincant* que jamais, l'avocat a réussi à réduire la peine de l'accusé
(c) Il s'est coupé ***en se rasant***

하지만 고대 프랑스어에서는 이러한 *-ant*형의 세 가지 분류가 존재하지 않는다. 즉 제롱디프는 결코 전치사구가 될 수 없으며, 불변성에 의해서만 분사와 동사적 형용사와 구별된다. 아울러 분사와 동사적 형용사는 형태적으로 동일하며 격과 수에 따라 변할 수 있다.

1. 동사 부류에 속하지 않는 *-ant*형

1) 명사화된 *-ant*형

명사화된 *-ant*형은 명사의 모든 기능, 즉 보어, 상황보어 등의 역할을 한다.

(1) *-ant*형은 명사화 될 수 있다.

Or orroiz ja merveilles, bonne gent,
Que tex n'oïstez en tout vostre ***vivant***.(*Ami*, 3017)
《*Écoutez donc, bonnes gens, voici une scène extraordinaire, telle qu'on ne vous en conta jamais en toute votre vie.*》
La nuit fu coie et la lune leva
A l'***anjornant*** un Yvain espoissa.(*Alis.*, 1085)
《*La nuit était calme, la lune s'était levée; au point du jour, le*

*temps s'assombrit un peu*》

(2) 명사화된 *-ant*형은 한정사(관사(*l'*anjornant), 소유사(*vostre vivant*), 부정사, 품질형용사)와 함께 쓰일 수 있다.

L'un de voz douz a en moi part moult grant
Et s'est Amiles ***li hardis combatants***.(*Ami*, 3141)
《*L'un de vous deux partage ma vie : c'est Amile le valeureux guerrier*》

2) 동사적 형용사 *-ant*

(1) 의미

명사에 관련된 동사적 형용사는 사물의 질이나 방법을 표현한다.

Si fiert Hardrésor son elme **luisant**.(*Ami*, 1563)
Vivïen vi jesir sor un estanc,
Desoz un arbre foillu et ***verdoiant***.(*Alis.*, 787)

(2) 동사적 형용사와 현재분사와 동질성 기준

① 형태적 기준

고대 프랑스어에서 동사적 형용사와 분사의 구별이 쉽지 않다. 현재분사는 격과 수의 표지를 갖는다.

... vont tant qu'il ont ancontré

chevaliers, dames et sergenz
et dameiseles ***avenanz***.(*Yvain*, 3800)(동사적 형용사의 목적격 복수)
《*tandis qu'ils avancent, ils rencontrent des chevaliers, des dames et des serviteurs et des jeuens filles, tous très avenants*》
Fortune les bons clers fait pain ***querans***.(*Floi et BL.*, 2516)(현재분사의 목적격 복수)
《*Fortune oblige les bons clercs à aller en quête de leur pain*》

② 분포 기준

동사적 형용사는 다른 형용사에 등위되거나 정도 표지를 허락한다.

Et prist en sa main tel ghisarme
Qui fu ***tranchans et*** semolue.(*J&B*, 3901)
《*Il prit en main une hallebarde tranchante et aiguisée*》
Quant iestes mort, mout puis estre dolant :
Si sui je voir et mout ***desconfortant***.(*Alis.*, 857)
《*Puisque vous êtes mort, j'ai toutes les raisons d'être plongé dans le chagrin. Et, en vérité, je suis peiné et très désolé*》

③ 기능적 관점

동사적 형용사는 부가 형용사나 속사(주어나 목적어)의 역할을 할 수 있다.

Nos i ferimes a noz espiez ***tranchant***.(*Alis.*, 2259)
《*Nous avons frappé de nos lances tranchantes*》
A la fonteine dont li doit sont ***bruiant***.(*Alis.*, 788)
《*Près de la source dont les eaux murmuraient*》
Di va, Ami, com te voi ***non sachant***!(*Ami*, 1812)
《*Allons, Ami, comme te voilà insensé!*》
De sa dolor mar ira nus parlant,
Quar trop la meine doloreuse et ***pesant***.(*Alis.*, 821)

《*Il serait vain de parler davantage de sa souffrance : elle se manifeste d'une façon vive et cruelle*》

## 2. 동사 부류에 속하는 -*ant*형

동사 부류에 속하는 -*ant*형은 현재분사와 제롱디프이다. 현재분사는 명사를 지지하고, 제롱디프는 동사를 지지한다.

### 1) 현재분사

#### (1) 동질성 기준

① 분사는 동사보어(목적보어, 상황보어)의 기능을 한다는 점에서 형용사와 구별된다.

Se Lancelos fust rois ***tenanz*** terre, ne cuidassent mie moult de genz qu'il assemblast si grant chevalerie(*Artu*, 106, 13)(직접목적어)
N'onques ne fust de proesce ***ventant***(*Alis.*, 838).(간접 목적보어)
Ja en Orenge ne me verrez ***tornant***(*Ibid.*, 816).(상황보어)
En son corage vet Damledeu proiant
Que si meffet li soient ***pardonant***(*Ibid.*, 803)(간접목적보어)

② 분사는 변이성과 명사적 자질로 제롱디프와 구별된다.

Saint pareïs vos est ***abundant***.(*Rol.*, 522)
《*Le saint Paradis vous est grand ouvert(vous est étant offert)*》
Que si meffet li soient ***pardonant***.(*Alis.*, 803)
《*Que ses fautes lui soient pardonnées*》

(2) 현재분사의 기능

① 현재분사는 부가형용사나 속사의 기능을 하므로 품질형용사 부류에 포함시킬 수 있다.

Si com il gist desoz l'arbre en l'Archant
Ses blanches mains desor son piz ***croisant***.(*Alis.*, 792)
Ja en Orange ne me verrez ***tornant***.(*Ibid.*, 816)

② 아울러 현재분사는 수동의 의미를 가질 수 있다.

Saint pareïs vos est ***abandunant***.(*Rol.*, 1522)
《*Le saint Paradis vous est grand ouvert*》
Le vin aforé de nouvel....
Sade, ***bevant***...(*Nicolas*, 642)
《*Le vin récemment mis en perce... agréable, qui se laisse boire*》

③ 특히 현재분사는 서사시에서 형용사나 분사형태로 지속성이나 완곡어법을 표현할 수 있다.

Molt lor est la lune ***nuisanz***.(*Cligès*, 1687)
《*La lune leur est très nuisible*》 (동사적 형용사)
Ultre cest jurn ne serum plus ***vivant***.(*Rol.*, 1520)(완곡어법)
《*Au-delà de ce jour nous ne serons plus en vie*》
Ja Loeys ne lor sera ***aidans***.(*Cambrai*, 3929)(운율 맞추기)
《*Louis ne leur viendra pas en aide*》

2) 제롱디프(Gérondif)

불변성의 제롱디프는 동사를 지지하며, 형용사나 부사의 기능을 하지 않으며, 주절 행위의 상황, 즉 주절 사행에 관련된 사행을 표현한다.

(1) 우언법의 제롱디프

제롱디프는 주로 *estre*, *aller* 동사와 결합하여 우언법의 기능을 한다.

① 'Estre + 제롱디프' : 완수중인 사행을 표현

Si s'esbahi, n'en soiez ***merveillant***.(*Ami*, 3133)

하지만 우언법이 순간적 사행을 표현하기도 한다.

Li compaingnon n'i furent ***arrestant***
Jusqu'a l'Eglise ou estoit Belissans.(*Ami*, 3126).

② 'aller + 제롱디프'

(i) 우언법이 아닌 경우 - 제롱디프는 상황보어로 주절의 행위가 이루어지는 법의 성격을 갖는다(='à coups d'éperons')

Li cuens Guillelmes vet ***poignant*** par l'estor.(*Alis.*, 24).
《*Le comte Guillaume s'élance dans la bataille en éperonnant son cheval*》

(ii) 우언법으로 지속상을 표현하는 경우

ⓐ *aller* 동사는 조동사의 역할을 하며 제롱디프의 동사는 발화동사(*dire, reclamer, proiier, soi dementer, gaber, conter...*)나 심리상태를 표현하는 동사(*penser, doter, redoter, plorer, mener duel/joie...*), 인지동사(*garder, regarder, oïr...*)가 제롱디프로 사용될 수 있다.

En son corage ***vet*** Damledeu ***proiant***.(*Alis.*, 802)
Si ***s'an vont*** grant joie ***menant***.(*Yvain*, 5803)
N'***ala*** mie molt ***regardant***
mes sire Yvains cele mervoille.(*Yvain*, 3349)
《*Mon seigneur Yvain ne s'attarda guère à contempler ce prodige*》
La mort l'angoisse, mout le ***vet destraignant***.(*Alis.*, 805)
《*La mort le harcèle, lui inflige d'horribles tourments*》

ⓑ 동사는 주어의 실제적인 행위를 표현하지 않을 수 있다: *attendre, dormir, attargier..*

Ne sai qu'***alasse demorant***
a conter le duel qu'ele an fist.(*Yvain*, 2915)
《*Je ne sais pourquoi je tarderais à décrire la douleur qu'elle manifesta*》
Car vostre cors ***va*** mout ***affoibloiant***.(*Ami*, 2835)
《*Car vous vous affaiblissez peu à peu*》

ⓒ 동사의 완료가치는 우언법에서 지속의 가치를 방해할 수 있다.

Au duel qu'il maine est cheüz de Bauçant,
Encontre terre ***s'en vet*** sovent ***pasmant***.(*Alis.*, 823)
《*De douleur, il est tombé de Baucent ; à même la terre, il s'évanouït à plusieurs reprises*》

(2) 주동사의 상황을 표현하기 위해 동사를 동반하는 제롱디프

제롱디프는 모든 동사와 연합하여 방법, 시간, 원인등과 같은 상황보어의 기능을 할 수 있다.

Asez est melz que moerium ***cumbatant***.(*Rol.*, 1517)
《*Il est préférable de mourir en combattant*》
Li quens Guillelmes vint cele part ***corant***.(*Alis.*, 789)
ce duel ***menant*** la chambre a deffermee.(*Ami*, 3187)
《*Tout en se lamentant, elle ouvrit la porte de la chambre*》
el ciel monta tout ***chantant*** Te Deum.(*Ami*, 2813)

☞ **주의**

일반적으로 *-ant*형의 위치는 유동적이었다. 즉 주사행의 좌우에 위치할 수 있으며, 이것은 상황보어의 특징이기도 하다.

***Plorant*** li bese le piz et la facele.(*Alis.*, 875)
《*En pleurant, il lui couvre de baisers la gorge et la poitrine*》
Et quant il le voit venir... en crie merci tendrement ***plorant***.(*Queste*, 153, 19)

(3) 전치사와 함께 사용된 제롱디프

전치사와 함께 사용된 제롱디프는 다음과 같은 상황보어의 가치를 갖는다.

① 방법

***En seant*** ierent, s'ont grant joie menee.(*Ami*, 3190)

《*Ils étaient assis, tout réjouis*》
***traïnant*** s'an maine a l'ostel
la quise a grant joie faisant.(*Renart*, 11149)
《*Elle s'en retourne chez elle traînant la cuisse(de l'âne), le coeur en joie*》

② 수단

N'i a païen, Sarrazin ne Persant
Se je l'ateing d'une pierre ***en ruant***
Ne le conviegne cheoir de l'auferrant.(*Alis.*, 2361)
《*Il n'y a pas un païen - qu'il soit turc ou Persan - qui ne tombe de cheval si je l'atteinds en lui lançant une pierre*》

③ 양보

Ne vos lerroie por les membres ***perdant***(*PO*, 1427)
《*Je ne vous abandonnerais pas, dussé-je y perdre les membres*》

④ 시간 속에서 공존

Ribauz, neanz, que vos avoie ge forfet qui ***en dormant*** m'avez navré?(*Artu*, 64, 43)
《*Espèce de rustre, moins que rien, quel mal vous avais-je fait pour que vous m'ayez blessé pendant que je dormais?*》

(4) 절대구문에서의 제롱디프

① 제롱디프는 인지(인식)동사 *oïr*, *veoir*와 함께 상황보어의 가치를 갖는 절대구문을 구성할 수 있다.

car d'un mien anemi mortel
me vencha, don si lié me fist
que tot *veant mes ialz* l'ocist.(*Yvain*, 4906).
《*car il m'a vengé d'un ennemi mortel et m'a comblé de joie en le tuant sous mes yeux*》

② 만약 제롱디프의 동작주가 직접 목적보어 대명사일 경우, 강세형으로 사용된다.

Et ce dist orendroit *oiant moi* et oiant monseigneur le roi tex chevaliers que vous croiriez bien d'une parole...(*Artu*, 36, 33)
《*C'est ce qu'a rapporté en ma présence et devant monseigneur le roi un chevalier que vous croiriez sur parole*》

③ 하지만 제롱디프의 동작주는 생략될 수 있다.

Toute pasmee a la terre s'estant...
Au redrescier i corrent plus de cent.
Quant se redresce, si parole *en oiant*...(*Ami*, 3137)
《*Elle tombe évanouïe... Plus de cent personnes se précipitent pour la relever. Une fois debout, devant tous, elle dit...*》

### 3. 과거분사와 그 일치

과거분사는 완전히 완료된 사행을 표현한다. 아울러 과거분사는 조동사 *avoir*나 *être*와 함께 활용되며, 수동태와 마찬가지로 완료된 시간을 표현할 수 있다. 고대 프랑스어에서 *être* 동사와 함께 활용된 동사의 과거분사는 일반적으로 주어의 성 · 수에 일치한다. 특히 주어가 남성일 경우, 과거분사는 어미 *-s*와 함께 사용되며, 주어가 남성 복수인 경우 어미 *-s*없이 사용된 과거분사 형태도 찾아볼 수 있다. 아울러

*avoir* 동사와 활용된 과거분사는 목적어에 일치한다.

또한 과거분사는 수동태, 대명 동사에서도 사용될 수 있으며, 형용사의 의미를 가질 수 있다. 고대 프랑스어 과거분사의 중요한 통사적 특성은 다음과 같다. 고대 프랑스어에서는 현대 프랑스어와 마찬가지로 타동사는 *avoir* 동사와 활용되며, *naistre*, *mourir*, *aller*, *venir*, *partir*, *sortir*, *issir*, *cheoir*...등과 같은 왕래발착의 자동사와 대명 동사는 *être* 동사와 활용된다. 일반적으로 과거분사는 *être* 동사와 함께 활용될 경우 주어에 일치하며, *avoir* 동사와 활용될 경우 목적어에 일치하지만, 현대 프랑스어와는 달리 상당히 유동적이었다.

1. 동격이나 *être* 동사와 함께 사용될 경우(수동태 포함), 과거분사는 주어의 성·수에 일치한다. 대명 동사의 경우 *se*가 직접 목적어일 경우 현대 프랑스어와 마찬가지로 직접 목적어에 일치한다.

Et cele dit que onques ***deseritee*** n'en *fu*.(*Queste*, 172, 33)(수동태)
Messire Gauvains ***fu navrez*** ou costé senestre.(*Queste*, 152, 19)(수동태)
Mes si tost com il ***fu morz***, ele començа guerre contre moi.(*Queste*, 169, 24)
Or di li contes que qant Galaad ***se fu partiz*** dou Chastel as Puceles, que il chevaucha tant...(*Queste*, 56, 1)
Et Aucibiers ***s'an est*** garde ***donés***.(*Cambrai*, 6951)

☞ **참조**

하지만 대명동사가 *avoir* 동사와 활용될 경우 과거분사의 일치는 일어나지 않는다(예 : *soi traire les ieuz*)

mialz li vandroit qu'il ***s'eüst***
***les ilaz treiz*** ou le col brisié ; (*Charrette*, 5554)
... et pour ses eulz qu'il defolerent,
qu'il ***s'avoit tret*** pour la dolor
que sa mere ot prise a oisour.(*Thèbes*, 9814)

Il est bien raisons que l'annui
que je ***m'ai porchacié*** reçoive.(*Renart*, 9672)

2. *avoir* 동사와 함께 활용된 경우, 과거분사는 목적어와 조동사의 위치에 따라 다음의 규칙을 따른다.

1) 「avoir + 목적어 + 과거분사」의 어순일 경우, 직접 목적어에 일치한다.

Or gardes que tu peüsses puis avoir fet, se tu ***eüsses toutes ces vertuz sauvees*** en toi.(*Queste*, 126, 27)

2) 「목적어 + avoir + 과거분사」의 어순일 경우, 직접 목적어에 일치한다.

... et voit la nef autretele come il *l'*avoit ore ***veüe***.(*Queste*, 110, 16)

3) 「avoir + 과거분사 + 목적어」의 어순일 경우에도 과거분사는 원칙적으로 일치한다.

De cel remanant que Diex te lessa ***as*** tu ***fetes les granz proesces*** par les estranges terres.(*Queste*, 126, 25)

3. 부정법이 따를 경우 과거분사는 일치되거나 일치되지 않는다.

Et li autre dient que li quens Garins l'a ***faite*** mordir.(*Aucassin*, 20, 7)
... et li dist que il estoit trop liez de ceste aventure que Dex li avoit ***donnee*** trover.(*Artu*, 54, 62)
Si li moustre les fers qu'ele avoit puis ***fet*** ramender.(*Artu*, 53, 47)

☞ **참조**

하지만 다음과 같이 목적어가 과거분사에 전치하거나 후치할 경우 일치가 이루어지지 않은 경우도 있다.

> qui que il fussent si ***les ot*** Deus ***formé***.(*Nîmes*, 71)
> por qu'***as*** ma barbe et mes guernons ***tiré***?(*Nîmes*, 1369)
> Et on li dist qu'ele est en l'ost et si i ***avoit mené*** tox ciax du païs.(*Aucassin*, 28, 17)

## 3.4. 인칭법과 시제(Mode personnel et Temps)

고대 프랑스어의 인칭법은 현대 프랑스어와 마찬가지로 크게 직설법과 접속법으로 나눌 수 있다. 직설법은 현실적으로 실현 가능한 행위나 동작을 있는 그대로 객관적으로 기술하는 법이며, 접속법은 화자가 느끼는 생각이나 감정을 주관적으로 기술하는 양식이다.

### 3.4.1. 직설법(Indicatif)

직설법은 현재, 과거, 미래에서 시간의 이미지를 전달해주는 법으로 다음의 두 가지 하위체계로 분류할 수 있다. 첫째는 발화의 기준을 현재의 하위체계로 취하는 시제로, 현재, 복합과거, 단순과거, 전과거, 중복합과거, 단순미래, 근접미래, 전미래가 이에 속하며, 둘째는 과거의 발화의 기준을 반과거의 하위체계 취하는 시제로, 반과거, 대과거, 조건법 현재, 조건법 과거가 이에 속한다.

### 3.4.1.1. 발화행위의 기준을 현재의 하위체계로 취하는 시제

1. 현재(Présent)

직설법 현재는 고대 프랑스어에서부터 화자가 말하는 순간을 표현하는 시제로, 순간, 지속, 일반적 진리, 습관의 현재를 나타낸다.

Home qui ***aime est*** plains de desverie.(*PO*, 360)
《*L'homme amoureux est plein de folie*》
Au besoing, toz jorz le ***dit*** an
***doit*** an son ami esprover(*Yvain*, 6590)
《*C'est dans le besoin, on le dit toujours,*
*que l'on le dit toujours, que l'on éprouve son ami*》

1) 역사적 현재

역사적 현재는 과거의 사건을 현재의 관점에 놓는 것으로 고대 프랑스어에서 특히 설화문학에서 널리 통용된 시제이다. 중세 프랑스 문학의 이야기의 전개에 있어 현대 프랑스어와는 달리 현재에서 과거, 과거에서 현재로의 시제변이가 자유로웠다.

(1) 특히 주절과(핵심이야기기 전개되는) 종속절에서 사용되는 역사적 현재는 중요한 사건이나 행위의 전환점을 강조한다( 등장인물의 출발이나 도착, 직접화법의 도입, 극적 긴장의 도입, 전투장면의 기술...)

Quant li sires vit que la dame ot donné a Saigremor le chapel, si pensa que che fu en son despit. Lors ***hauce*** la palme, si li ***donne*** si grant cop qu'il le ***fait*** flatir a terre et li ***dist*** : 《Pute, tenés vostre loier...》.(*Lancelot en prose*, 5, 26)
《*Lorsque le seigneur s'aperçut que sa femme avait donné la couronne(des roses)* à *Saigremor, il crut que c'était là un signe de*

*mépris à son propre égard. Alors il lève la paume, lui assène un énorme coup qui la fait s'abattre sur le sol et lui crie : 《Sale créature, voilà votre récompense...》*

(2) 역사적 현재가 항상 고유한 가치를 갖는 것이 아니었다. 특히 역사적 현재가 단순과거와 함께 사용될 경우, 이러한 가치를 상실한다. 고대 프랑스어에서 역사적 현재의 사용은 자유로웠으며, 운율적인 이유(시에서)와 표현을 바꾸고자하는 단순한 이유에서도 사용되었다. 특히, 과거와 현재시제의 교체 사용은 설화에 리듬을 바꿔주는 효과를 제공한다.

*Cueillen*t les tres, les paveillons doublerent.(*Nîmes*, 837)
《*Ils ramassèrent les tentes, plièrent en deux les pavillons*》
Au matin quant il ajorna,
Ydoine *se vest* et chauça.(*Segretain moine*, 233)
《*Le matin, au lever du jour, Ydoine mit ses vêtements et se chaussa*》

2) 미래 의미의 현재

(1) 확장된 현재

과거의미의 확장된 현재와는 달리, *je meurs*는 'je vais mourir', *je prends*은 'je suis résolu à prendre', *je donne*는 'je suis résolu à donner', *je vais*는 'j'irai'의 의미로 각각 해석할 수 있다.

Jo vus *acoint* d'un grant engin
que vus est fait en cest gardin.(*Jeu d'Adam*, 242)

(2) 조건문의 종속절에서 사용된 현재

조건문의 종속절에 사용된 현재는 결과를 생각하기 이전에 실현 중에 있는 조건을 예상한다.

S'ensi le ***fes***, j'en lorai Damedé.(*CL*, 68)
Demain la ***pués*** veoir bouser
A moi, se tu voeles aler(*JehanB*, 2839)
《*Demain, tu peux la voir me (é)pouser, si toi vouloir venir*》

(3) 조건문의 주절에 사용된 현재

mes sergenz en vain se ***travaille***
de fere servise qui valle,
se li servise n'***atalante***
au seignor cui l'en le presente(*Rose*, Lorris, 2019)

2. 복합과거(Passé composé)

복합과거는 조동사에 의해서는 현재 시제와, 과거분사에 의해서는 과거시제와 연결된다. 따라서 담화의 강세가 조동사에 주어지면 완료된 현재의 가치를 가지며, 과거분사에 강세가 주어지면, 현재보다 앞서는 의미로 단순과거와 경쟁한다. 무엇보다도 복합과거는 지속적인 사건, 과거에서의 상황이나 상태를 묘사하는 시제이다.

복합과거는 완료된 현재의 기능으로 현재 시제의 모든 용법으로 사용될 수 있다.

(1) 순간의 현재

Les gaites(='veilleurs') ont  le jor.
Par tot conmencent a lever ;
Tuit ***sont levés*** sanz demorer.(*Tristan*, 4118)

《... *ils se sont tous levés, les voilà tous debout sans tarder*》

(2) 습관의 현재

Celle li ***ot donné*** son cuer.(*Gal*, 1220)
(Fresne)... conte a son pere
Tout ce qu'elle ***ot dit*** a sa mere.(*Gal*, 7512)
Se vos nou me dites, ***mortes estes***.(*Trist.*, prose, 11, 16)

(3) 단순과거의 의미로 완료상을 표현

... si li demande tout meintenant s'il ***a trouvé*** le chevalier(*Artu*, 17, 26)
《*...ainsi il lui demande tout simplement s'il trouva le chevalier*》
Nicole la preus, li sage,
***Est arivee*** a rivage(*Aucassin*, 32, 1)
《La vaillante et honnête Nicole a touché le rivage》

3. 단순과거(Passé simple)

단순과거는 현재와 관련이 없는 완전히 지나간 과거를 표현한다. 따라서 어떠한 완료상도 포함하지 않는 점의 상(aspect ponctuel)으로 해석할 수 있다. 현대 프랑스어와는 달리 고대 프랑스어에서는 지속되는 행위, 영원한 상태의 묘사에서 반과거 보다는 단순과거의 사용이 지배적이었으며, 대화나 설화 문학에서 두루 사용된 시제이다. 특히 몇몇 완료동사(*naître, mourir, devenir, passer...*)에서 사용된 단순과거는 사건적인 의미로 쓰이며, 복합과거는 이전 행위에 대한 현재의 결과를 나타낸다.

1) 과거에서 완료된 사건을 의미한다.

Li cuens Rolant ***se jut*** dessuz un pin.(*Rol.*, 2375)

《*Le comte Roland était couché sous un pin*》
Ce ***fu*** au tans qu'arbre foillissent.(*Perceval*, 69)
《*C'était au temps où les arbres se couvrent de feuilles*》
Jadis ***avint*** en Nortmadie.(*Ami*, 1)

2) 화자와 가까운 과거의 사실을 표현한다.

La dame l'ot, a pou d'ire nefont
《Mar le ***pensates***, filz a putain, gloton!》.(*PO*, 1237)
Et cil responnent qu'il ne ***virent*** hui chevalier armé de tel maniere com il devisent(*Artu*, 17, 5)

3) 현대 프랑스어의 반과거의 의미로 과거에서의 상태를 표현할 수 있다(묘사의 반과거).

Un algrier ***tint***, ki d'or fut enpenet.(*Rol.*., 439)
《*Il tenait un javelot qui était empenné d'or*》
***Vint*** qui de bone grape fu.(*Yvain*, 1049)

4) 개인의 영원한 자질을 표현할 수 있다.

Blancandrins ***fut*** des plus saives paiens,
De vasselage ***fut*** assez chevaler,
Prozdom i ***out*** pur sun seignur aider.(*Rol.*, 24)

5) 부사 *onques*와 함께 과거에서의 보편성의 가치를 표현할 수 있다.

Li quens Rollant unkes n'***amat*** cuard.(*Rol.*, 2134)
Onques d'Aarras boins clers n'***issi***.(*Feuillée*, 13)

6) 과거와 현재의 연속을 배제하는 부정문(최상급)에서는 단순과거를 선호한다. 특히 부사 *oncques*는 단순과거에서 사용된다.

Et cil reponnent qu'il ne ***virent*** hui chevalier armé de tel maniere.(*Artu*, 23, 15)
《*Et ils répondent qu'ils n'ont pas vu de la journée un chevalier revêtu d'une armure de ce genre*》
Nos ne ***venimes*** por vos mal faire.(*Villh*, 146)
《*Nous ne sommes pas venus pour vous nuire*》

7) *estre* 동사와 함께 기원을 표현한다.

Tous ***furent*** de Eve et d'Adam(*Proverbes*, 2435)
《*Tout le monde descend d'Eve et d'Adam*》
De Bretaigne la Menur ***fui***(*Guig*, 315)
《*Je suis né en e Bretagne*》

4. 단순과거와 복합과거의 대립

1) 과거의 상황이 현재까지 지속되거나 승리로 인한 영토의 소유, 전쟁에서 얻은 상처와 같은 대상의 흔적이 남아있을 경우, 복합과거를 사용한다.

Li cuens Guillelmes ***a*** Nymes ***aquitee***.(*Nîmes*, 1483)
《*Le comte Guillaume a libéré Nîmes*》
Je vos di por voir que g'en ***ai ocis*** par ma main dis et uit(*Artu*, 4, 19)
《*Je vous dis sûrement que j'en ai tué dix-huit par ma propre main*》

2) 기억 속의 흔적이 화자의 현재에 영향을 미치거나 인상적으로 표현하고자 할 때, 복합과거를 사용한다.

***Mort as*** mun filz.(*Rol.*, 3591)(morir='avoir tué quelqu'un')

5. 전과거(Passé antérieur)

전과거는 고대 프랑스어에서 16세기 프랑스어까지 과거의 이전행위에 대한 묘사의 기능을 상실하면서 대과거가 전과거 대신 사용되었다. 전과거는 고대 프랑스어에서 완료 단순과거의 의미와 더불어 다음과 같은 현대 프랑스어의 용법을 갖는다.

1) 시간의 종속절에서 주절의 단순과거와 동시성을 표현한다.

Puis firent traire amont(='relever') les portes
Par coi maintes genz ***furent mortes***.(*Yvain*, 1100)
Et quant il ***fu endormiz***, eles s'en partirent et vindrent a leur dame(*Artu*, 47, 18).

2) 전과거는 가계(filiation)나 인척관계(alliances)를 표현할 수 있다.

Li abbés de Los... ***fu morz***.(*Villh*, 206)
《*L'abbé de Los mourut*》

6. 중 복합시제(Temps surcomposé)

13세기에 등장한 중복합과거는 완료의 의미나 완료 이전의 사실을 표현하는 시제지만 고대 프랑스어에서의 사용은 아주 드물었다. 중복합시제는 중세 프랑스어기부터 널리 통용되었다.

Je sui cil qui mon droit atent
Des granz anuiz que tu as faiz
Que nous ***avons eüz retraiz***.(*Renart*, 7800)
《*J'attends la réparation des dommages considérables dont tu es l'auteur et dont l'énumération complète a été faite*》
Et li cuens ***ot esté chaüs***, et uns suens chevaliers fu descendus, si le mist sor son cheval.(*Villh*, 359)
《*le coeur avait été désarçonné*》

> ☞ **참조**
>
> 중복합시제는 일반적으로 *avoir* 동사로 구성되나 *estre* 동사로 이루어진 예문도 발견된다.
>
> Il disoit kee la u ***nés esté avoit***
> Le biau valet l'apeloit on.(*Chevalier aux deux épée*, 2593)
> 《*Il disait que dans le pays où il avait vu le jour on l'appelait le beau jeune homme*》

7. 단순미래(Futur simple)

고대프랑스어의 단순미래는 현대 프랑스어의 단순미래와 유사하며, 자유 간접화법을 표시하기도 한다.

1) 단순미래는 주로 미래의 사행을 표현하지만, 미래에 대한 예측, 개인의 결심, 초대, 암시, 명령을 또한 표현할 수 있다.

Cumpainz Rollant, l'olifant car sunez,
Si l'***orrat*** Carles, ***ferat*** l'ost returner,
***succurrat*** nos li reis od sun barnet.(.*Rol.*, 1059)

2) 단순미래 1인칭은 의지, 결단을 표현한다.

J'***escouterai***, or commenchiez.(*Ba*, 293)
<<*Commencez, j'éoute*>>
Respunt dux Neimes : 《Jo ***irai***, par vostre dun>
Mult a grant tens que jo ai apris
Toz les conseils de paradis.
Une partie t'en ***dirrai***.
- Ore le comence e jo l'***orrai***
- Oirraus me tu? - si ***frai*** bien,
Ne te ***curcerai*** de rien(*Jeu d'Adam*, 208)

3) 2인칭은 명령(부정이나 금지와 더불어), 기원, 부추김, 충고 등을 표현할 수 있다(명령의 가치).

- Dehait ait qui ja en parelra ne qui ja li dira! - Ha! Bel enfant, fait ele, si ***ferés***(*Aucassin*, 18)
《*Malheur à celui qui jamais en parlera ne qui le dira! - Ha! Bel enfant, mes chers enfants, dit-elle, si, vous le ferez!*》
Or ***irez*** vos certes, quant jol cumant.(*Rol.*, 328)
Dame, fet li rois, vos n'***iroiz*** pas a ceste fois.(*Artu*, 7, 10)
Ces herbes, vos ne les ***mangereiz*** pas... Vos les me ***metreiz*** trois jors dormir en bon vin blanc... Si vos en ***desgeunereiz*** par treiz matins.(Rutubeuf, *Dit le l'herberie*, 55)

8. 전미래(Futur antérieur)

전미래는 복합시제로 주로 단순미래와 함께 사용되어 미래에서 완료될 사실을 표현한다. 하지만 고대 프랑스어에서는 단순미래 대신 복합과거와 함께 사용되기도 했다. 특히 종속절에서 미래에 종속된 사실을 나타내거나 독립절에서 신속함을 표현하기 위하여 사용된다.

Or fu Balanz coreçolz et maris.
Il dist al roi : 《Tans jors vos ***ai servis***,
Mains grans besoins vos ***averai fornis***.(*Aspre.*, 737)
《*Balan fut alors froissé et dépité. Il dit au roi : 《Je vous ai servi bien longtemps! J'ai rempli pour vous bien des tâches périlleuses!*》

☞ 참조

분개를 표현하는 전미래의 용법은 현대 프랑스어에서도 발견된다.

J'***aurai pardonné*** le mal qu'on m'a fait... et je perdrai Cosette!(Hugo, *Misérables*, IV, 3, 7)

### 3.4.1.2. 과거의 발화행위를 반과거의 하위체계로 취하는 시제

1. 반과거(Imparfait)

반과거는 사건이 전개되는 시간에서의 지속을 표현하는 시제이다. 12세기부터 과거에서의 상황이나 상태를 표현하면서, 고대 프랑스어의 단순과거 대신에 사용되기 시작한 반과거는 13세기 산문 작품에서 지배적인 시제로 자리 잡는다. 반과거는 사건의 전개에서 시간의 지속이나 미완료를 표현하기 때문에, 주석, 배경이나 상황묘사에서 주로 사용된다. 이러한 미완료적인 가치로 인하여, 반과거는 주로 종속절이나 관계절에서 사용되거나, 주절에서 지속이나 동시성을 표현한다.

1) 일치의 반과거(과거에서의 상태나 상황)

En la forest du Marés ***avoit*** une montaigne grans et merveillese, u il ***avoit*** desus fermé un castel mout abchien. Bien avoit. CC. ans u plus k'il ***avoit*** esté fermés ; ne en cel castel n'***avoit*** li rois March que commander, car un gaians en ***estoit*** sires.(*Trist.*, prose, 1, 14, 177)
《*Dans la forêt du Marés, il y avait une grande et étrange montagne sur laquelle était établi un château très ancien. Il y avait bien deux cents ans ou plus qu'il avait été établi ; dans ce château le roi Marc n'avait pas d'ordres à donner, car un géant en était le maître*》
Un jor ***estoient*** entre le roi et monseigneur Gauvain as fenestres del palés, et ***parloient*** entr'eus de pluseurs choses, et tant que li rois dist a monseigneur Gauvain...(*Artu*, 35, 1)
《*Un jour le roi et monseigneur Gauvain se tenaient près des fenêtres du palais et parlaient de choses et d'autres jusqu'au moment où le roi se mit à dire à monseigneur Gauvain...*》

2) 선행의 반과거

반과거는 현재와의 정신적인 단절을 표현한다.

Endementres qu'il ***parloit*** en tel maniere, il ***resgarde*** loing en la mer vers orient.(*Queste*, 112, 5)

3) 과거에서의 반복

A Kardoel ***sujurnot*** li reis,
Artur, le pruz e li curteis,
Pur les Escoz e pur les Pis
Que destrueient le païs.
En la tere de Logre ***entroënt***
E mut suvent la ***damagoënt***.(*Lanval*, 5)

4) 종속절에서의 반과거

Car certes vos mostrastes bien que vos n'***estïez*** pas preudons ne verais chevaliers.(*Queste*, 117, 30)
... et fu si desvez et si escomeüz de s'amor
qu'il dist bien a soi meïsmes qu'il ***estoit*** morz se il n'en ***pooit***
faire ses volentez.(*Trist*, prose, 7, 8)
Si li dist : 《Sire, feites prendre ce cheval, que je mesferoie
se rien del vostre ***detenoie***》
《Et qui estes vos, fet li rois?
Ne vos conoistroie des mois
au parler, se ne vos ***veoie***
ou se nomer ne vos ***ooie***》.(*Yvain*, 2274)

5) 조건절에서의 반과거

과거의 사실이 현실적으로 일어난 것처럼 기술하고자 할 때 반과거를 사용한다.

Tuit ***estoient*** perdu, se ce ne fust li cuens d'Anjou... qui les ala

rescourre.(*SL*, 69)
《*Ils étaient tous perdus, n'eût été le comte d'Anjou qui alla les secourir*》

3. 대과거(Plus-que-parfait)

대과거는 선행성과 지속의 완료를 표시하는 복합적인 반과거의 기능을 갖는다.

1) 선행성의 대과거

선행성의 대과거는 복합과거가 현재에 선행하듯이 반과거에 선행한다.

Si virent qu'il ***orent perdu*** trois de leur compaignons.(*Artu*, 96, 4)
《*Ils virent qu'ils avaient perdu trois de leurs compagnons*》
Et ce n'estoit mie merveille, car mesire Gauvains ***avoit été*** li chevaliers el monde plus amés de diverses gens.(*Artu*, 173, 11)
《*Et il n' avait rien d'étonnant à cela, car monseigneur Gauvain avait été le chevalier le plus aimé du monde*》

2) 완료의 용법

완료의 의미를 표현하는 대과거는 과거시간 연장의 반과거를 제외하고는 대부분의 경우 반과거와 동일한 가치를 갖는다.

Et ce fu provance(='preuve') veraie
Qu'ancor estoit leanz, sanz faille,
Cil qui ***ot feite*** la bataille
Et qui l'***avoit mort*** et ***conquis***.(*Yvain*, 1185)
《*... celui qui l'avait combattu et qui l'avait vaincu et tué*》

## 5. 조건법(Conditionnel) : *-rois*형

조건법은 현재나 과거사실과 반대되는 사실을 가정하고, 그 결과로 일어날 수 있거나 일어날 지도 모르는 사실을 기술하는 법이다. 따라서, 과거에서의 미래나 전미래의 시제로 해석할 수 있다.

### 1) 조건법 현재(Conditionnel présent)

(1) 과거의 어느 때를 기점으로 한 기술에서 종속절에서의 미래의 동작이나 행위를 표현한다. 즉, 과거에서의 단순미래의 의미를 갖는다.

Cil distrent qu'il n'***iroient*** pas.(*Artu*, 5, 12)
《*Ils répondirent qu'ils n'y iraient pas*》
Lors demanda conseil qu'il ***feroit***.(*Villh*, 429)

(2) 조건법 현재는 다음과 같이 불확실성을 표현하기도 한다.

① 조건문에서

Car se vous plus demouriiés,
Moi et vous honnis ***avriiés***.(*J&B*, 1881)
《*Car si vous restiez ici davantage, vous nous feriez honnir tous deux*》
La nuit tuz tens ***durreit***
Se li soleilz n'esteit.(Philippe de Thaon, *Com.*, 313)

② 어조의 완화나 놀람 : 완곡한 표현

Kar mei meïsme estoet avant aler
pur mun nevold que ***vuldreie*** truver.(*Rol.*, 2858)

Sire, ge *iroie* volentiers.(*Artu*, 7, 7)
《*Seigneur, j'irais volontiers*》

③ 거절

- Or li donnés dont de l'argent...!
- Las! dolans! Ou *seroit*-il pris?(*Feuillée*, 188)
《*-Donnez-lui donc de l'argent!*》 - 《*Hélas! Et où le prendrais-je?*》

④ 의문문에서 의혹이나 망설임을 표현

Que vous *iroie* je constant?(*Fa* IV, 173)
《*Que pourrais-je vous dire/raconter de plus?*》
Por quoi vos en *peseroit* il?(*Artu*, 25, 30)
《*Pourquoi cela vous ennuierait-il?*》

(3) 단순미래와 조건법 현재는 종종 서로 혼용되어 사용되었다.

(il) distrent que il *parleroient* esemble et lor *responderont* l'endemain.(*Villh*, 24)

(4) 고대 프랑스어에서는 현대 프랑스어와는 달리 주절과 종속절에서 조건법 현재가 동시에 올 수 있다.

Et se aucuns me demandoit coment il avoit non, je *diroie* que ce *seroit* Plalmedes li Sarradins.(*Trist.*, prose, 327, 17)

2) 조건법 과거(Conditionnel passé)

현대 프랑스어의 조건법 과거는 고대 프랑스어에서 드물게 사용되었으며, 미래에서 완성을 표현한다. 조건법 과거는 가정의 결과를 표현하는 종속절이나 주절, 독립절에서 잠재성이나 비현실성을 나타낸다.

Mult lor *sereit mesavenu*
S'il aveient le rei perdu!(*Rou*, 3, 5487)
《*Ce serait pour eux un grand malheur s'ils avaient perdu le roi!*》

> ☞ **주의**
> 고대 프랑스어에서는 조건법 현재가 조건법 과거의 의미를 대신하기도 하였다.
>
> Por la dame que veoie
> Descendi de mon cheval ;
> Car a nul fuer ne *voudroie*
> Que je li feïsse mal(*Romances et Pastourelles*, I, 40, 19)
> 《*A cause de la dame que je voyais là, je descendis de mon cheval ; car à aucun prix je n'aurais voulu lui faire de mal*》
> Dont venez vous?
> Vos armes *vendrïez* les vous?(*Claris et Laris*, 24239)
> 《D'où venez-vous? Auriez-vous vendu vos armes?》

### 3.4.2. 접속법(Subjonctif)

과거, 현재, 미래의 시간을 표현하는 직설법과는 달리 접속법은 현재와 미래를 지향하는 현재와 과거를 지향하는 반과거의 특성을 동시에 갖는 시제이다. 예컨대 다음과 같은 소망의 접속법 현재 "Vive les vacances!"와 유감의 접속법 과거 "Plût à Dieu que je ne sois parti!"에서 접속법 현재는 미래 지향적이며, 접속법 과거는 과거 지향의 가치를 갖는다. 그러나 고대 프랑스어 접속법은 조건법보다도 더 큰 조건의 의미로 사용되었으며, 주절에서의 접속법의 사용은 극히 제한되었다.

### 3.4.2.1. 접속법의 용법

고대 프랑스어의 접속법은 현대 프랑스어와 마찬가지로 두 개의 단순형(현재와 반과거)과 두 개의 복합형(과거와 대과거)으로 이루어지며, 이 네 개의 접속법은 시제와 상에 의하여 서로 대립한다.

1. 시제의 대립 – 시제의 일치와 불일치

시제의 대립에서 접속법 현재와 과거는 직설법 현재, 미래시제와 차이가 구분되지 않으며, 접속법 반과거와 대과거는 현재와 미래의 복합형에 과거 시제의 영역을 첨가한 것이다.

고대 프랑스어의 접속법에서 시제의 일치는 주절의 동사가 반과거나 단순과거와 같은 과거시제이면 종속절은 접속법 반과거나 대과거로 일치시킨다.

> Et li predons li ***pria*** mout qu'il ***se tenist*** en ce que il avoit comencié.(*Queste*, 139, 27)
> Ne ***fist*** semblant que li ***pesast***.(Marie, *Fresne*, 377)
> 《*Elle ne montra pas qu'elle* était *ennuyée*》

하지만 운문에서는 다음과 같이 시제의 일치가 이루어지지 않은 경우를 종종 찾아볼 수 있다.

> ***Prist*** l'olifant, que reproce n'en ***ait***.(*Rol.*, 2263)

특히 주절이 *-roie*형이나 역사적 현재에서 종속절이 접속법 현재나 반과거로 사용된 용법을 살펴볼 수 있다.

> Rien ne me ***porroit*** retenir
> que je n'***aille*** querre la joie.(*Erec*, 5424)(접속법 현재)
> Je ne ***seroie*** pas tant ose

que je i *osase* venir.(*Tristan*, 62)(접속법 반과거)
N'i ***ad*** celoi n'i ***plurt*** e se ***dement***,
E ***prient*** Deu qu'il ***guarisset*** Rollant.(*Rol.*, 1836)(접속법 현재)
Au roi an vet le congié prandre
que an sa cort, ne li ***grevast***,
ses noces feire li ***lessast***.(*Erec*, 1870)(접속법 반과거)

1) 접속법 현재(Subjonctif présent)

현재나 미래에 일어날 일을 표현하며, 주절의 시제는 현재나 미래이다.

Or ne ***sai*** je que ***face***.(*Rol.*, 1982) 《*Je ne sais que faire*》
De ce li ***poise*** qu'il ne ***vient***.(*Cligès*, 5608)
《*Elle est ennuyée qu'il ne vienne pas*》

2) 접속법 과거(Subjonctif passé)

현재나 미래에 완료될 일을 나타내며, 주절의 시제는 현재나 미래이다.

Vos me lairés Nicolete me douce amie tant veïr que j'***aie*** deus paroles u trois a li ***parlees*** et que je l'***aie*** une seule fois ***baisie***.(*Aucassin*, 8)

3) 접속법 반과거(Subjonctif imparfait)

주절이 과거일 때, 주절과 동시인 과거나 과거에서의 가정, 즉, 전미래의 시제로 조건법 과거의 의미를 갖는다. 접속법 반과거는 가정, 어조의 완화와 같은 조건법 현재(과거의 단순미래)의 모든 용법을 포함하며, 과거의 단순미래인 조건법 현재와 경쟁을 이루었다.

(1) 주절이 *-roie*형(조건법 현재일 경우) 종속절에서

Je ne ***seroie*** pas tant ose que je i *osasse* venir.(*Tristan*, 62)
Por ce vos ***loeroie*** je bien... que vos ***retornissiez***.(*Queste*, 47, 10)
《*Aussi je vous conseillerais bien de revenir en arrière*》

(2) 역사적 시제의 용법으로 접속법 현재와 경쟁한다.

Au roi an vet le congié prandre
que an sa cort, ne li ***grevast***,
ses noces feire li *lessast*.(*Erec*, 1870)

(3) 주절 동사의 현재 시제에 비해 앞선 과거를 표현한다.

Or ne ***quidiés*** mie que j'***attendisse***.(*Aucassin*, 14, 7)
《*Ne craoyez pas que j'attendrais*》
Il ***regarde*** l'enfant, si le ***voit*** garni de toutes biautez
se merveilleusement qu'il ne cuide mie qu'il ***veïst***
onques mes de son eage si bele forme d'ome.(*Queste*, 2, 30)
《*il ne pense pas qu'il ait jamais vu de sa vie...*》
Il chantoient un chant autel
Con ***fussent*** angle esperitel.(*Rose*, 661)]
《*Ils chantaient comme s'ils avaient* été *des anges célestes*》

(4) 조건절에서

Je nel te puis mie rendre, car je sui a pié.
Mais *se* je *eüsse* cheval, jel te ***cuidasse*** ramener par tens.(*Queste*, 90, 12)
Gentilz hom, sire, *se* j'*osasse* parler,
Je ***demandasse*** de quel terre estes nez(*CL*, 1565)

4) 접속법 대과거(Subjonctif plus-que-parfait)

접속법 대과거는 주절이 과거일 때, 종속절에서의 과거완료나 이루지 못한 행위를 표현하였다.

Bien ***a vangiee***, et si nel set,
La dame la mort son seignor ;
Vengence en a feite greignor
Que ele panre en seüst
S'Amors ***vengiee*** ne l'***eüst***.(*Yvain*, 1370)
《*... elle en a tiré une vengeance plus grande que celle qu'elle aurait su en prendre si l'amour ne l'avait vengée*》

### 3.4.2.2. 접속법의 양태

시간의 완전한 묘사를 추구하는 현실적 개념의 직설법과는 달리 접속법은 잠재적 개념을 내포한다. 이 잠재적 개념은 독립절에서는 함축되어 있으며, 종속절에서는 분명하게 제시되어있다. 이 때 종속절에서는 소개동사가 분명한 개념을 표현한다.

1. 독립절에서의 접속법

1) 접속법 현재

(1) 기원이나 희구

Dient Franceis : 《Damesdeus nos ***aït***》.(*Rol.*, 3358)
《*Les Français disent : 《Que le Seigneur Dieu nous vienne en aide!*》
Or vos ***consaut*** Diex, Sire preudom, fet Galaad.(*Queste*, 47, 12)
《*Que Dieu vous assiste, valeureux chevalier, dit Galaad*》
Or i ***voist*** donc, fet ele.(*Queste*, 1, 24)
《*Qu'il y aille donc, fit-elle*》

☞ **참조**

고대 · 중세 프랑스어의 기원이나 희구를 표현하는 독립절의 접속법에서 명사절의 지표인 형태소 *que*의 사용은 임의적이었다.

(2) 유감

Et pleüst Dieu que il l'***eüst***
***Epousee***!(*Perceval*, 9057)
《*Plût au ciel qu'il l'eût épousée!*》
Car ***fusse*** je or antretex,
ensi luisanz et ensi fez!(*Perceval*, 178)
《*Si seulement j'étais semblable à eux, brillants et constitués comme ils le sont!*》

(3) 2·3인칭 단수, 1·2인칭복수 명령이나 희망(*avoir, estre, savoir, voloir, pooir* 동사에서)

Ki or ne voelt a mei venir ***s'en alt***!(*Rol.*, 3340)
《*Que celui qui ne veut pas venir avec moi s'en aille!*》
La dame dist : Or n'***aiez*** soing.(*Yvain*, 2942)
《*La dame lui dit : ne vous inquiétez pas*》
Et il respont : ***Soiez*** certainne,
je n'an istrai fors, de semainne.(*Yvain*, 1575).
《*Mais il lui répond : Soyez en sûre, je ne sortirai pas d'ici de longtemps*》
Cil li dit lués maintenant :
Que bien ***puissiez*** estre venuz!(*Dole*, 1485)
Veraiement le ***sachiez*** vos, fait Boorz, que ce est il.(*Queste*, 9, 27)

(4) 단언의 접속법(cf. 단언의 부사 *si*)

Ne vorroie por nule rien,

***si m'aïst Diex***, qu'il eschapast.(*Tresc.*, 121)
Dame, fet il, ***si m'aïst Diex***,
ge ne sei qui il est.(*Artu*, 16, 13)
Quant ceste henor a prendre ne vos siet,
***se Deus m'aïst***, or vos dorrai tel fié,
se saiges estes, dont seroiz sorhaucié.(*Nîmes*, 382)

(5) *tant*이나 *tout*로 도입되는 상관관계를 갖는 양보의 독립절이나 대립의 의미를 갖는 동사의 쌍으로 이루어진 표현에서도 접속법이 온다.

Biax sire Diex, qui en si haut leu comme est l'ordre de chevalerie me lessastes monter, qui m'esleüstes a vostre serjant, ***tout*** n'en ***fusse*** je mie dignes,... ne soffrez vos mis que je isse de vostre servise...(*Queste*, 95, 32)
Gardez n'en isse nuls hom qui soit soz ciel,
Ne clerc ne prestre, ***tant saiche*** bien prïer,
Que il n'en ait toz les membres tranchiez.(*CL*, 1662)

2) 접속법 반과거 및 접속법 대과거

(1) 과거에서의 소망

Sire, bien ***venissiez*** vos hui ceanz! Car vos m'avez fete trop grant joie de ceste promesse.(*Queste*, 170, 9)
《*Ha! seigneur, comme vous aurez été le bienvenu! Votre promesse me remplit d'une telle joie*》

(2) 과거에서의 유감

Sempres ***caïst***, se Deus ne li ***aidast***.(*Rol.*, 3439)
《*Il serait tombé si Dieu ne l'avait aidé*》

Mes *pleüst* Deu, qui fist ciel et rosee,
Que il fust ore outre la mer Betee.(*Alis.*, 3252)
《*Si seulement il avait plu à Dieu, créateur du ciel et de la rosée, qu'il fût de l'autre côté de l'Océan Arctique*》
Quar *fusse* je et morte et enterree!(*Alis.*, 2234)
《*Que ne suis-je morte et enterrée!*》
C'or *eüssons* passé le pont!(*Av. Comp.*, 62)
《*Si seulement nous avions déjà passé le pont!*》

(3) 조건

Molt *pooist* li sires huchier
ainz que d'ax eüst nul aïe!(*Tresc.*, 92)
《*Le maître aurait pu s'égosiller avant d'obtenir une aide de leur part!*》
Beax, Sire! se Diex me consault,
fait ele, mielz *poïssiez* dire!(*Tresc.*, 301)
《*Mon cher époux, réplique-t-elle, au nom de Dieu, vous pourriez vous expliquer!*》
Molt li *plaüst* li remanoir,
mais il s'an va par estovoir.(*Enéas*, 1655)
《*Il aimerait(il aurait aimé) rester, mais il s'en va par nécessité*》

2. 종속절에서의 접속법

일반적으로 종속절은 종속 접속사나 접속사구(*que, si, quant, ainçois que, por que, mais que...*)로 도입되며, 직접 목적보어나 상황 보어의 역할을 한다. 종속절은 보어절, 간접 의문 종속절, 관계절, 상황 보어절 로 나눌 수 있다.

1) 보어절

보어절은 형태소 que로 도입되며, 종속절을 명사화한다. 이 때, 주절 동사의 의미는 보어절에서 잠재적 개념이나 현실적 개념을 내포 하며, 전자는 접속법을 후자는 직설법을 요구한다. 잠재적 개념을 내 포하여 보어절에서 접속법을 요구하는 주절의 동사는 다음과 같다.

(1) 잠재적 개념

① 의지 : *vouloir, désirer, baer, covoitier, avoir talent, plaire*

Blonde la bele tout che fist
çou qu'ele ne voloit mie
que il ***perdist*** pour çou la vie.(*J&B*, 824)
et cil baa...
que ja nus ne ***saiche*** lor estre.(*Tresc.*, 36)
《*il désirait ... que personne ne connût leur relation*》
Et li borgois foremnt covoite
Qu'a son ostel ***fust revenuz***.(*Av. Comp.*, 323)
j'oi lors talant que le vergier
***alasse*** veoir et cerchier.(*Rose*, Lorris, 1286)
《*J'eus alors envie d'aller voir le verger et de le parcourir*》

② 명령이나 기원 : *commander, demander, (re)querre, semondre, proiier, conjurer, prier, requerir, mander, devoir* 부정문 + *inf.*

Lors ***comande*** que len li ***ameint*** un cheval.(*Queste*, 40, 51).
si ***demande*** a Boort que il li ***die*** por quoi la reïne s'est a li corrouciee.(*Artu*, 60, 23).
Et aprés ce m'alés requerant
que je vous die mon non.(*Trist.*, prose, 144, 37).
je vos ***pri*** et ***conjur***... que vos me ***dioiz*** la verité de cest escu.(*Queste*, 29, 32).
Mout me destraint iceste plaie,
qui me ***semont*** que je me ***traie***
vers le boton qui m'atalante.(*Rose*, Lorris, 1778)

《*Cette blessure qui m'invitait à aller vers le bouton qui m'attirait me tourmentait beaucoup*》

☞ **주의**

발화동사 *dire, mander, enseigner...* 등이 의지를 표현할 경우에도 종속절에 접속법이 온다.

et li clers ainsi fetement
***dist*** son garçon qu'il ***atornast***
son palefroi...(*Av. Comp.*, 212)
《*et le clerc ordonna alors à son valet de préparer son cheval*》
Artus, li boens rois de Bretaigne
la cui proesce nos ***enseigne***
que nos ***soiens*** preu et cortois...(*Yvain*, 3)
《*Arthur, le noble roi de Bretagne, dont la valeur nous invite à être irréprochable...*》
A la reïne eneslepas
***Mande*** que a lui parler ***veigne***.(*Cligès*, 1347)
Ma mere ***m'enseigna et dist***
Que les puceles ***saluaisse***
En quel que liu que jes trovaisse.(*Perceval*, 684)
《*Ma mère m'enseigna et me dit de saluer les jeunes filles quel que soit l'endroit où je pourrais les rencontrer*》

③ 의혹 : *criembre, doter, redoter, avoir pooir, avoir dote, avoir doutance, souspeçonner, avoir paour, avoir talent.*

이 경우 접속법에서 부정의 부사 *ne*가 사용될 수 있다.

Quar a la mer n'ai pas chalant ne haigne ;
Et se g'i entre, je ***criem*** que trop ***n'***i ***baigne***!(*Alis.*, 646).
Pour ce k'il avoient ***paour*** et doutance k'il ***ne fuissent*** illuec aresté en aucune maniere, tournerent il une autre voie.(*Trist.*, prose, 147, 36)

☞ **주의**

(a) 주절의 동사가 부정문이나 의문문일 경우에도 접속법이 온다.

*N'*a or ***plus*** talant qu'il li ***gart***
son arc doré.(*Rose*, Lorris, 1304)
《*Maintenant, Amors n'a plus envie que Doux Regart lui garde son arc doré*》
as tu poor qu'il ne t'***assaille?***(*Renart*, 10948)

(b) 의지의 표현(*avoir talent/corage/cuer/volenté*)에서 접속법 대신 단순 미래가 올 수 있다.

En la fin, ***volantez*** me vint
qu'a mon oste covant ***tanroie***
et que a lui m'an ***revanroie***.(*Yvain*, 555)

(c) 의지의 종속절에서 조동사 *pooir, devoir, volir*는 접속법 대신 직설법을 사용한다.

En talent ai que mult vos ***voeill*** amer.(*Rol.*, 521)
Reisons est que tote voies
***doit*** chascuns panser et antandre
a bien dire et a bien aprandre.(*Erec*, 10)

(d) 의지, 명령, 금지의 보어절에 명령법이 올 수 있다.

or vos ***pri*** je que vous me ***dites*** quele aventure vous mainne vers Soreloys.(*Trist.*, prose, 17, 36).
Gardez, se vos pansez folie
que por ce ne la ***feites*** mie.(*Yvain*, 1327)
《*Veillez, si vous imaginez quelque folie,* à *ne pas la mettre* à *exécution pour autant*》

④ 금지나 경계 및 허락 : *otroïer*, *consentir*, *veer*, *noiier*, *empescher*, *eschiver*, *défendre*, *refraindre*, *souffrir*, *garder*(일반적으로 종속절에 부정사 *ne*가 동반된다.)

ge ***otroi*** que ge ne ***port*** jaméscoronne.(*Artu*, 53, 65)
cil dou chastel li ***deffendent*** que il ***n'aille*** avant.(*Queste*, 47, 20)
il ne puet ***noier*** qu'il ne ***face*** droit au chevalier...(*Artu*, 67, 75).
《*Il ne peut refuser d'en faire droit au chevalier*》
ce ne vos poons nos pas ***veer*** que vos ***n'aiez*** respit jusqu'a quarante jorz por conseillier vos de ceste chose.(*Artu*, 68, 16).
《*nous n'avons aucun droit de vous refuser un délai de quarante jours pour réféchir* à *votre situation*》
Que qu'aveigne de la bataille
***Gardez*** que l'en ***ne*** m'i ***conoisse***.(*Yvain*, 3724)
《*Quelle que soit la tournure prise par la bataille, veillez* à *ce qu'on ne me reconnaisse pas*》

⑤ 필연이나 불확실성의 비인칭 동사(구) : *falloir*, *convenir*, *estovoir*, *estre necessité*, *estre besoing*, *estre mestier,estre droiz*, *estre raisons*, *sembler*

car il ***covient*** que il ***face*** vostre plesir.(*Rose*, Lorris, 1985).
***mestier*** li est qu'***aïde*** truisse.(*Yvain*, 3034).
***droiz*** est que ma folie ***boive***.(*Renart*, 9674)
《*il faut que je boive ma folie jusqu'*à *la folie*》

⑥ 충고 : *conseillier*, *loer*, *amonester*...

Cil li *loënt* communaument
Que il i ***aut*** hsativement(*Enéas*, 697)
《*Ceux-ci lui conseillent, d'un commun accord, de s'y rendre immédiatement*》
Et messire Gauvains li *loe* moult qu'il ne se ***remut*** de cele bone

volenté ou il est.(*Artu*, 30, 101)
Et lors lo commence a parler de confession...
et l'***amoneste*** qu'il ***se face*** confés a lui.(*Queste*, 53, 31)

(2) 현실적 개념

존재(*estre, ainsi estre, voirs estre...*), 사건(*venir, avenir*), 지각(*veoir, oïr, entendre, percevoir, apercevoir, sentir...*), 인지(*savoir, connoistre...*), 확신의 동사(발화동사)(*conclure, dire, mander, jurer, pramettre, respondre, enseigner, noiier, écrire....*) 는 종속절에서 직설법을 요구하지만, 때론 접속법이 오기도 한다.

① 특히 주절이 다음 요소에 해당될 때, 종속절에서는 반드시 접속법을 사용한다.

(i) 부정

Il ***ne poet estre*** qu'il ***seient*** desevrez.(*Rol.*, 3913)
《Il ne peut se faire qu'ils soient séparés》
Je ***ne di pas*** que il aucune fois ne ***trouvast*** meilleur cevalier de lui.(*Trist.*, prose, 138, 18)

(ii) 의문사 *que*나 *com(ent)*로 시작되는 의문문(직 · 간접)

Viax tu donc, fet ele, noier
***Que*** par toi ne ***soit*** morz mes sires?(*Yvain*, 1763)
《*Prétends-tu nier que c'est toi qui a tué mon époux?*》
Et or me conseille et avoie
***comment*** iert que ne ***soit*** seü.(*Renart*, 1012)
《*Conseillez-moi et explique-moi comment faire pour que rien de tout cela ne soit su*》

☞ **주의**

(a) 하지만 *se*로 도입되는 간접의문문에서는 직설법을 선호하였다.

Ne sai ***se*** miex m'an ***avandra.***(*Eracle*, 4949)
《Je ne sais si je m'en retrouverai mieux》
Il ne me chaut ***s'iriez*** en est.(*Renart*, 1719)
《*Peu m'importe qu'il soit en colère*》

(b) 이 경우에도 숙고의 흔적이 있으면 접속법이 오기도 한다.

Li chevaliers en tele angoisse
Ne set ***se*** le voir li ***connoisse***
Ou il ***mente*** et lest le païs.(*Cha*, 305)
《*Le chevalier... ne sait s'il doit lui révéler la vérité ou bien mentir et quitter le pays*》

(iii) 조건

Et ***s***'il avient par aventure k'il vous ***abate***, je vous creant loiaument que je ne joueterai pas a lui.(*Trist.*, prose, 112, 23).
***S***'or ***oiez*** que ***ne die*** bien,
Ne m'en creez de nule rien.(*Tristan*, 2533)
《*Si vous jugez que je parle mal, n'ajoutez aucune fois* à *mes propos*》

☞ **주의**

의문문과 부정문의 결합이나 이중 부정문은 직설법을 유도할 수 있다.

***Enne*** dis jou che ***fu*** pour nient.(*Nicolas*, 911)
《*Mais n'ai-je pas dit que ce coup ne comptait pas?*》

② 주절이 반 부정의 가치를 갖는 부사 *malement*, *avison ques*(='a

peine'), *pou*가 올 경우 또는 법의 가치를 갖는 조동사 *pooir*가 올 경우 종속절은 접속법을 사용한다.

Jo qu'en diroie? Il me pert ***malement***
Que hom ***soit*** pris qui si bien se deffent.(*Aspr.*, 2382)
《*Que dire? J'ai du mal* à *imaginer qu'un homme qui se défend si bien puisse être pris*》
***pou*** avient qu'on ne ***mespraingne***
ou au chief ou a la parclose.(*Renart*, 11470)
《*Il advient rarement qu'on ne finisse pas par commettre une erreur*》
Et si ***puet*** estre chose vraie
Qu'il ***ait*** pieça a ce penssé.(*Vergi*, 135)
《*Et il est peut-être vrai qu'il a pensé* à *cela depuis un moment*》

③ 주절이 *estre avis, estre vis, croire, cuider, penser, supposer, tenir* 등과 같은 대다수의 의견이나 믿음의 동사(구)로 된 구문에서 종속절은 다음과 같이 직설법이나 접속법을 요구한다.

(i) 주절이 1인칭일 경우 종속절에서는 직설법이 온다.

Sire nous avons un besant
***Je croi*** qu'il ***est*** moult bien pesant.(*Av. Comp.*, 150)
Ge cuit qu'il ***fu*** jour deveez
Quant du destre braz vos seignastes.(*Tresc.*, 356).
《*Je crois que vous êtes saigné au bras droit un jour néfaste*》
***Je cuit*** bien que tu ***as*** ancores
au autre non...(*Perceval*, 346)
《*Je pense que tu as un autre nom encore*》

☞ **주의**
하지만 이 경우에도 종속절에 접속법이 올 수 있다.

Par foi, fet Lyoniaus, ***je croi*** bien que ce ***soit*** il, car il resemble molt bien mon seignor.(*Queste*, 3, 32)
Et de ce ***quit je*** bien que vous ***aiiés*** encore plus pour s'amour que je n'ai.(*Trist.*, prose, 104, 17).
《*Je pense assurément que votre amour pour elle vous donne encore plus de folie qu'à moi*》

(ii) 기타 인칭일 경우 종속절에서는 접속법이 온다.

Quant la roïne entent ceste nouvele, ele quide bien tout chertainnement que ce ***soit*** verité.(*Trist.*, prose, 156, 2).
Et lors croient bien tuit cil de la place que Lancelot die voir, et que les letres du pont ***soient*** vraies.(*Queste*, 6, 26).
《*Tous les assistants sont alors persuadés que Lancelot a dit la vérité et que l'inscription sur le pommeau de l'épée était véridique*》

(iii) 의견이나 믿음의 동사가 부정, 의문, 조건문의 형식을 취할 때, 종속절에서는 접속법이 온다.

Car je ne quit qu'il vos en ***avenist*** se honte non.(*Queste*, 28, 6)
Car ier soir nus hom ne ***quidast***
Qu'il ja mais un mot sonnast(*J&B*, 1452)
《*Hier soir, personne n'aurait imaginé qu'il prononçât jamais plus une parole*》

④ 사역동사 구문 : *fere*, *donner*, *otroiier*, *garder*(='faire que, veiller à ce que, permettre que'), *laissier*, *remanoir*, *retenir*, *garir*...(='ne pas faire que, empêcher que, renoncer à')

(i) 보어절이 예상하는 결과의 개념을 표현할 때 접속법이 온다.

et ele fera par son augure,

par merveillos anchantement,
que s'amor ne me ***griet*** noiant.(*Enéas*, 1940)
Or vos gardez que bien come sages
que n'i ***lessiez*** la teste en gages.(*Yvain*, 1332)
Atant otroi que l'en m'en ***arde***
Se ne veez ce que je di.(*Trist.*, prose, 4333)
《*Je consens à ce que l'on me brûle si vous ne voyez pas ce que je viens de vous dire*》

☞ **주의**

사역구문이 부정, 의문, 조건문일 경우 항상 종속절에 접속법이 온다.

Ne puet remaindre que grand estor n'i ***ait***.(*Alis.*, 1315)
《*Il ne peut manquer d'y avoir là un rude combat*》
si tost comme il savroit la verité, il ne leroit por riens qu'il ne s'en ***venchast*** a son pooir.(*Artu*, 67, 21)
《*Dès qu'il apprendrait la vérité, rien ne le retiendrait de se venger au mieux de ses moyens*》
ne nos guerroit or ne arganz
que nos ne ***fusiens*** afolé.(*Renart*, 10131)
《*ni l'or ni l'argent n'empêcherait que nous ne soyons mis à mal*》

또한 사역으로 표현된 사행이 잠재적일 경우, 종속절에 접속법이 온다.

Et ce doint Dex que il vos ***pleise***!(*Yvain*, 1693).
n'i ot si contrefet ne emflé
qui otroiast por Normandie
qu'il ***eüst*** graignor maladie.(*Do Mire*, 336)
《*Pas un n'était assez perclus ni bancal pour reconnaître, lui offrît-on la Normandie, qu'il était le plus malade*》

(ii) 보어절이 효과나 개연성(확률)의 결과를 표현할 때 직설법(현재 또는 미래)이 온다.

A molt grant ponne se retient
mes sires Yveins, a que qu'il tort,
que les mains tenir ne li *cort*.(*Yvain*, 1304)
《*C'est à grand peine que mon seigneur Yvain se retient de courir lui retenir les mains, quoi qu'il en advienne*》
El m'a dit que el fera
que li vassaus *retornera*.(*Enéas*, 1928)
《*Elle m'a dit qu'elle ferait en sorte que le chevalier reviendrait*》

⑤ 평가의 동사 및 구문 : *plaire, amer, haïr, peser, tarder, estre bel, estre bon, estre lait, estre droit, estre mieuz, estre mal, estre grief, estre dolor, soi merveillier*... 현대 프랑스어에서는 이 형태의 동사는 접속법을 요구한다. 하지만 고대 프랑스어에서는 접속법이나 직설법이 올 수 있다.

(i) 평가가 사행에 주어질 때(사행의 실현은 조건에서만 가능) 접속법이 온다.

Mult het chascuns ke il *seit* cous.(*Guig.*, 44, 51)
《*Tout le monde déteste être cocu*》
Si m'aïst Dex, mot me mervel
Que mes niés ma vergonde *ait* quise.(*Trist.*, prose, 629)

(ii) 평가가 사행에 주어질 때(사행의 실현은 실제적이거나 확률적이다) 접속법이 온다.

Mes ce me desabelist mout
Qu'eles *sont* de cors et de vout
Meigres et pales et dolantes(*Yvain*, 5233)
《*Il me déplaît beaucoup qu'elles soient si affligées, si pâles, si maigres de corps et de visage!*》

2) 간접 의문 종속절

간접 의문종속절은 상황절의 접속사 *que*의 역할을 하는 형태소 *se*로 도입되며, 직설법이나 접속법이 올 수 있다.

(1) 직설법

① 주절의 사행이 현실적인 것으로 제시될 때

Or savez vos bien se je ***mant***.(*Yvain*, 3217)
Signeur, vous savés bien por coi nous ***sommes*** cha venu.(*Trist.*, prose, 48, 2)

② 주동사의 목적어가 되는 경우

Dameisele, or me dites donc
se vos ***avez*** besoing de moi.(*Yvain*, 3075)

☞ **주의**

하지만 이 경우에도 접속법이 사용될 수 있다.

Ma dame, je fui en la e Bretaigne... et i demourai bien deus mois et plus pour savoir se je ***peüsse*** aucunes nouveles aprendre de monseigneur Tristan.(*Trist.*, prose, 152, 7).

③ 부정문, 의문문이나 조건문으로 된 경우

ne vos sera mie celé
qui nos ***somes*** et de quelle terre.(*Yvain*, 5247)
Et avez le vos dit de moi
qui je ***sui***? Naie, par ma foi.(*Yvain*, 6704)
Et la dameisele auresi
vet regardant environ li
con s'ele ne sache qu'il ***a***.(*Yvain*, 3089)

(2) 접속법

① 의문이 도달해야할 목표의 방식에 관계할 때

ge ne voi mie comment nus fos Dex
vos en ***puisse*** doner parfeitement guerison.(*Artu*, 41, 24)
mes or me dites de quel part
je le ***siue***.(*Yvain*, 5020)
《*Mais dites-moi de quel côté je dois le suivre*》

② 동사가 취해야 할 결정 앞에서 우유부단함을 표현할 때

Las! dont je sui si abaubis
que ne sai que je faire ***puisse***.(*J&B*, 1843)
《*Hélas! je suis si abasourdi que je ne sais que faire*》
Car je ne puis pas en moi veoir coment je m'en ***puisse***
soffrir.(*Queste*, 17, 11)
《*Je ne sais comment je pourrais supporter cette séparation*》

③ 종속절에서 발화되는 사행에 대해 무관심을 표현할 때

Il avoit son cheval molt chier
quar .XL. livres valoit ;
mais des autres ne li chaloit
s'il i ***fussent*** bien ou malement.(*Tresc.*, 75)
《*mais peu lui importait que les autres fussent bien ou mal*》
Or ne m'est guere ki m'***ocie***.(*Lanval*, 598)
《*Peu m'importe maintenant si l'on me tue*》

3) 종속 관계절에서의 접속법

종속 관계절은 *qui/que, cui, quoi, dont, ou* 등과 같은 대명사로 도입되며, 형용사절과 명사절로 나눌 수 있다. 아울러 동격의 관계절은

독립절의 경우와 서법이 유사하다. 일반적으로 직설법을 요구하지만, 희구의 목적을 포함할 경우, 접속법이 온다.

en dormant a veü celi
***por cui*** ses cuers **muert** et ***cancele***.(*B.I.*, 2467).
Le terme desire ***que*** vos ***aie***.(*B.I.*, 2377)
《*J'attends avec impatience le moment* où *je vous possèderai*》

그러나 한정의 관계절에서는 선행사가 실재성(직설법)을 표현하느냐, 잠재성(접속법)을 표현하느냐의 여부에 따라 법이 달라진다. 일반적으로 다음의 경우, 접속법이 온다.

(1) 관계절에서의 법

① 동격절

항상 직설법이 오지만, 희구를 표현할 때는 접속법 현재가 오기도 한다.

Mout est dame boneuree
Qui de si prodome ***a*** le cuer.(*Dole*, 2545)
《*Elle est bien heureuse la femme qui possède le coeur d'un homme d'une telle valeur*》
Jehan, dist il, a vous m'envoie
Vostres peres, qui Dix ***doinst*** joie.(*J&B*, 1666)
《*Jean, dit-il votre père m'envoie vers vous, que Dieu lui accorde la joie*》

② 제한절(항상 선행사를 동반한다)

(i) 직설법(선행사가 존재가 확실한 사실의 대상일 때)

Si lors est venus au devant

Par *une voie* qu'il *savoit*.(*B.I.*, 1399)
《*Il les rattrapa par un chemin qu'il connaissait*》
Tu seras de meillor cheänce
Que ***chevaliers*** qui i ***fust*** onques.(*Yvain*, 406)
《*Tu ne connaîtras un meilleur sort que n'importe quel chevalier qui s'y soit présenté*》

(ii) 접속법

㉮ 선행사가 부정문일 때

En la vile n'a bon morsel
que vous n'***aiez*** se vous volez.(*Av. Comp.*, 95)
Il n'est si bon maistre qui ne *faille*.(*Proverbes*, 935)
《*Il n'y a pas de bon maître qui ne se trompe*》

㉯ 선행사가 의문문일 경우

Et Galaad demande se il a laienz home qui des plaies au chevalier se *sache* entremetre.(*Queste*, 44, 2)
《*Galaad demande s'il y a là quelqu'un qui soit capable de l'occuper des blessures du chevalier*》
A il ***celui qui*** por mon cors le *face*?(*Cligès*, 2410)
《*Y a-t-il quelqu'un qui le fasse pour moi?*》
Quides tu, fole, que je l'***aille***
dedanz sa maison asaillir?(*Renart*, 11178)

㉰ 선행사가 조건문일 때

E ***s***'il est om qui li ***face*** nul tort,
Ne deit guarir ne a plain ne a bos
De ci qu'il l'ait o recreant o mort.(*CL*, 22)
《*S'il est un homme qui lui fasse quelque tort, ni plaine ni bois ne*

*doivent le lui cacher jusqu'à ce qu'il l'ait vaincu ou tué*》
***Se*** vos dites aval la rue
que cele char ***aiez perdue***...(*Renart*, 4031)
《*Si vous dites dans la rue que vous avez perdu cette viande...*》

㉣ 선행사가 최상급이나 특수한 것을 지칭할 때

Car vous avez... menee ***la plus*** orde vie et ***la plus*** mauvese que onques chevaliers ***menast***.(*Queste*, 54, 20)
Vous estes uns boins cevaliers, ce di je bien, ***un des*** boins que je ***sache*** orendroit.(*Trist.* prose, 116, 30)
Pour ***la plus*** lasse riens qui *vive*.(*J&B*, 1216)
《*Pour la plus misérable créature qui soit au monde*》
... il le fait por le plus predome
Qui soit en l'empire de Rome.(*Perceval*, 11)
《*Il le fait pour* ***le plus*** *grand honnête homme qui soit au monde*》

㉤ 선행사가 접속법이나 명령법을 통해 주절에서 표현된 목표의 대상일 때

Or me doinst Dix service faire
De coi je ***puisse*** avoir vos gres.(*J&B*, 229)

㉥ 선행사가 부정 대명사나 비한정 명사인 경우(이 때 주절은 부정문, 의문문, 조건문 또는 접속법이다)

Ja ne m'en fera main lever
par peor que j'aie de toi.(*Renart*, 10533)
《*Jamais tu ne me feras lever au jour par peur de toi*》
Si passai la mer pour savoir
Se je poroie un maistre avoir
Qui le mien service ***apreïst***.(*J&B*, 143)
《*J'ai passé la mer pour voir si je pourrais trouver un maître qui*

*accepte mon service*》
Ge crieng que en vos se ***soit*** mis
ou fantosme ou Enemis,
qui ainsi vos ***ait*** desvoié.(*Tresc.*, 311)
《*Je crains qu'une hallucination ou même le diable ne soient emparé de vous pour vous égarer*》

㈔ 접속법은 관계절에 목적이나 결과의 가치를 부여할 수 있다.

Atant Enéas a choisiz
dis chevaliers proz et hardiz
qui lo païs ***aillent*** cerchier.(*Enéas*, 359)
《*Aussitôt, Enéas a désigné dix chevaliers particulièrement valeureux pour qu'ils aillent faire le tour de la contrée*》
Et si aiiés pourcachié tant
Que seulement un palefroi
Qui ne ***hanisse*** par esfroi
M'amenés...(*J&B*, 1898)
《*Et faites en sorte de ramener seulement un palefroi qui ne henisse pas de peur*》

③ 조건의 가치를 갖는 관계절

접속법 반과거로 된 명사 관계절은 접속사 *se*로 도입되는 조건의 가치를 갖는다(='si on....')

car qui ***tenist*** d'aus .II. parole,
il n'en ***fussent*** ja vergondeus.(*Rose*, Lorris, 1270)
《*si l'on avait fait sur eux des réflexions, ils n'en auraient pas éprouvé la moindre honte*》
mes qui juene poucins ***eüst***,
chascun jor .I. oisonnet tendre,
bien i ***poïssiez*** atendre.(*Renart*, 10448)
《*si l'on avait de jeunes poulets et pour chaque jour un oison tendre, vous pourriez compter dessus*》

☞ **주의**

(a) 종속절의 주어는 주절의 주어와 다를 수 있다.

(b) 접속법 반과거 대신 *-roit*형이 올 수 도 있다.

Ki en ***voldreit*** dire verté,
Il ***semblereit*** que ce fust fable.(*Enéas*, 7404)
《*Si l'on voulait dire toute la vérité, tout le monde penserait que c'est mensonge*》

4) 상황절에서의 접속법

상황절은 목적 보어절과는 달리 사행에 관계되는 개념을 어휘적으로 표현하는 접속사나 접속사구로 도입된다. 이 때, 종속 접속사는 현실적 형태소 또는 잠재적 형태소로 분류되며, 종속절의 법은 현대프랑스어와 마찬가지로 접속사의 성격에 따라 직설법이나 접속법 형태를 취한다. 선행성의 *avant que*, 부정의 *non que*, 목적의 *afin que*, 양보의 *bien que*, 제한이나 금지의 à *condition que*, *sans que*와 같은 접속사구 다음에서는 일반적으로 접속법이 온다.

(1) 시간절

시간의 상황절은 종속절의 상황에 따라 주절의 사행을 위치시키며, 종속절은 주절과 시간적으로 동시성, 선행, 후행을 표현한다.

① 동시성

종속절이 주절과 시간적으로 동시의 상황을 표현할 경우 다음과 같은 접속사(구)가 온다 : *quant*, *com/come*(='lorsque, quand'), *endementres que*, *endementiers que*, *entrues que*, *que que*(='pendant que'), *si com*(='tandis que'), *des que, si tost com/que, tant tost com/que, lues que, tres que, maintenant que*(='dès que'), *toutes les foiz que...* 대부분의 경우 종속절에는 직설법이 온다.

Quant il l'*oï*, mut en fu liez.(*Lanval*, 171)
Cum cil de la cité ***virent*** l'ost de l'empereur Henri venir, si s'enfuirent(*Const.*, 445)
Endementiers qu'ensi ***hustinent***
Li vint d'aus vers Blonde ceminent(*J&B*, 4287)
《*Pendant qu'ils combattent, vingt autres ennemis s'approchent de Blonde*》
Que que il ***parloient*** ensi
Li rois fors de la chanbre issi.(*Yvain*, 649)
Par le leyon l'a coneü
tantost com ele l'***a*** veü.(*Yvain*, 6662)
《*Aussitôt qu'elle l'a aperçu, elle l'a reconnu* à *son lion*》
Si descendi lues qu'il la ***vit***.(*Yvain*, 2379)
《*Il met pied* à *terre dès qu'il la vit*》

☞ **주의**

(a) 그러나 라틴어의 모방형인 *com(e)*에서는 종종 접속법이 오기도 한다.

E cume uns de ces a senestre en ***parlast*** de une baillie, e altre de altre baillie, nus vint avant et estut devant notre Seignur.(*Rois*, 3, 22)

(b) *tant com/que* 다음에서는 기간이 한정될 경우 직설법, 한정되지 않을 경우 접속법이 온다.

Nus essoines ne vos atant
Tant com vos ***sovanra*** de moi.(*Yvain*, 2600)
Mes les trois paroles dont il a esté apelez n'a il pas oubliees ne n'oubliera ja mes tan come il ***vive***.(*Queste*, 61, 27)

(c) 장소의 부사 *ou*는 두 사행의 시작에서 동시성을 표현하며 시간의 가

치(='dès que')를 갖는다. 특히 이 장소의 부사는 무훈시의 문두에서 *veoir* 동사와 함께 쓰인다.

***Ou voit*** ses homes, ses a aresonez.(*Nîmes*, 849)
《*Dès qu'il aperçoit ses hommes il se met à les haranguer*》

(d) 마찬가지로 부사구 *la ou, ou que*는 'tandis que', 'dès que'의 의미로 사용되었다

***La u*** il cevauchoient tout le grant chemin... il lour avint adont k'il encontrerent une demoisele et un esquier.(*Trist.*, prose, 130, 1)
《*Tandis qu'ils allaient le long du grand chemin.. ils rencontrèrent une jeune fille et un écuyer*》
... il est venuz a la valee,
dedanz la cort ou li rois siet.
***Ou qu'***il le vit, as piez li chiet.(*Renart*, 938)
《*il est arrivé dans la vallée, à la cour où siège le roi. Dès qu'il le vit, il tomba à ses pieds*》

② 선행성

(i) 'avant que'를 의미하는 접속사구 : *ainz que, ainçois que, devant (ce) que, avant (ce) que.* 대부분의 경우 접속법이 온다.

Molt pooist li sire huchier
ainz que d'ax ***eüst*** nul aïe!(*Tresc.*, 93).
《*Le seigneur aurait bien pu s'égosiller avant de recevoir la moindre aide de leur part*》
Ainçois que ele ***preïst*** fin
De la dolour qu'ele demaine,
Perdi trois fois pous et alaine.(*J&B*, 1258)
《*Avant que sa douleur ne s'apaise, Blonde s'évanoüt trois fois*》
Et sachiez que ge ne serai jamés a ese devant que ge sache qui il est.(*Artu*, 20, 33).

Avant qu'il ***peüssent*** parler
Les estut entresaouler
De cinc cens baissiers saverous.(*J&B*, 1819)
《*Avant de pouvoir parler il leur fallut cinq cents baisers pour se rassasier l'un de l'autre*》

☞ 주의

(a) 이 때 접속사구는 서로 분리될 수 있다.

Bien sai que li marchiez es loing ;
je avroie ***ainz*** maint pas marchié
***que*** venuz fuse dou marchié.(*Renart*, 10807)
《*Je sais que le marché est loin et j'aurais bien des pas à faire avant d'être revenu*》

(b) *devant (ce) que*와 *avant que*에서 직설법(일반적으로 미래)이 사용된 예도 발견된다.

il ne finera ja mes d'errer devant que il ***savra*** coment ce est que li Sainz Graaux s'apert en tant leux ou roiaume de Logres.(*Queste*, 60, 27)
《*il ne cessera sa quête avant de savoir pourquoi le Saint-Graal se manifeste ainsi un peu partout dans le royaume de Logres*》

(ii) 'jusqu'à ce que'를 의미하는 접속사구 : *tant que, tres que, josque, josqu'atant que, de si que, dusques, atant que*(='jusqu'à ce que'). 대부분의 경우 접속법을 사용하지만, 사행이 개연성을 가질 때 직설법을 사용하기도 한다.

S'estez en pes tant que je ***veigne***.(*Yvain*, 1336)
《*Restez tranquille jusqu'à ce que je revienne*》
Et li Desciouneüs s'en vait

Tant que il *vint* a la cité.(*B.I.*, 2853).

(2) 목적절 : *a ce que, pour ce que, afin que*: 접속법이 온다.

s'espee tret et vint avant
et met l'escu devant sa face,
***que*** la flame mal ne li ***face***.(*Yvain*, 3361)
《*tirant son épée, il s'avance et met son bouclier devant lui afin que la flamme ne le brûle*》
Sachiez qu'il ne chevauche fors de nuiz ***por ce qu'***il ne ***soit*** conneüz.(*Artu*, 11, 24)
《*Sachez qu'il ne voyage que la nuit afin de ne pas être reconnu*》

(3) 원인절

① *por ce que, par ce que, par tant que, por que* : 직설법 동사가 온다.

Quant li chevalier siudre n'osai
que folie feire ***dotasse***.(*Yvain*, 551)
《*Je n'osai suivre le chevalier: j'aurais eu peur de commettre une folie*》
Cil enfes fu Silves nomeiz,
***Por tant qu'***en la selve fu neiz.(*Brut de Munich*, 284)
《*Cet enfant fut appelé Silve parce qu'il était né dans la forêt*》

② *que, car*

접속사 *que*는 'car'의 의미로 사용되기도 하며, 'car'는 종속 접속사로 *parce que/puis que*의 의미로 사용되었다. 둘 모두 직설법 동사가 온다.

Sire, fet il, or aiez pes,
***que*** ja par moi nus nel ***savra***.(*Yvain*, 745)
*《Seigneur, dit-il, soyez tranquille car personne n'en saura rien de mon fait》*
Plaindre se doit qui est batuz;
et je me plaing, si ai reison,
***que*** vos m'***avez*** de ma meison
fors chacié a foudre et a pluie.(*Yvain*, 50)
*《Quiconque est battu doit se plaindre ; et je me plains avec raison puisque vous m'avez chassé de ma maison par la foudre et la pluie》*

③ *quant, dès que, puis que, des puis que* : 종속절은 접속법

Or ai canques j'ai demandé,
Quant j'***ai*** Cliquet et Pinchedé:
Mout les desirroie a veoir.(*Nicolas.*, 72)
*《J'ai tout ce que je pouvais demander, puisque j'ai Cliquet et Pincedé; j'avais grande envie de les voir》*
Por Deu, ne me celez vos pas,
des que vos tant dit m'an ***avez***.(*Yvain*, 4943)
*《Par Dieu, puisque vous m'en avez tant dit, ne me cachez pas le reste》*
Dist la pucele : Dius aïe!
Puis qu'il vos siet, or i alons(*B.I.*, 2565).
*《A la grâce de Dieu! répondit la jeune fille, puisque vous y tenez allons-y》*

(4) 결과절 : *issi que, si ... que(que), tellement ... que, tel que, si ... que, en telle maniere que*

결과절에서는 주로 접속법 동사가 오며, *tellement que*는 *si que* 대신 사용되기도 한다. 특히 *tant*은 부사나 형용사와 함께 결과를 표현한다.

S'il vous plaist, faites le mander
si ke je ***puisse*** a lui parler.(*J&B*, 1652)
《*...afin que je puisse...*》
Tant fist li rois Uterpandragon k'il ot la dame... et tant li plot la compaignie de la dame que volentiers l'***eüst*** li rois retenue.(*Trist.*, prose, 132, 16)
《*...la compagnie de la dame lui plut tant qu'il l'eût bien volontiers retenue*》
mais il ne set tant retorner
que a dormir **puisse** assener.(*Tresc.*, 186).
《*mais il a beau se retourner, il ne parvient pas à dormir*》

(5) 비교절 : *si(aussi, ainsi, ensement, tel, itel, autel, tant) ... comme, autre(meilleur, pire, plus, moins) ... que*

① *comme*로 도입되는 비교절 : 일반적으로 직설법

Et dist que si bele n'est mie
Con s'amie ***est***, ce dist, sans faille.(*B.I.*, 1601)
《*il affirme que nulle n'est plus belle que son amie, c'est ce qu'il dit*》

② *que*로 도입되는 비교절 : 일반적으로 직설법

Lors s'en part que plus n'i demore,
mes einçois molt prié li ot
li sires, plus bel que il ***pot***,
qu'il ses quatre filz an menast.(*Yvain*, 4300)

하지만 주절이 긍정문일 경우, 열등 비교절에서(허사 *ne*와 함께) 접속법을 사용한다.

Par mi le pis plus grosse estoit
Que un vaisseau d'un mui ne ***soit***.(*B.I.*, 3138)

*《Son poitrail était plus gros qu'un tonneau d'un muid》*
Je vodroie mieuz estre en biere
que la promesse n'en ***portasse***.(*Renart*, 9439)
*《Je préférerai être dans une bière plutôt que de renoncer à ce que tu m'as promis》*

> ☞ **주의**
>
> (a) *com(e)* 또는 *com(e) se*로 도입되는 조건의 비교절에서는 접속법 반과거를 선호하였다.
>
> Et lors commencierent damoiseles a aporter mes, comme s'il ***fussent*** bien porveü de la venue le roi.(*Artu*, 49, 6).
> *《Des jeunes filles se mirent à apporter des plats comme si l'on avait été prévenu de l'arrivée du roi》*
>
> (b) 이 경우에도 접속법 현재가 쓰이기도 하였다.
>
> Et la dameisele autresi
> vet regardant environ li
> con s'ele ne ***sache*** qu'il a(*Yvain*, 3049)
> *《La demoiselle regarde tout à l'entour, comme si elle ne savait ce qui se passe》*

(6) 양보절 : *bien que, quoi que, même si, nonobstant que, combien que, ja soit que, neantmoins que*

양보의 의미를 표현하는 이들 종속절에서는 접속법과 직설법이 모두 올 수 있다.

① 라틴어의 영향으로 종속 접속사 없이 시간의 부사(*encore, ja*)나 양의 부사(*tant, tot, bien*)로 문장이 시작될 수 있다.

N'i avra cil, ***tant*** ait le cuer osé,
Rois, amirés, n'aumaçor ne Escler
Qui de peor n'***ait tot*** le sans müé.(*Alis*., 1924)
《*Il n'y en aura pas un - roi, émir, prince, Sarrasin - si audacieux soit-il, qui ne soit bouleversé de peur*》
***Encore*** par ***fust*** il atains
Ses cuers en est un peu plus sains.(*J&B*, 1272)
《*Bien qu'il fût encore très malade, il n'en ressentait pas moins quelque réconfort*》

양보구 *veuille ou non, sache ou non, soie ou non*에서도 부사가 생략될 수 있다.

et einsi malades comme il iert vouloit il venir au tournoiement, ou ses mires ***volsist*** ou non.(*Artu*, 41, 105)
《*Malade comme il l'était, il tenait à se rendre au tournoi, que son médecin le veuille ou non*》
Sire cevaliers, fait Lancelos, u ***soiés*** faus u ***soiés*** sages, ne m'alés ensi reprendant.(*Trist*., prose, 108, 24)
《*Seigneur, chevalier, interrompt Lancelot, que vous soyez sage ou fou, cessez vos critiques*》

② 그러나 고대 프랑스어기에 부사 *ja, tant, bien, encore*, 접속사구 *ja soit (ce) que, tout soit (ce) que, bien soit (ce) que, encore soit (ce) que*로 굳어진다.

***Ja soit ce qu***'il n'en fait sanblant
le cuer en a tritre et dolant.(*Renart*, 2923)

③ *come que, comment que, combien que*(='de quelque façon que, quel que soit le nombre que') : 접속법

Jehans, ***comment que*** il li ***grieve***,

Se vest et huese et appareille.(*J&B*, 1982)
《*Bien que cela lui en coûte, Jean s'habille, se chausse et se prépare*》
Aprés, ***combien que*** il me ***couste***
Li prierai c'a Pentecouste
Me viegne faire honour et feste.(*J&B*, 4913)
《*Ensuite, même si cela me coûte, je le prierai de venir m'honorer de sa présence à la Pentecôte*》

④ *qui que*(='quel que soit celui que'), *que que/quoi*(='quel que soit ce que'), *cui que*(='quelque soit celui à qui') : 접속법

Je i ferrai, ***qui qu'***en ***poit*** ne qui ***rie***.(*Alis.*, 519)
《*Je vais frapper, que cela plaise ou non*》
mes ***que qu'***il l'en ***aveigne*** aprés,
eidier li voldra il adés.(*Yvain*, 3369)
《*quoi qu'il lui advienne ensuite, pour le moment, le chevalier veut l'aider*》
lo dist as deus li estuet faire,
***a cui que viegne*** a contraire.(*Enéas*, 1868)
《*il doit accomplir la volonté des dieux, quoi qu'il advienne*》

(7) 제한 · 조건의 종속절 : *par tel covent*(*covenant, condicion, achoison*) *que*(='à condition que'), *por ce que, por quoi que* (='pour peu que, pouvu que'), *mais que, que*(='à condition que')

① *par tel covent*(*covenant, condicion, achoison*) *que*(='à condition que') : 직설법 미래

Volontiers a vus m'atriwerai ***par tel cuvent que*** a chascun de vus l'oil estre ***creverai***.(*Rois*, 1, 9)
《*J'accepterai de faire alliance avec vous à condition de crever l'oeil droit de chacun d'entre vous*》

② *por ce que, por quoi que*(='pour peu que, pouvu que'), *mais que, que*(='à condition que') : 접속법

nus n'est si pechierres, ***por qu'***il ***requiere*** de bon cuer la misericorde Nostre Seignor, qu'il ne la truist.(*Queste*, 55, 20)
《*même le pécheur le plus endurci obtient la miséricorde de Notre Seigneur, pourvu qu'il la demande sincèrement*》
mes la sanz faille vendra il ***por quoi*** il ***soit*** en cest païs et en sa delivre poesté.(*Artu*, 37, 13)
《*il est sûr qu'il y viendra, pour peu qu'il soit dans ce pays et libre de ses mouvements*》
ja, ***que*** je ***puisse***, n'i morroiz!(*Yvain*, 3717)
《*Vous ne mourrez pas, pour peu que je puisse l'empêcher!*》

(8) 조건절 : *si, ou cas que, supposé que, posé que, mais que*

① 조건절 없이 사용된 조건의 개념 : 접속법으로 표현

Nu ***fust*** la volanté as deus...
ne rovasse de vos partir.(*Enéas*, 1769)
《*N'eût été la volonté des dieux... je n'aurais pas demandé à vous quitter*》
(les sept frères) retenoient toutes les puceles qui en cest païs venoient ou ***fust*** a tort ou ***fust*** a droit.(*Queste*, 34, 30)
《*Les sept frères retenaient, à tort ou à raison, toutes les jeunes filles qui se présentaient dans la contrée*》

② *se*로 도입된 조건절

(i) 직설법 현재 : 실현가능한 일

si te ***metrai*** en haut degré

se mauvestié ne le te tost.(*Rose*, Lorris 2025)
《*Je te placerai en haut rang si quelque indignité ne t'en fait déchoir*》
Puis dist: El cors me ***fiere*** goute,
se je ne ***sai*** s'il voient goute!(*Av. Comp.*, 32)
《*Que la goutte me frappe, se dit-il, si j'arrive pas à avoir, s'ils y voient quelque chose!*》

(ii) 직설법 반과거 : 현재나 미래에서 실현 불가능한 일(*-roit*형)

... grant enor
vos an ***vanroit*** et grant baudor,
se laianz ***estoit*** li chevaus.(*Enéas*, 1131)
《*si le cheval se trouvait chez vous, une grande puissance et une grande force en découlaient pour vous*》

(iii) 접속법

ⓐ 접속법 반과거 : 「se + 접속법 반과거, 접속법 반과거」 과거에서의 불확실한 사실이나 현재의 실현 불가능한 사실을 표현

... il ***cuidast*** bien estre repris
ou de murtre ou de larrecin,
se en s'estable ***eüst*** roncin.(*Rose*, Lorris, 1114)
《*il aurait cru être blâmé comme d'un meurtre ou d'un larcin s'il avait eu dans son écurie une rosse*》
Certes, se vos bone *fussiez*,
jamais par voie n'***alissiez***.(*Tresc.*, 337)
《*Certes, si vous aviez été une femme honnête, vous ne seriez pas allée courir les rues*》

ⓑ 접속법 대과거 : 「se + 접속법 대과거, 접속법 반과거」 ;
「se + 접속법 반과거, 접속법 대과거」

Ne ja mes ne ***fausist*** l'avanture... se Diex ne vos i ***eust amené***
por la mener a chief.(*Queste*, 39, 27).
《*Jamais l'aventure ne se serait terminée... si Dieu ne vous avait conduit ici pour la mener à bien*》
Morz i ***eüsse esté*** et pris
Se ne ***fust*** vostre biene aïe.(*Yvain*, 3638).

ⓒ 접속법 대과거 : 「se + 접속법 대과거, 접속법 대과거」

grant mestier t'***eüst eü***
mon los, se ***eüsses creü***.(*Renart*, 11111)
《*mon conseil t'aurait été très utile si tu l'avais écouté*》

ⓓ 접속법 : 「se + 접속법, 직설법」

onques ne ***fu*** meillor païemme
s'ele n'***eüst*** amor soltaine.(*Enéas*, 2141)
《*il n'y aurait pas eu meilleure païenne si cet amour ne l'avait surprise*》

(9) 배제 및 예외의 종속절 : *sauf si*, *pourvu que*, *pour peu que*...

① 부정의 결과로 해석되는 배제의 종속절 : *sans que*로 해석

Ne ne porra none passer,
Qu'il ***n'ait*** einçois si l'ame rendue.(*Cligès*, 5691)
《*Et le milieu de la journée ne passera pas qu'elle n'ait auparavant rendu l'âme*》

② *sanz* (*ce*) *que*(='sans que', 'mis à part que'), *fors que*, *fors tant que*, *mais que*, *ne mais que*, *sauf* (*ce*) *que*

(i) *sanz (ce) que* : 접속법이나 직설법

***Sanz ce que*** nus d'als d'***oïst*** dire
conoissoient trestut lo roi.(*Enéas*, 714)
《*Tous reconnaissaient le roi sans qu'aucun d'eux l'ait entendu nommer*》
Et quant vos orroiz ce, vos retorneroiz a Kamaalot ***sanz ce que*** vos n'***avroiz*** gueres fet de vostre preu en ceste Queste.(*Queste*, 159, 33)
《*Quand vous aurez entendu cette réponse, vous retournerez à Camaaloth sans avoir tiré grand profit de cette quête*》

(ii) 기타의 배제 및 제외의 접속사구에서는 사행이 현실적인 것으로 제시될 때, 직설법을 사용하며, 그렇지 않을 경우 접속법을 사용한다.

Or n'i a donc nule autre chose,
***Mes que*** je l'***aim*** et soe sui.(*Cligès*, 1037)
Or n'i a plus ***mes que*** ça ***veingne***.(*Ibid.*, 5518)
《*Elle n'a plus rien à faire qu'à venir*》

(10) 형태소 *que*로 도입된 종속절

단순 연결사인 형태소 *que* 다음에서 사용된 접속법은 문맥에 따라 다양한 의미로 해석할 수 있다.

(Rien) Ne me feroit ou cuer descendre
Voulenté ***que*** tel gent ***amasse***.(*Gal*, 1579)(='à savoir')
《*Rien ne pourrait me donner le désir d'aimer de tels gens*》
Il a poor de Lancelot ***qu'***il nel ***sache***.(*Artu*, 27, 17)
《*Il a peur que Lancleot ne le sache*》

조건의 종속 접속사 *si(se)*가 *que*로 반복되거나 생략된 경우에도

반드시 접속법이 온다.

Et *se* Deus le velt consnetir
***e que*** a lui ***vienge*** a plaisir,
bien le feron d'ore en avant.(*Rou*, 8917)

(11) 관계절이나 부정사절 : *quel ... que, quelque ... que, quel que, quoi que, quiconques ... que, quelconques ... que, qui que*

관계절이나 부정사절 *quel ... que, quelque ... que* 다음에서는 접속법이나 직설법이 모두 가능하다.

A ***quelque*** poinne ***se dreça***.(*Erec*, 3036)
En ***quelque*** leu ***qu'***il onques ***aut***.(*Yvain*, 5797)

하지만 *quel que, quoi que, quiconques ... que, quelconques ... que, qui que, que que* 다음에서는 접속법이 주로 사용되었다.

La raïne ne l'an croit gaire,
***que qu'***el li ***die*** qu'ele n'aint.(*Enéas*, 8462)
***Quel c'onques*** voie ***que*** je ***tiegne***(*Perceval*, 7016)
***Quelque*** pesance ***qu'***il en ***ait***.(*Cligès*, 172)

(12) 명령법 3인칭 구문에서도 접속법이 사용되었다. 이 경우 중세 프랑스어에서 형태소 *que*의 사용은 임의적이었다.

Ferez Franceis! nul de vus ne ***s'ublit***!(*Rol.*, 1258)
《*Frappez, Français! Qu'aucun de vous ne faiblisse!*》
Fei croiz sor toi et te ***sovaigne*** de Deu.(*Charrette*, 344)

### 3.4.3. 명령법(Impératif)

고대 프랑스어의 명령법은 현대 프랑스어와 마찬가지로 2인칭 단수, 1·2인칭 복수의 3가지 인칭을 사용하며, 주어 인칭대명사의 생략은 현대 프랑스어에서보다 더 유동적이었다.

1. 명령법은 명령이나 기원을 표현한다.

*Guaris* de mei l'anme de tuz perilz
Pur les pecchez que en ma vie fis.(*Rol.*, 2387)
***Pren*** la coronne, si seras coroné;
O se ce non, filz, ***laissiez*** la ester.(*CL*, 69)

2. 명령법은 현대 프랑스어와 마찬가지로, 모든 동사의 직설법 현재 2 인칭 단수, 1·2인칭 복수의 주어 인칭 대명사의 생략을 요구하지만 절대적인 용법은 아니었다.

Or cha, sus, Walet, ***passe*** avant!(*Feuillée*, 340)
Or en ***faisons*** tout le veel!(*Feuillée*, 376)
《*Faisons donc tous les veaux*》

☞ 주의

(a) 직설법 명령법에서 주어 인칭대명사는 생략되지 않을 수 있다.

Mais *vous* plourés et je rirai.(*Ba*, 103)
《*Mais pleurez, vous et moi je rirai*》
Garde ne demorer *tu* pas.(*Yvain*, 734)
《*Toi, prends garde à ne pas traîner*》

(b) 접속법의 경우, 단수 2 · 3인칭, 복수 2인칭 주어 인칭대명사의 생략은 임의적이다.

Quant ceste terre ne vos vient a talant,
si m'*aïst Deus*, grainz en sui et dolant.(*Nîmes*, 582)
Fel vilain, que *Dex* te *maudie*!(*Renart*, 9717)

3. *estre*, *avoir*, *savoir*, *voloir*, *pooir* 동사의 2인칭 명령은 접속법 형태를 취한다.

*Saches* que ta fins est venue.(*Perceval*, 3819)
Ostez vos dras, *aiez* les mines vestus(*Ami*, 1031)
Dame en bonté naïve.(='innée')
Ne mi *soiés* eskive(='dangereuse').(*Villh*, 195)

4. 부정법도 다음과 같이 명령을 표현할 수 있다. 특히 *or du*로 명사화된 독립절에서

Seigenur, fet il, *or del monter*.(*Artu*, 94)
《*Allons, en selle*》
Ha! Bertran, sire, *or del contraïer*!(*CL*, 1178)
Sains Sepulcres, aïe! Segneur, *or du bien faire*!(*Nicolas*, 396)

5. 명령문은 *or*와 *donc*으로 강조할 수 있으며, 이 때, 명령문의 목적보어 인칭대명사는 동사 앞에 놓인다.

*Or* tost *doncques* de l'atourner.(*Gal*, 424)
《*Dépêchez-vous donc de la préparer*》

6. 일부 명령이나 금지를 표현하는 목적절에 명령법이 올 수 있다.

Or vous pri que vous me *dites* quele aventure vous

mainne(*Trist.*, prose, 17)
Gardez, se vos pansez foilie,
Que por ce ne la ***feites*** mie.(*Yvain*, 1328)
《*Prenez bien soin, si vous imaginez quelque folie, de ne pas la mettre pour autant à exécution*》

7. 긍정 명령문에서 목적보어 인칭대명사는 말음절에 위치하지 않을 경우 비강세형이 온다.

Or ***me*** lessez parler a mun ruiste barnage;
Si vus en respondrai volenters par guionage.(*Voyage*, 657)
Pour Dieu, ***m'esmouvés*** mie noise!(*Feuillée*, 287)
《*Pour Dieu, ne causez pas de scandale!*》

☞ 예외

하지만 다음과 같은 예외도 찾아볼 수 있다.

Eslisez ***mei*** .XII. de vos baruns,
Sim cumbatrai as .XII. cumpaignons.(*Rol.*, 877)
Sire, ***oiez*** moi, pour Dieu merci!(*Théophile*, 602)

# 4. 불변사(Mots invariables)

## 4.1. 전치사(Préposition)

고대프랑스에서 전치사는 광의의 통사 의미적 특성을 보인다. 특히 그 기능의 차이에 불구하고 전치사와 부사의 경계가 불분명한 경우가 많으며(cf. 현대프랑스어에서도 여전히 전치사와 부사의 경계를 구분하는 것이 애매한 경우가 많다 : *après, avec, contre, depuis, derrière*). 전치사의 접두사 *de*-를 비롯하여 *derriers*에서처럼 부사형 어미 *-s*가 전치사의 용법으로 사용되는 경우도 흔하다(cf. ***deriers*** son dos mist son tinel poser, *Aliscans*, 4448 ; ***deriers*** trossé son hauberc fremillon, *Ibid.*, 2743). 아울러 고대프랑스어에서 전치사는 철자의 교착이 제대로 이루어지지 않거나((*a val*(Guig., 100, 266), *aval* ; *a vis*(Guig., 535), *avis*; *arrire, a rire*), 비음 앞에서의 철자의 동화현상(en/an) 또는, 정관사와의 모음합축(enclise)(cf. 정관사의 모음합축)도 통용되었다.

고대 프랑스어에서 가장 많이 사용된 전치사는 à, *de, en, par*로 이들 전치사는 단독으로 보어 앞에 위치하거나, 전치사의 전·후에 놓여, *emprés de, par dessous, d'encoste, au long de, en sus de, au dessus de, par devers...* 등의 전치사구를 만들기도 하였다.

### 4.1.1. A(<ad, ab)

전치사 a는 고대 프랑스어에서 가장 통용된 형태소이다. 현대 프랑스어와 마찬가지로, 전치사 à는 명사, 대명사, 부정법의 보어로 방향이나 시간적 한계, 목적 등을 표현한다. 하지만 아무런 의미를 갖지 않는 허사적 용법의 à의 경우도 찾아볼 수 있다.

1. 방향이나 체류(='vers, pour, sur, contre')

Il vindrent ***a*** l'ostel ou il avoient la nuit devant jeü.(*Artu*, 21, 27)
《*Ils parvinrent* à *leur retraite de la nuit précédente*》
Maiudre de moi ***a*** vos m'anvoie.(*Yvain*, 5064)
《*Une femme bien supérieure* à *moi m'envoie vers vous*》

2. 한정된 장소 및 공간이나 시간에서 위치를 지시

***A*** treis liwes de Tur.(*Becket*, 4442)
《*A trois lieues de Tours*》
Ja vos cuidons nos trover ***a*** Kamaalot.(*Queste*, 2, 18)
***Au*** jor de Pasque.(*Erec*, 27)
《*Le jour de Pâques*》
Metez le sege ***a*** tute vostre vie.(*Rol.*, 212)
《*Mettez-y le siège pendant toute votre vie*》
Car d'une aventure s'esmaient
Qu'il atendent ***a*** l'andemain.(*Yvain*, 3820)
《*Car ils sont angoissés par un terrible* évènement *qu'ils attendent pour le lendemain*》

> ☞ **참조**
> 17세기에도 전치사 *a*는 공간 및 시간을 표시했다.
>
> Mais que diable alloit-il faire à cette galère?(*Fourberies de Scapin*, II, 7)
> Il condamne ***au*** matin ses sentiments du soir?(Boileau, *Satires*, VIII)

3. 목적

***A*** cel message fu esliz li cuens Hues de Saint Pol.(*Villh.*, 53)
《*Pour ce message fut choisi le comte Hugues de Saint-Pol*》

4. 소유나 가족을 나타내는 명사의 한정보어

La fille ***al*** rei l'oï numer.(*Eliduc*, 273)
La Pucele ***as*** es Mances.(*Perceval*, 5437)

5. 수단

***As*** ialz la quiert.(*Yvain*, 4341)
《*Il la cherche des yeux*》
... ge t'ocirrai ***a*** mes deuz meins.(*Artu*, 164, 10)

6. 방법(='selon, avec')

Nous ferons volentiers markiés ***a*** vous.(*Clari*, 6, 25)
《*Nous ferons volontiers affaire avec vous*》
***A*** joie les rechut.(*Rou*, 2, 1563)
《*Il les reçut avec joie*》

> ☞ **참조**
> 17세기에도 전치사 *a*는 수단을 표현하였다.
>
> ***A*** faute d'être on peut se faire craindre(Corneille, *Toison d'or*, III, 4)
> Le marchand **à** sa peau devoit faire fortune(La Fontaine, *Fables*, V, 20)

7. 멀어짐이나 격리를 표현에서(='prendre congé à')

Prenons congié ***au*** roi.(*Artu*, 36, 80)
Si l'acata li visquens de ceste vile ***as*** Sarasins.(*Aucassin*, 2, 30)

8. 동사 사행의 상황보어로 원인, 수단, 방법, 동반을 표현

***Al*** doel qu'il ad s'en est turné plurant(*Rol.*, 2839)
《*Sous l'effet de la douleur, il est parti tout en larmes*》
Je cuit qu'il est ***a moi corrouciez*** d'aucune chose.(*Artu*, 89, 5)
Ce fist ele ***a*** ses beles mains(*Aucassin*, 24, 79)
《*Elle l'a construite de ses belles mains*》

## 9. 부정법으로 된 사행의 동작주

Sire, me fetes vos droit de donner ***a*** la reïne si lonc respit.(*Artu*, 68,30)
Des esperons ***au*** cheval done.(*Erec*, 206)

## 10. 형용사, 부사 또는 부정법의 보어를 도입

Car se il vos a esté plus ***larges*** que ***a autre***.(*Queste*, 63, 21)
Je cuit qu'il est ***a moi corrouciez*** d'aucune chose.(*Artu*, 89, 5)
La tombe qui n'estoit mie ***legiere a lever***...(*Queste*, 37, 26)

## 11. 사역 · 지각동사나 인지 동사와 함께 동사의 부정법 목적어 : *avoir a*, *faire a*, *entendre*, *desirer*, *covenir*, *faire*, *laissier*, *tenir*, *considérer*, *connaître*, *témoigner*, *pooir*, *voloir*, *devoir*, *estovoir*, *savoir*, *oser*, *aler*, *venir*, *veoir*, *oïr*, *sentir*, *cuidier*, *croire*...

A! las, tan ***avons a*** plorer(*Béroul*, 833)
《*Hélas!, comme nous avons raison de pleurer*》
Toute jor ***entendirent a*** eus logier.(*Artu*, 108, 13)
《*Ils passèrent toute la journée* à *s'installer*》
L'emprereür li ***cumande a*** garder(*Rol.*, 2527)
《*Il lui commande de veiller sur l'empereur*》

☞ **참조**

하지만 일부 동사에서는 전치사 *a*와 함께 사용되기도 하지만, 생략되는 경우도 있다.

> Del duel ne ***convient*** mie ***a*** parler qui illuec fu faiz.(*Villh*, 37)
> D'autre chose ***covient*** parler.(*Renart*, 810)
> Cil qui jusques ci m'a ***soufert a*** avoir victoire en touz les eus...(Artu, 60, 81)
> ...ou tu ***sofris*** ton nain anrievre ferir la pucele ma dame(*Erec*, 1012)
> Molt ***desirroient a*** oïr noveles de la cort.(*Artu*, 105, 20)
> Mes vostre non savoir ***desir***.(*Erec*, 4485)
> Mais ele ne lor ***sot a*** dire qui ele estoit.(*Aucassin*, 36, 6)
> Ne de nule autre ne me ***sai*** porpenser.(*Nîmes*, 409)
> Si ***commencent*** aler selonc le rive.(*Aucassin*, 28, 3)
> Lor duel ***commencent*** remembrer.(*Thèbes*, 6745)
> Si li dist ce que Lancelos li avoit ***commandé a*** dire.(*Artu*, 110, 8)
> Ses chevax ***comande*** anseler.(*Erec*, 1412)

12. 지배동사와 함께(주로 'estre + a'), 소속이나 인접개념을 표현한다.

***A qui*** estes? dites le moi.
- sire, fet il, je sui ***au*** roi.(*Renart*, 29167)
A cui iés-tu? -Je sui ***au*** roy
si port son seel et son brief(*Nicolas*,266)
《*A qui est-tu? - Au roi. Je porte son sceau et son message*》

13. 'tenir, considérer, connaître, témoigner'의 의미를 갖는 동사와 함께 속사를 도입한다.

,,, car d'ausi haut lignage estoient il com il estoit, et por ce ne se ***tendroient*** il plus ***a*** si deciple(='pour ses disciples').(*Queste*, 76, 14)

Ge l'oï tesmongnier ***au*** meilleur chevalier del monde.(*Artu*, 41, 119)

14. 명사, 형용사, 대명사, 수사 사이에 놓여 평행, 유사성을 표현한다 : *per a per, un a un, nu a nu, queue a queue.....*

Uns nains, fel come boz anflez,
les ot ***coe a coe*** noez.(*Yvain*, 4097)
Je vos voldroie ja santir
an un lit certes ***nu a nu***.(*Erec*, 3390)
Tot ***un a un*** les menez en cel pré.(*Nîmes*, 287)

15. 부가사로서 명사를 특성을 표현한다. 이 경우 *o/od*와 경쟁한다 : *Li chevlaiers au lÿon* ; *Li chevlaiers a la charette* ; *Guillaume au cort nes* ; *Berte aux grans piés*.

Li emperere ***od*** la barbe flurie(*Rol.*, 2605)
《*L'empereur* à *la barbe blanche*》
Nicolete ***od*** le vis cler(*Aucassin*, 13, 1)
《*Nicolette au visage lumineux*》
Ce vilain ***a*** l'aumunche(*Nicolas*, 506)
《*Ce manant* à *bonnet*》

16. 서술(narration) 부정법을 도입할 수 있다

Voit s'en, iceles ***a orer***
Que malfiés le puist devorer(*Eracle*, 2555)
《*Il s'en va et elles de prier que le diable puisse le dévorer*》
Vers Deu te puez bien adrecier,
***Et*** li paiens ***a courecier***.(*Ibid.*, 5781)
《*Tu peux bien adresser ta prière* à *Dieu, et alors, paiens de se courroucer*》

## 4.1.2. De(<de)

전치사 *de*는 '멀어짐'을 의미하는 대표적인 형태소로 고대프랑스어에서 다양한 용법으로 사용되었다. 하지만 *de*의 허사적 용법도 흔히 발견되며, *que*(='ce que c'est que de vous')와의 결합도 가능하다. 아울러 'c'est + 속사'의 부정법을 도입할 수 있다.

Li cols devale par ***de*** desus l'arçon.(*CL*, 1043)
《*Le coup descend par-dessus l'arçon*》

1. 방향(멀어짐) 이나 출발

Au matin s'en parti Boorz ***de*** la cité de Kamaalot.(*Artu*, 6, 1)
《*Le matin, Boort quitta la cité de Camaalot*》
***De*** .XV. liues en ot hom la rimur.(*Rol.*, 817)
《*A une distance de quinze lieues on en entend le bruit*》

2. 시간(기원)(='à partir de, depuis, vers, à')

***D'***hui en tierz jor. ***D'***ui en quinze jors(*Artu.*, 40, 6)
《*Dans deux jours. D'aujourd'hui en quinze*》
Et l'endemain, ***de*** halte hore, si vindrent a une bonne ville.(*Villh.*, 226)
《*Et le lendemain,* à *une heure avancée, ils arrivèrent* à *une bonne ville*》

3. 소유, 칭호 및 관계(='au sujet de, pour ce qui est de')

Li glorïeus, li rois ***de*** majesté.(*Nîmes*, 2)
《*Le glorieux, le roi majesteux*》
Ma lasse ***d'***ame.(*Gautier de Coinci*, II, 98)

《*Ma pauvre âme*》
En Rencesvals est tart ***del*** repairer.(*Rol.* 2483)
《*Pour ce qui est de revenir à Roncevaux, c'est trop tard*》

4. 소속, 기원, 출생, 가계를 표현할 수 있다.

Et dont iés-tu? - Roys, ***d'*** outre mer.(*Nicolas*, 369)
《*Et toi, d'où viens-tu? - Roi, d'au-delà de la mer*》
***De*** la cort le roi Artus sui(*Erec*, 653)
《*J'appartiens à la cour du roi Arthur*》
Il est grec, ***de*** Grece né.(*ElieSG*, 3377)
《*Il est grec, originaire de Grèce*》

5. 명사, 형용사(*certains de, en grant de...*), 부정법, 비교의 한정보어

Bone chose est ***de*** pais.(*SL*, 95)
《*C'est une bonne chose que la paix*》
Cele nuit fu Hestor ***en grant de*** savoir qui avoit navré Lancelot.(*Artu.* 75, 7)
《*Ce soir-là, Hector fut impatient de savoir qui avait navré blessé Lancelot*》
Envers le roi vos pense ***d'*** empirier.(*Nîmes*, 709)
Dist mei qu'en quele terre qu'alasse,
Environ lui plus ***de*** vint milie humes(*Rol.*, 13)
《*Autour de lui, plus de vingt mille hommes*》
Altre ***de*** li ja mais n'amasse.(*Tristan*, 1247)
《*Elle m'a dit de n'aimer personne d'autre qu'elle, parout où j'irais*》

6. 수단이나 방법

***De*** lur espees i dierent demaneis.(*Rol.*, 3419)
《*De leurs épées ils frappent sans tarder*》

Cele fu la table qui sostenoit les cors et les ames ***de*** la viande dou ciel.(*Queste*, 74, 22)
... a ce qu'il s'entrehaoient ***de*** mortel haïne.(*Artu*, 115, 65)

7. 원인(='à cause de, grâce à')

Li rois ***de*** joie an sopira.(*Charrette*, 168)
Il cuide bien morir ***de*** corroz.(*Queste*, 89, 25)

8. 소개사 *veez/vez*, 동사 *dire*, *veor*, *esgarder*의 명령법이나 동사의 부정법과 함께 문두에서 담화나 주제를 표현하는 도구어의 역할.

***Vez del*** deable com a la teste lee.(*Aliscans*, 3246)
《*Regardez ce diable, comme il a la tête épatée!*》
***Di de*** ton oncle combien a de comapignons(*CL.* 1792)
《*Dis, au sujet de ton oncle, combien il de compagnons*》
***Esgardés de*** ma dame con ele pleure a larmes!(*Aiol*, 116)
《*Voyez ma dame qui pleure à chaudes larmes!*》
***D'amer*** est merveilleuse chose(*Amadas*, 291)
《*Quelle chose extraordinaire que l'amour*》
***D'***ome ***ochire*** est pichiés grans(*Aiol*, 291)
《*Tuer un homme est un grand péché!*》

9. 동사구의 목적보어 도입 : *avoir cure*, *avoir merci*, *avoir mestier*, *avoir peör*, *avoir pooir*, *avoir talent*, *avoir envie*, *doner pooir*, *faire mention*.....

***De*** fole amor corage n'ont.(*Tristan*, 2013)
Et nos n'avons mestier ***de*** perdre.(*Villh.*, 130)
Et lors li prent talent ***de*** dormir.(*Queste*, 91, 19)
Et s'il ne fust ***de*** parjurer
Trop leide chose et trop vilainne.(*Yvain*, 6758)

10. 담화의 보어(='à propos de, au sujet de') : *dire* 동사나 *veoir*, *esgarder* 동사의 명령법이나 부정법과 함께

***Oiez du*** nain boçu Frocin.(*Tristan*, 320)
***Dites*** moi ***dou*** Bon Chevalier.(*Queste*, 105, 31)
***Esgardés de*** ma dame con ele pleure a larmes!(*Aiol*, 116)
《*Voyez ma dame qui plqure* à *chauds larmes*》
***D'amer*** est mervilleuse chose.(*Amadas*, 291)
《*Quelle chose extraordinaire que l'amour!*》

11. 부분관사의 보어

***De*** Franceis sunt les premeres escheles.(*Rol.*, 3026)
《*Les premiers corps de bataille sont composés de Français*》
Si i soffri mout ***de*** persecutions et ***d'***aversitez.(*Queste*, 83, 25)
Et ele se quatist delés l'un ***des*** pilers.(*Aucassin*, 12, 32)

12. 보어절이나 관계절에서 주어를 주절로 옮기는 예견법(prolepse)에서

Dames et puceles issoient
De lor ouvroirs, et demandoient
***Del*** chevalier qui il estoit(*BelInc*, 1661)
《*Dames et jeunes filles sortaient de leurs ouvroirs en demandant qui était ce chevalier*》
La dame ***de*** son chastel dote
Que il ne fonde toz ansanble(*Yvain*, 6530)
《*La dame craint que son château, lui aussi, ne s'effondre*》

### 4.1.3. En

전치사 *en*은 공간, 시간, 운동의 상황보어를 도입한다.

1. 방향(외부에서 내부로)이나 내적 개념(='sur, à')(도시명에서)

Ensi s'an ala li cuens Loeys et li autre baron ***en***
Venise.(*Villh*, 56)
《*Ainsi s'en allèrent* à *Venise le comte Louis et les autres barons*》
Cil qui l'anel ***an*** son doi a.(*Yvain*, 1033)
《*Celui qui a l'anneau au doigt*》
Quant il avoit l'elme ***en*** son chief.(*Lai de l'Ombre*, 85)
《*Lorsqu'il avait le heaume sur la tête*》

2. 방법 및 주어, 목적어 속사(='à titre de, comme'), 목적.

***En*** halt si recleimet sa culpe.(*Rol.*, 2014)
《*A voix haute il confesse ses péchés*》
***En*** peneance vos vueil je comander
Que Looïs vo seignor secorz.(*CL*, 1408)
《*A titre de pénitence je vous ordonne de secourir Louis, votre seigneur*》
La mitié de tote ma terre
li voldrai doner ***an doaire***.(*Erec*, 4726)
***An*** nos afeires alomes.(*Yvain*, 2260)
《*Nous allons* à *nos affaires*》

3. 담화의 보어(de propos)

***En*** vïande e ***en*** dras unc ne nus failli riens.(*Becket*, 3743)
《*Pour la nourriture et l'habillement rien ne nous a fait défaut*》

4. 원인

Judas, qui ***en*** desesperance se pendit,...(*Ménagier*, I, 41)

5. 시간(달 · 계절 · 년도)

Ce fu ***en*** mai el novel tens d'esté.(*PO*, 39)
***En*** cele nuit... ne sai quels genz... mistrent le feu entr'aus et les Grex.(*Villh*, 247) 《*au cours de cette nuit-là*》
Et cil... les meinent si mal qu'il les ocient ***en*** poi d'ore.(*Queste*, 53, 14).
A la Sainte Marie Magdalence ***en*** esté.(*Ibid.*, 4556)
《*A la Sainte-Marie-Madeleine, en été*》

6. 제롱디프

et ***an plorant*** ai ge oïe
la parole que vos deïstes.(*Erec*, 2528)
《*tandis que vous pleuriez* : 시간의 가치》
***En besant*** fustes as faus juïs livré.(*CL*, 757)
A l'endemain...dist messire Gauvains ***en riant*** a Lancelot(*Artu*, 46,1)

7. 부정법이나 명사화 된 부정법

Tot son sens met ***en*** acuser.(*Tristan*, 3485)
Biaus sire, alons nos en de ci ; car ***en*** plus demorer ne poons nos riens gaengnier.(*Artu*, 21, 8)
il avoit tot jours son espens
***En*** demener les granz espens(*Rose*, 119)
《*Il avait toujours souci de faire de grandes dépenses*》

8. 축약관사 : *en + le>ou, enl, el / en + les>es, ens, els*

Il est escrit ***es*** cartres(='chartres') e ***es*** brefs.(*Rol.*, 1684)
***Enz*** el palais fut mout grant la clarté(*Aliscans*, 3820)
《*A l'intérieur du palais, la clarté était éblouissante*》

9. 여성 국가명사 및 지역, 지방이름 앞에서

Li .xii. per sunt remés ***en*** Espaigne(*Rol.*, 826)
《*Les douze pairs sont restés en Espagne*》
As Franceis prist cungié, ***en*** Engleterre ala.(*Becket*, 4624)
***En*** Lorreine ne ***en*** Burguine,
Ne ***en*** Angoue ne ***en*** Gascuine,
A cel tens ne pout home truver
Si bon chevalier ne sun per(*Guig*,, 53)
《*Qu'on allât en Lorraine ou en Bourgogne, en Anjou ou en Gascogne, on ne pouvait alors trouver si bon chevalier*》

### 4.1.4. Par(<per)

전치사 *par*는 *en* 과 마찬가지로 시간, 장소, 원인, 방법의 상황보어를 도입한다.

1. 생물명사와 동작주를 표현

Se je sui ***par*** vous traï,
Vous en receveres la mort.(*Vergy*, 636)
《*Si je suis trahi par vous, vous en perdrez la vie*》

2. 시간(점 · 공간적 시간)

Curent en mer ***par*** mult lunc tens(*Brendan*, 787)
《*Ils naviguent en mer pendant des jours et des jours*》
L'endemain ***par*** matin leva(*Vergi*, 150)
《*Le lendemain matin, il se leva*》
Li jurs de Noël fu cel an ***par*** vendresdi.(*Becket*, 5086)
***par*** cinq jorz(*Villh*, 487) 《*cinq jours d'affilée*》

3. 공간 및 장소

***Par*** tantes teres ad sun cors demened.(*Rol.*, 525)
《*A travers tant de terres il a mené son corps*》
***Par*** le bois vint un forestier
Quo avoit trové lor fulliers...(*Trist.*, 1837)
《*Un forestier, traversant la forêt, trouva les abris...*》
Doivent eles ***par*** chi venir?(*Feuillée*, 599)
《*Doivent-elles se rendre ici-même?*》

4. 원인

***Par*** la foi que vos doi.(*Guillaume d'Angleterre*, 1717)
《*Au nom de la loi que je dois vous porter*》
C'est tot ***par*** vostre mauvestie.(*Rose*, 3707)
《*Tout cela est la faute de votre négligence*》

5. 수단 및 방법

***Par*** fierté le reguarde.(*CL*, 450)
《*Il le regarde fièrement*》
Cil sunt ***par*** els en un val suz un tertre.(*Rol.*, 3065)
《*Ils sont* à *part dans un val au pied d'un tertre*》
Que chascuns voit hui mais ***par*** lui.(*Nîmes*. 1357)
《*Que chacun aille désormais aujourd'hui de son côté*》

6. 부정법의 보어

Cil s'aperçoit mout bien que cele
li plesoit ja ***par*** oïr dire.(*Dole*, 805)

7. *par*로 도입되는 목적보어는 생물명사로 'du fait de, par faute de'의 의미를 가질 수 있다.

***Par*** les paiens dont il vit tel plenté
A il l'anel en son brac oublié.(*Huon*, 5446)
《*Pa la faute des païens, dont il vit une telle quantité, il a oublié l'anneau à son bras*》
Que li siens freres estoit a fin alés
***Par*** un garçon qui fu de France nés.(*Huon*, 6982)
《*Son frêre avait trouvé la mort du fait d'un jeune homme orignaire de France*》

## 4.1.5. Por

전치사 *por*(='pour')는 목적이나 원인을 나타내는 부정법이나 보어를 도입한다.

1. 목적(특히 *aler*, *envoier*, *venir* 동사 다음에서), 방향, 귀속, 결과, 주어 · 목적어 속사, 비교

Il meïsmes ***vet pur*** sun gendre.(Marie, *Fresne*, 494)
《*Lui-même, il va chercher son gendre*》
***Alés*** tost ***pour*** le crestïen!(*Nicolas*, 1401)
《*Allez vite chercher le chrétien*》
Li dus ***manda por*** les messages(*ConquesteV*, 26)
《*Le duc fit chercher les messagers*》
***Por*** fol en fou.(*Enéas*, 5770)
《*Il agit en fou*》
***Por*** champions les metrons en la place.(*CL*, 480)
《*En qualité de champions, nous les mettrons face à face*》
.C. milie Francs ***pur*** lui unt grant tendrur.(*Rol.*, 842)
《*Cent mille Francs lui portent une grande affection*》

2. 부정법과 함께 목적의 의미나 'en + -ant'의 의미로

Li escueirs se part de Lancelot ***por aler*** a la cité et ***por porter***

armes teles comme il li devise(*Artu*, 64, 15)
《*L'écuyer quitte Lancelot pour se rendre dans la cité et lui procurer le genre d'équipement qu'il lui demande*》

Amis Tristan, grant joie fust,
***Por metre*** peine, qui peüst
Faire Husdent le cir laisier(*Tristan*, 1587)
《*Ami Tristan, quelle joie ce serait si l'on pouvait, en se donnant bien du mal, apprendre à Husdent à cesser d'aboyer*》

3. 원인 · 수단 및 방법

D'anbedeus parz ***por*** verité
i ot molt grant mortalité.(*Cligès*, 1728)
《*Des deux côtés il y eut vraiment une très grande héctacombe*》

***Por*** les fontaines i venoit
Tant d'erbe come il convenoit.(*Rose*, 1396)
《*Du fait des sources, il y poussait autant d'herbe...*》

> ☞ 주의
> 고대 프랑스어에서 원인을 표현하는 *por*는 *par*로 대체될 수 있다.

4. 양보(부정문에서='malgré, en dépit de')

Cil oent ke li rois s'aïre
Et lor mancee de lor vie;
Ne ***por*** ce ne respondent mie.(*Chevalier aux deux épées*, 2056)
《*Ils entendent que le roi se fâche et les menace de mort; malgré cela, ils ne répondent rien*》

Ja ne lerai por les cuiverez.(*Palefroi*, 23)
《*Jamais je ne renoncerai en dépit des malotrus à...*》

5. Por(='au nom de')

Francs chevaliers, ***por*** Deu te pri
Que tu secores mon ami.(*Erec*, 4325)
《*Noble chevalier, au nom de Dieu je te prie de secourir mon ami*》

6. 교환(='à la place de, contre')

Li rois l'arsist ***por*** son seignor.(*Tristan*, 969)
《*Le roi le ferait brûler à la place de son seigneur*》
Mes ne voudroie, ***por*** mon pois
D'argent, qu'i fust sur vostre pois.(*Rose*, 3172)
《*Mais je ne voudrais pas, fût-ce contre mon poids d'argent, que cela se fasse malgré vous*》

7. 원인, 가장, 양보, 목적 등의 의미를 갖는 접속사구로 사용 된다 : *por quoi*(='dans quel but/pour quelle raison'), *por(ce)que*(='parce que, à cause de quoi' + 직설법/'pourvu que, pour que' + 접속법), *par que*, *poruec*, *por tant que*/*com*( + 접속법)

Je ne sai mie bien ***por quoi***
Ce me dites, n'a coi ce monte(*Vergi*, 74)
《*Je ne comprends pas pour quelle raison vous me parlez ainsi ni à quoi tendent vos propos*》
Bien l'orrez dire au daarrains
***Por que*** vous vueillez tant atendre(*FabliauxNR*, I, 1, 34)
《*Vous apprendrez le fin mot de l'histoire, pourvu que vous ayez de la patience*》
Certes, ja n'estrai riches ***por qu'***aiez povreté.(*Parise*, 1556)
《*Assurément, je ne serai pas riche, alors que vous seriez pauvre*》
Or soit ***por ce que*** gel volsisse,
Ja Dieu ne place mes que j'isse
De cest en, se ge le pooie,
Que ja ***por tant que*** je la voie
N'avré mon sen ne ma memoire.(*Poire*, 2171)

*《Pour peu que je le veuille, ne plaise à Dieu que je quitte cet endroit, s'il m'était possible, car pour autant que je la vois, je perds toute conscience》*

8. 시간

*Por* matinet, a l'aube, se sunt acheminé.(*Floovant*, 2357)
*《Au matin, dès l'aube, les voilà en route》*

## 4.1.6. 시간의 전치사

1. Puis(='après')

*Puis* ma mort.(*Trist.* prose, 1681)
*《Après ma mort》*

2. Puis(='depuis')/*depuis*

*Puis* icel jur.(*Rol.*, 664)
*《Depuis ce jour》*

3. Devant(='avant')

Uit jorz ***devant*** Natevité.(*Erec*, 6461)
*《Huit jours avant Noël》*
***Devant*** .vii. anz ne seroit afamee.(*Nîmes*, 1467) *《avant sept ans》*

4. Devers(='vers')

Des se retient ***devers*** le droit.(*Yvain*, 4444)
*《Dieu se tient du côté de la justice》*

5. Ainz/ainçois(=‘avant’)

Ainz m'en irai ***ançois*** un mois.(*Tristan*, 2309)
《*Mais je m'en irai avant un mois*》
Se li reis ***ainz*** de lui morreit.(*Rou*, 3, 9190)
《*Si le roi mourrait avant lui*》

## 4.1.7. 장소의 전치사

1. Enz, dens(dans)/dedenz(dedans)(=‘pendant, dans un délai de, avant tel terme, d'ici, avant’)

***Ens*** Lombardie fuï a Desiier...(*Huon*, 107)
Toz armés est ***dans*** les arçons saillus.(*Fouke Cand.*, 40)
《*Tout équipé, il saute sur la selle*》
Et se il ***dens*** trois jors ne le trove, ja mais n'iert garis de son mehaig.(*Aucassin*, 18, 33)
Et ***dedenz*** cel lit gisoit une domoisele.(*Artu*, 70, 32)
... il lor jureront sor sainz loialment... ***dedenz*** les XV jors que il lor donroient navie a bone foi...(*Villh.*, 117)
Si manderent as autres barons... qu'il s'en revenissent... et qu'ils s'en fussent tout venu ***dedens*** le feste Tous Sains.(*Clari*, 57, 26)

2. Rier(e)/darriere/(an) darriere, deriere

***Rier*** lui les a laissiés.(*Chevalerie Ogier*, 4665)
《*Il les a laissés derrière lui*》
Le cheval prent, ***derier*** lui regarda.(*Beuve*, I, 1262) 4665)
《*Prenant le cheval, il regarda derrière lui*》

3. Sus/dessus

***Suz*** ton degret me fai un gratum(*Alexis*, 218)
《*Sous ton escalier, ilstalle-moi un grabat*》
Cele nuit jut Boorz ***sus*** l'herbe vert que li clers coilli delez la chapele.(*Queste*, 166, 13)
***Desuz*** un pin, delez un eglenter,
Un faldestoed i unt, fait tut d'or mer.(*Rol.*, 114)

4. Vers/envers/devers(='vers, du côté de, envers, en comparaison de')

***Vers*** Carlemagne li durrai bon conseill.(*Rol.*, 2750)
《*A l'égard de Charlemagne je lui donnerai un bon conseil*》
Carles guardat amunt ***envers*** le ciel.(*Rol*, 2532)
《*Charles regarda en haut, vers le ciel*》
***Devers*** Espaigne en vait en un guaret.(*Rol.*, 2266)

5. Enmi(='au milieu de')

Suz un lorer ki est ***en mi*** un camp(*Rol.*, 2651)
《*Sous un laurier, au milieu d'un camp*》
Li nains s'estut ***enmi*** la voie.(*Erec*, 170)
《*Le nain s'arrêta au milieu du chemin*》

6. Pruef/près/près de

Volantiers ***pres*** de li se tret.(*Erec*, 1469)
《*Volontiers il s'approche d'elle*》
***Pres*** a trois liues ou a quatre.(*Yvain*, 5872)
《*A une distance de près de trois ou quatre lieues*》

7. Emprès/emprès de(='près de, derrière, après')

***Emprés*** le helme.(*CL*, 1081)

《*Près du heaume, au ras de heaume*》
L'un ***enprés*** l'autre.(*Nîmes*, 1074)
《*L'un derrière l'autre*》
***Anprés*** iço est Neimes venud.(*Rol.*, 774)
《*Après cela, Naimes est venu*》

8. Lonc(<longum)/selonc(sublongum)(='le long de, pres de, selon')

***Lunc*** un alter.(*Rol.*, 3732)
***Lonc*** le servise li rendez son loier.(*Nîmes*, 716)
《*Donnez-lui son salaire en fonction du service rendu*》

9. Amont(='en haut de')/*aval*(='en bas de, au bout de, le long de, parmi, dans, à travers')

***Amont*** Sainne naja(*Rou*, III, 422)
《*il remonta la Seine en bateau*》
***Aval*** la roche est avalez(*Trist.*,1515)
《*Il tombe au bas du rocher*》
Thedeüs ***aval*** *un pendant*
Droit a l'ost va eperonant.(*Thèbes*, 3597)

10. Contre/contremont/contreval(='au début de/vers le haut/vers le bas)

***Contre*** Orïent aveit son vis torné.(*CL*, 688)
《*Il avait tourné son visage vers l'Orient*》
***Contre*** lui saut.(*Perceval*, 4133)
《*D'un bond il est devant lui*》
***Cuntre*** midi.(*Rol.*, 1431)
《*Vers midi*》
***Contre*** l'esté.(Rutebeuf, *Voie de Paradis*, 4)
《*A la venue de l'été*》
Rou torna a Roen, o lui tuit li Normant,

*Contremont* Sainne le païs porvenant(*Rou.*, II, 464)
《*Rou se diriga vers Rouen avec tous les Normands, explorant le pays en remontant la Seine*》

11. Lez(<latus), delez, deça( ='d'un côté, de l'autre côté, près de')

Il la baisat, ***lez*** lui l'asist.(*Guig.*, 785)
《*Il l'embrassa, la fit asseoir près de lui*》
***Lez*** les costés sentent les fers moluz(*CL*, 1229)
《*Près de leurs flancs ils sentent les lames tranchantes des épées*》

12. Sor, seur(<super) / sore, seure(<supra), sur(='sur, au bord de, vers, pendant, contre, malgré, chez; conformément à, par-dessus, plus que, au risque de..')

Alez sedeir ***desur*** cel palie blanc(*Rol.*, 272)
《*Asseyez-vous sur cette couverture blanche!*》
***Sur*** tuz les altres est Carles anguissus.(*Ibid.*,, 823)
《*Plus que tous les autres Charles est rempli d'angoisse*》
Pere de gloire, tu seies mercïez
Qu'estranges reis n'est ***sor*** nos devalez!(*CL*, 59)
《*Père glorieux, soit remercié du fait qu'aucun roi étranger ne s'est abattu sur nous!*》
***Sor*** mer vit un cahstel.(*Perceval*, 863)
《*Il vit un château au bord de la mer*》
Si qu'il se gart bien ***sor*** son oeil
Qu'amours ne truist en lui orgueil.(*Ibid.*,, 7175)
《*De telle manière qu'il fasse bien attention qu'Amour ne trouve pas en lui d'orgueil, sous peine de perdre l'oeil*》

> ☞ **참조**
> 두 개의 전치사가 함께 사용될 수 도 있다.
>
> Et si li dites ***de par*** moi.(*Cligès*, 2150)
> 《*Et dites-lui de ma part*》

13. Tres/tries(='dès, depuis, jusqu'à, derrière, près de')

Qui m'a apris a chanter ***tres*** m'anfance.(*Béthune*, V, 52)
《*(Mon maître d'Oisi) qui m'a appris à chanter depuis mon enfance*》
Tant sont alé qu'il sont venu
***Tries*** la meson a un rendu.(*Renart*, 2533)
《*Ils ont tant cheminé qu'ils sont arrivés jusqu'à la maison d'un erimite*》
Et les poinz ***tres*** le dos lïez.(*Enéas*, 1034)
《Et les poings liés derrière le dos》
***Detriés*** nos voi ne sai queles genz haster.(*Rou.*, 2, 771)
《*Derrière nous je vois se précipiter je ne sais quelle troupe*》

14. Des(=주어진 시간이나 장소로부터의 이동)

***Des*** Besebçun tresqu'al port de Guistand(*Rol.*, 1429)
《*De Besançon jusqu'au port Wissant*》

## 4.1.8. 기타 전치사

1. O(d)/ensemble(od)(='auprès de, avec') : 수단, 동반, 방법의 전치사

Jel sivrai ***od*** mil de mes fedeilz.(*Rol.*, 84)

《*Je le suivrai avec mille de mes fidèles*》
Yseut la bele ***o*** le cler vis.(*Tristan*, 1547)
《*Iseut la belle au clair visage*》
Se veïssum Rollant einz qu'il fust mort,
***Ensembl'od*** lui i durrïums granz colps(*Rol.*, 1804)
《*Si nous pouvions revoir Roland avant sa mort, nous frapperions avec lui de grands coups*》

2. A tot/atot( ='avec(en) tout')

***A tot*** deus compaignons s'esmuet.(*Cligès*, 3372)
《*Il se met en route avec deux compagnons*》
L'arriere garde fist Guilelmes le ber
***A tot*** .x$^{m}$. de François bien armez(*Nîmes*, 8, 112)
《*Guillaume le vaillant constitua l'arrière-garde avec dix mille Français bien équipés*》

3. Parmi(='dans, au milieu de, avec, en plus de, y compris')

***Parmi*** la sale le queroient.(*Yvain*, 1133)
《*Ils le cherchaient* à *travers la sale*》
***Parmi*** le flanc aukes l'estreint.(*Guig.*, 572)
《*Il la serre un peu(la chemise) autour de la taille*》
Et ***parmi*** tote la mesaise
Ele a pris en bon gré l'osteus.(*Escoufle*, 5240)
《*Et, malgré tout son ennui, le logement lui plaît*》

4. Entre(autres)

Si fist tant qu'ele fu ***entre*** le mur et le fossé.(*Aucassin*, 16, 8)
S'il te voient ***entr'***ex, si defenderont il mix lor cors et lor avoirs...(*Aucassin*, 2, 21)
Ne nos ne chevaucherons ***entre*** moi et toi fors de nuiz.(*Artu*, 9, 6)

5. Senz/sanz/sans(부재, 배제, 퇴출, 예외)

Doze furent ***sanz*** lor seignor(*Cligès*, 324)
《*Ils étaient douze sans compter leur seigneur*》
Sire Bruns, dit Bruianz li tors,
maudahez ait, ***sanz*** vostre cors,
qui ja conseillera le roi.(*Renart*, 79)

6. Endroit(<in directum)( ='vers, près de, en face de')

Si se traist ***endreit*** la masiere.(*Rou*, 2, 2053)
《*Il se retira du côté du mur*》
***Androit*** midi.(*Erec*, 3118)
《*Vers midi*》
Or ad li quens ***endreit*** sei asez que faire.(*Rol.*, 2123)
《*Le comte, pour sa part, a suffisamment* à *faire*》

7. Estre(<extra)( ='sans compter, hors de, outre, excepté, contre')

Bien quatre mile cevaliers,
***Estre*** serjans et escuries.(*Partonopeus*, Appendice I, 741)
《*Bien quatre mille chevaliers, sans compter les hommes* à *pied et les écuyers*》
***Estre*** mon gré.(*Fergus*, 95, 26)
《*Contre mon gré*》

8. Joste(<juxta)( ='près de')/decoste/encoste(='côté')

***Joste*** Cartage.(*Enéas*, 471)
《*Près de Carthage*》
En un lit s'asist ***jouste*** li(*FabliauxNR*, VII, 81, 136)
《*Il s'assit dans un lit près d'elle*》
Mais li vilains gist en un lit

Et sa femme d'***encoste*** li(*FabliauxNR*, VII, 82, 252)
《*Mais le vilain était couché dans un lit avec sa femme à côté de lui*》

9. Jusque(='d'ici, dans')

***Jusqu'***a un an avrum France saisie.(*Rol.*, 972)
《*D'ici un an nous aurons la France en notre possesion*》
Car se sera ***jusqu'***a .(*Enéas*, 8370)
《*Car se sera sous peu*》

10. Outre(='au-delà, plus que, contre')

***Outre*** son vuel.(*Erec*, 4748)
《*Contre son gré*》

11. Loing/loin(<longe)( = '멀어짐이나 거리')

Mut ***luin*** des altres...(*Lanval*, 253)
《*Lanval se retire à l'écart, bien loin des autres*》

12. Entor/environ

Tut ***entur*** lui vint milie Sarrazins(*Rol.*, 410)
《*Autour de lui vingt mille Sarrasins*》
***Envirun*** lui plus de vint milie humes(*Ibid.*, 13)
《*Autour de lui, plus de vingt mille hommes*》

### 4.1.9. 전치사구

많은 부사구가 전치사처럼 쓰이며, 명사나 대명사 목적격을 따르게 한다. 고대 프랑스어의 전치사구에는 *mi*(='milieu'), *som*(='sommet'), *part*(='partie, côté'), *chief*(='bout') 등이 있다.

En un bruill ***par sum*** les puis remestrent.(*Rol.*, 714)
Al matin, par sun l'albe, quant li jurs lur apert...(*Voy. Charl.*, 248)
《à *la pointe jour...*》
Il est ***autre part*** un pandant.(Wace, *Brut*, 9360)
《*de l'autre côté d'une colline*》
car li amors de le fenme est ***en son*** oeul et ***en son*** le cateron de sa mamele et ***en son*** l'orteil del pié.(*Aucassin*, 14, 19)
Cil oiselet par grant duçur
Mainent lur joie ***en sum*** la lur(*Lautic*, 61)
《*Les s oiseaux du printemps, par leurs chants pleins de douceur, expriment leur joie u sommet des arbres en fleurs*》
si les fist rengier ***de kief en kief*** les murs(*Clari*, 64, 63) 《de *bout en bout des murs*》

## 4.1.10. 전치사의 용법

고대프랑스에서 전치사는 다음과 같은 통사적 특성을 보인다.

1. 전치사는 등위된 요소의 두 번째 요소 앞에서 생략될 수 있다.

... N'ad pour ***de*** perere
***Ne d'***altre engin ***ne*** arblaste...(*PoèmesAN* AT, B, 6231)
《*Il ne crait perrière ni autre machine de guerre ni arbalète.*》
Tresunt le servent ***d'***avers ***et*** bel don(*Ibid.*, 14353)
《*Tous le servent en lui prodiguant avoir et présents.*》

2. 전치사는 전치사가 위치해야할 곳에서 생략될 수 있다. 이런 현상은 특히 앙글로-노르망디어 텍스트에서 흔히 발견된다.

Nel ***garra mort*** parent ne ami(*PoèmesAN* AT, B, 8247)

《*Ni parent ni ami ne le protègeront de la mort.*》
E a qui deus volt parler si sovent
Par ces prophetes ***et present***(*Ibid.*, 10070)
《*Et à qui Dieu voulut si souvent parler par la bouche de ces prophètes et en personne.*》

3. 한 개의 전치사가 이중의 기능을 겸할 수 있다.

Je pri la mere Dieu qu'ele me doint parfaire
Un dit qu'ai en propos ***de*** cest miracle faire(*DitsSQ*, 10, 5)
《*Je prie la mère de Dieu de m'accorder de mener* à *bien un dit que j'ai en propos de faire de ce miracle.*》

## 4.2. 부사(Adverbe)

고대 프랑스어에서 부사는 *plus*, *mais*, *moins*, *presques* 등에서처럼, 어미가 -*s*로 끝나는 형태론적 유사성을 보인다. 또한 부사의 범주는 매우 복잡하다. 왜냐하면 *ainz*, *après*, *avuec*, *contre*, *dedenz*, *devant*, *hors*, *dehors*, *parmi*, *dessus*, *dessous* 등에서 알 수 있듯이, 고대 프랑스어에서부터 이들 형태소의 부사와 전치사의 분류기준이 명확하지 않기 때문이다.

Abes fu ***ainz***, evesques puis.(*Barbazan et Meon*, 1, 292)
《*Il fut d'abord abbé, ensuite évêque*》
Et la coife tranche ***desoz***.(*Erec*, 974)
《*Et par-dessous il tranche la coiffe*》
Et li boens hoem ***desoz*** son toit
Prie Deu.(*Yvain*, 2857)
《*Et l'homme de bien prie Dieu sous son toit*》

### 4.2.1. 절의 연결사 Si(Se)

형태소 *si*는 절의 연결사로서의 기능으로 인하여 등위 접속사로 분류하기도하며, *si* 다음에서 주어의 도치라든지, 등위 접속사 *et*와의 결합 등의 통사적 특성으로 인하여 문장의 부사로 분류하기도 한다.

이처럼 형태소 *si(se)*는 고대 프랑스어에서 문장이나 절의 앞, 또는 내부에 위치하여, 담화의 분절에서의 도구어로, 때로는 절의 연결사로 때로는 부사의 역할을 하였다.

## 1. 어순

형태소 *si*(*se*)는 결코 텍스트가 처음 시작되는 곳에 위치하지 않고, 절이나 문장의 시작이나 내부에서 발화자의 이름으로 말하는 반복어(anaphorique)의 역할 즉, 'p, *si* q'의 등식을 이룬다. 언술 'p, *si* q'에서 '*si* q'의 통사적 특성을 살펴보면, 주어는 대부분의 경우 문두에서 생략되어 있으나(주어가 표시된 경우, 대부분의 경우 주어는 도치되어있다), 종속절에서는 도치되어 있다 : 「*si* + 동사 + 주어(생략)」

> ***Se*** li est en son cuer avis...(*Perceval*, 11437)
> 《*Il lui semble en son coeur...*》
> Ains salt aprés, ***sel*** quide prendre.(*Perceval*, 10499)
> 《*Mais il saute sur lui et s'imagine le prendre*》

## 2. 문두의 Si

특히 *si*는 문두에서 연대기 작가들의 영향으로 서술체 문장에 필요한 화자의 휴지와 이야기의 새로운 전개를 표시하는 절의 연결사로 'et', 'or-donc', 'mais', 'ainsi', 'dans ces conditions', 'cependant' 등의 의미로 사용되었다.

> ***Si*** sai bien, fet li rois, mes vos ve le savez pas;
> et ***si*** le deüssiez vos bien connoistre a la merveille
> que li fesoit d'armes.(*Artu*, 30, 32)
> Atant si prist congié, ***si*** s'en revint arriere.(*Clari*, 106, 1, 37)

## 3. 종속절에서의 Si(se)

형태소 *si*는 양보, 시간, 조건의 종속절 다음에서 주절을 도입할 수 있다. 즉, 'p(=종속절), *si* q(=주절)'의 구조를 이룬다.

> Et ***quant*** la pucele entent ceste parole, si en a moult grant

joie.(*Artu*, 25, 46)
***Se*** ne sai ge ***s'***il le deçoivent, mes...(*Yvain*, 5401)
《*Je ne sais s'ils veulent l'abuser*》
Sire, se li chevaliers meurt de la plaie, ***si*** muire.(*Artu*, 24, 37)
***Qui*** a mal voisin, ***si*** a mal matin(*Proverbes*, 1809)
《*Celui qui a mauvais voisin a mauvais matin*》

## 4. 명령법에서 Si(se)

형태소 *si*는 *or, car, donc/dont*과 마찬가지로 명령법에서 사용되며, 이 때 *si*는 다른 형태소와는 달리 반드시 'p, *si* q(명령법)'의 구조를 이룬다.

Car lavez, ***s'***alez assseoir(*Charette*, 1028)
《Allons, lavez-vous les mains et prenez place à table》

## 5. 단언과 맹세의 Si : *si m'aït Diex/se Diex m'aït*

이 어법은 동일 형태의 변이형으로, 고대프랑스의 산문의 직접화법에서 화자의 강한 참여와 더불어 화자가 말하고자 하는 문장에 진실성을 표현한다. 또한 이 표현에서 형태소 *si*와 *se*는 각각 부사와 접속사로, 「*si* + 동사 + 주어」와 「*se* + 주어 + 동사」의 서로 상반된 어순을 보이며, *aidier* 동사의 접속법 현재 3인칭 단수라는 독특한 통사구조를 보인다. *Si m'aït Diex*는 현대 프랑스어의 'Pour preuve que Dieu me protège, je dis/je prétends que'의 의미로, *se Diex m'aït*는 'Pour autant que[Dans la mesure où] Dieu me protège, il est vrai que'라는 비교 · 제한의 의미로 각각 해석할 수 있다. 14세기를 기점으로 *m'aist Dieu*에서 *médieu*(<*my dieu*)로 음성, 형태, 통사적 변형을 거쳐 15세기말 이후 프랑스어사에서 사라진다.

***Si m'aït Dex*** qui ne menti,
Jeo nel lerroie por murir
Que jeo ne l'auge ja ferir(*Gormont*, 208)
《*Que Dieu qui jamais ne mentit m'assiste, je ne renoncerai pas* à *mon projet d'aller le combattre*》
***Se Dez m'aïst***, traï nos Orable.(*PO*, 1189)
《*J'en prends* à *Dieu* à *témoin, Orable nous a trahis*》
Valsez, ***se Damedex t'aïst***,
se tu me sez dire noveles
des chevaliers et des puceles?(*Perceval*, 277)

## 5. Si + faire

이 표현은 긍정문이나 부정문(p, *si* q(=faire)) 다음에서 반복이나 반박의 의미로 사용된다. 먼저, *q(=si faire)*가 반복의 의미로 사용될 경우, 언술 *p*와 언술 *q*는 동일 화자에 관계되며, 언술 *p*는 항상 긍정문이다.

- Orras me tu?
- ***Si frai*** bien : Ne te curecerai de rien.(*Mystère d'Adam*, 213)
《*M'écouteras-tu? - Je le ferai, je ne te contrarierai en rien*》

이와는 반대로 언술 *q(=si faire)*가 반박의 의미를 갖는 경우, 언술 *p*는 반드시 부정문이며, 두 화자는 서로 다르다.

Veut et ne veut...
souvent dissoit : 《Or i irai;
***Non ferai*** voir ; voir ***si ferai***》(*B.I.*, 4539)
《*Il veut et ne veut pas tout à la fois..; il se répétait : J'irai donc; ou plutôt je n'irai pas ; ou plutôt si!*》

### 4.2.2. 발화행위의 부사 Mar/buer

1. Mar

형태소 *mar*는 언술에서 화자의 존재를 표현하는 발화행위의 부사이며, 주어가 수행했거니 수행하게 될 행위에 대한 화자의 불만이나 강한 부정을 표현한다. 특히 *mar*는 직접 화법에서 주로 사용되며, 현대 프랑스어의 'par malheur pour lui(elle)', 'il aurait tort de...'의 의미를 갖는다. 14세기 이후에는 이 표현을 거의 찾아볼 수 없다.

> ***Mar*** vi unkes ceste cuntree!(*Eliduc*, 587)
> 《*Quel dommage pour moi d'avoir vu ce pays!*》
> Lasse, fait ele, ***mar*** fui nee!(*Yonec*, 67)
> 《*Quel malheur pour moi d'être née!*》
> ***Mar*** fust il onques nez...(*Parise*, 2899)(유감의 접속법 반과거)
> 《*Maleur à lui...*》
> Certes ***mar*** en iront li glouton de put lin(Aiol, 7570)(단순미래)
> 《*Assurément il leur en cuira quand ils iront, ces misérables gueux*》
> Va t'en d'ici, ***mar*** i arresteras!(*QLRois*, 53)(부정명령의 의미)
> 《*Va-t-en d'ici, retire-toi!*》

2. Buer(<bona hora)/bor/bon

형태소 *buer*은 *mar*와 마찬가지로 언술에서 화자의 존재를 표현하는 발화행위의 부사이며, 현대 프랑스어의 'à la bonne heure', 'pour (mon/ton/son... bonheur', 'avec chance'(드물게는 'avec raison'의 의미로) 단순과거, 현재, 미래시제와 함께 사용되었다.

> Tant ***buer*** fu nez qui plenté a d'amis!(*CL*, 1486)
> 《*Il est né sous une bonne étoile celui qui a beaucoup d'amis!*》
> Et dient que ***buer*** seroit nee

Cui il avroit s'amor donee.(*Yvain*, 3239)
《*Et ils disent qu'elle aurait de la chance la femme à qui il donnerait son coeur*》
***Buer*** jeüne au matin qui au soir est saous.(*Proverbes*, 314)
《*Il a bien raison de jeûner le matin celui qui est rassasié le soir*》
***Bor*** fuissiez unques nez(*Parise*, 2411)(행복이나 고원성취의 접속법 반과거) 《*Bienheureux soit votre sort.*》

## 4.2.3. 방법의 부사

### 1. - ment

고대 프랑스어 방법의 부사의 특징은 현대 프랑스어에서 통용되고 있는 많은 「여성 형용사 + *ment*」 형태가 출현한다는 사실이다 : *absolument, activement, actuellement, alternativement, arbitrairement, artificiellement, authentiquement, consécutivement, conséquemment, constamment, craintivement, délibérément, forcément, frauduleusement, habilement, incessamment, inclusivement, journellement, littéralement, obliquement, particulièrement, politiquement, qualitativement, radicalement, sensiblement, totalement, verbalement, violemment...*

이 외에도 양성 형용사에서 만들어진 *brie(f)ment>brievement, forment>fortement, gramment>grandement, telment>tellement*과 같은 방법의 부사도 이 시기에 등장한다.

***Briement***(='en un mot') el fu jonete et blonde.(*Rose*, Meun, 1014).
- asez ***briment*** Orez noveles du ro Marc.(*Tristan*, 2506).
riche estoient tuit ***égaument*** / et s'entramoient ***loiaument***. Ausinc(='ainsi') pesiblement vivoient, / car ***naturelment*** s'entramoient.(*Rose*, Meun, 9491)
La dame ert bele ***durement***(*Equitan*, 31)
《*La dame était très belle*》

2. Bien/mal(malement), mieux/pis, merveilles

이들 부사는 부사가 속사의 기능을 할 때, 동사에 의하여 표시된 사행이나 주어 자체에 대한 평가를 내린다.

Vos en par avez dist trop ***mal***.(*Renart*, 14, 14715)
Sire, ***malement*** nos vet.. - Ore aprés, fet li rois, ja einsint ne s'en iront, que ge puisse.(*Artu*, 98, 18)
Car ***mervoilles*** estoit loee.(*Brut*, 8582)

3. Si, issi, ainsi, aussi, autresi, com, car(='donc'), comment : 한 사행을 다른 사행과 비교하거나 강조한다.

Haé vos ***si*** durement il estoit.(*Artu*, 148, 54)
Dix, ***con*** li sist li escus au sol!(*Aucassin*, 10, 2)
Et il le firent ***ainsi com*** il le comanda.(*Artu*, 178, 8)
***Car*** le me di.(*Huon*, 3565)
《*Dis-le-moi donc*》

4. Birément, viste, vistement, errant/erranment, batant, tost, acoup, soudain : 사행이 신속하게 이루어짐을 표현한다.

***Tost*** i puet tel chose teisir
qui molt vandroit puis a pleisir.(*Erec*, 7)
Et dist li rois : Or ***tost*** dou pandre!(*Renart*, 2092).
《Et le roi s'écrie : Allons, vite, qu'on le pende!》

### 4.2.4. 강세 및 양의 부사

강세나 양의 부사는 형용사, 부사, 동사를 강조하며, 그 범위 또한 아주 광범위하다.

1. Mout, beaucoup, assez, trop, par, tant par, prou, durement(='très'), davantage, très: 등급이 강한 강세 및 양의 부사로 사용되었다.

En la cort al rei ***mult*** i avez ested.(*Rol.*, 351)
《*Vous êtes resté longtemps à la cour du roi*》
L'erbe si ***tres*** vers.(*Perceval*, 9532)
《*L'herbe tellement verte*》
Biaus frere, ja ne vos pleindroiz de moi de cele jornee que je ne me plaigne ***assez*** plus de vos.(*Artu*, 46, 35)
***Tant*** par est anguissus.(*Rol.*, 2880)
《*Tant il est étreint triste*》
Et si tost comme Morgue entent ceste parole, si en a ***trop*** grant joie.(*Artu*, 48, 57)
《*Et dès que Morgue entend cela, elle en a une très grande joie*》
Trop ***par*** es enfes.(*Chanson de Guillaume*, 1526)
《*Tu es bien trop jeune*》
La dame ert bele ***durement***(MFce, *Equitan*, 31)
《*La dame était très belle*》
Si ***trés*** bien vos sera rendu
Que d'or fin arés plain un bac.(*Nicolas*, 981)

2. Assez, auques(='un peu, quelque peu') : 중간 등급의 강세부사

***Asez*** ad doel quant vit mort sun nevold.(*Rol.*, 1219)
《*Il éprouve beaucoup de douleur quand il voit son neveu mort*》
En cel tireres, li quens s'aperçut ***alques***.(*Rol.*, 2283)
Lors descent et atache son cheval ***auques*** prés de l'autre.(*Artu*, 74, 15)

3. Poi, pou, un pou, , un : 약한 등급의 강세부사

Erec dormi *po* cele nuit.(*Erec*, 696)

Cele nuit dormi messire Gauvains moult .(*Artu*, 30, 1)
Sire Tedbald, atendez mei ***un*** .(*Chanson de Guillaume*, 356)
《*Seigneur Tiébaut, attendez-moi un peu*》

> ☞ **주의**
>
> 아울러 *a poi... ne, a poi que... ne, a bien que... ne, par poi... ne, par poi que... ne, par un poi que... ne, pour poi... ne, pour poi que... ne, pour un poi que... ne*와 *pres ne, pres que... ne, a bien pres que...ne*와 같은 어법이 현대 프랑스어 'il s'en faut de peu que, pour un peur'의 의미로 사용되었다.
>
> ***a poi n'***est estragiés.(*Moniage Guillaume*, II, 509)
> 《Peu s'en faut qu'il ne devienne fou furieux》
> ***a poi que*** il cuers ne li faut.(*Fergus*, 13, 9)
> 《Peu s'en faut que le coeur ne lui manque》

4. Mains/moins, plus, mieux, si, tant, autresi, autretant, d'autant et d'autel(='à qui mieux mieux')

Dame, fet il, or est ***plus*** net.(*Erec*, 234)
- Sire, fait il, molt nos esmaie
Li sans qui del costé vos raie.
- Segnor, fait il, cho est del ***mains***.(*Ille*, 2132)
《*Seigneur, s'écrie Brun, nous sommes forts inquiets de voir le sang couler sur votre côté, - Seigneurs, répond-il, ce n'est rien*》
Bien furent servi : c'est del ***meins***.(*Dolopathos*, 2370)
《*Ils furent bien servis : cela va de soi*》
Car d'***ausi*** haut lignage estoient il com ilestoit.(*Queste*, 76, 14)
... il ne fist onques chose dont il me pesast ***autretant***.(*Artu*, 34, 43)

### 4.2.5. 부정의 부사(제5장 담화의 양식 '부정문' 참조)

### 4.2.6. 긍정의 부사

긍정의 부사는 이야기나 직접화법, 또는 대답에서 문장이나 절의 요소를 강조하는 부사이다.

1. Certes, voire(ment)='vraiment'), mon(c'est mon, ce sera mon, ce fera mon, ce feste mon) : 직접화법에서 발화자의 발화행위에 연결되는 긍정의 부사

   ***Certes*** ce fust trop douleerex domages.(*Artu*, 38, 21)
   Amer? et cui? - Vos, dame chiere. - Moi? - ***Voire voir***.(*Yvain*, 2025)
   《*Aimer? Et qui? - Vous, chère dame. - Moi? -Oui, assurément*》
   L'en m'a dit que el est mout bele,
   Et si est encore pucele.
   - Sire, ***certes***, ***c'est mon***.(*GuillaumeD*, 2991)
   《*L'on m'a dit qu'elle est très belle, tout en étant encore vierge. - Seigneur, assurément, c'est pure vérité*》

2. Oy/oui/oïl/oal : 긍정의 대답

   Respundi nostre Seignur : 《***Oal***, il te liverunt》(*Rois*, 1, 23, 12)

또한 부정에 대한 긍정의 대답에서는 현대 프랑스어와 마찬가지로 형태소 *si*를 사용하였다.

- Chieus(='celui-là'), ch'est Leurins li Cauelaus,
Ki ne puet jamais relever(='se redresser')
- Dame, ***si*** puet bien.(*Feuillée*, 823)
《*- Mais si(il le peut bien), Madame*》

### 4.2.7. 시간의 부사

시간의 부사는 한 사행에 대한 다른 사행의 완성이나 발화행위의 순간에 사행을 위치시키는 역할을 한다.

1. 두 사행의 시간관계를 기준으로 한 중요한 고대 프랑스어의 시간의 부사는 다음과 같다.

1) Ainz, ençois, avant, devant/davant, paravant, auparavant, (a)primes, premier : 한 사행 이전의 시간을 표현한다.

Abes fu ***ainz***, evesques puis.(*Barbazan et Méon*, I, 292)
《*Il fut d'abord abbé, ensuite évêque*》
Lameth, qui eut ***premier*** deux femmes(*OisivetésJA*, I, 20)
《*Lamech, qui eut d'abord deux femmes*》

2) Nagères, oncques, jamais, pieça : 발화행위와 가까운 과거를 표현 한다.

Li quens Rollant ***unkes*** n'amat cuard.(*Rol.*, 2134)
***Onques*** d'Arras boins clers n'issi.(*Feuillée*, 13)

3) Or, adont, atant, lors, alors, apres, puis, adès(-ez), sempres, tantost : 한 사행 다음에 일어나는 사행을 표현한다.

***Or*** diet, nus l'orrum.(*Rol.*, 424)
***Or*** voi je bien mout est corte ma vie(*Aliscans*, 498)
《*Je vois bien que ma vie sera brève*》
***Lors*** se partit la damoisele de devant lui....(*Artu*, 57, 38)
《*Alors la damoiselle s'éloigna...*》

Einsint fu la guerre emprise qui ***puis*** torna au domage le roi Artu(*Ibid.*,, 105, 12)
《*Ainsi fut entreprise la guerre qui tourna ensuite à la perte du roi Arthur*》
Niule cose non la pouret pleier,
La polle ***sempre*** non amast lo Deo menestier(*Eulalie*, 10)
《*Rien ne put contraindre la jeune fille à ce qu'elle abandonne jamais le service de Dieu*》

2. 발화행위의 순간과 사행과의 관계를 기준으로 동시성이나 과거를 표현하는 시간의 부사는 다음과 같다.

1) Orendroit(='maintenant'), maintenant, aujourd'huy, hui, meshuy, encore, enuit : 현재

Autres paroles ne dist on ***orendroit*** de monsigneur Tristan.(*Trist*, prose, 111,20).
Ainz ***hui*** que demain.(*Yvain*, 4996)
《*Plutôt aujourdh'ui que demain*》

2) Hier, oan(aan)(='désormais, cette année'), antan(='l'année dernière')

Ha! Dex, cele grant amistiez
qu'il avoit au bon chevalier
n'ot encore que tierz jor ***hier***,
qui l'a fete si endurcir?(*Dole*, 3646)
《*Mon Dieu! cette grande amitié, qu'il y a seulement trois jours hier il portait au valeureux chevalier, qu'est-ce qui a pu la troubler?*》

3) Ja(부정의 *ne*와 함께) : 발화행위보다 미래의 시간을 표현한다.

***Ja*** est morz Engeler.(*Rol.*, 1546)
《*Engelier vient de mourir*》

Je soloie ***ja*** avoir drue,
Mais or, ce m'est vis, l'ai perdue.(*Folie de Tristan de Berne*, 478)
《*J'avais autrefois une amie, mais maintenant, me semble-t-il, je l'ai perdue*》
Je vos plevis, ***ja*** returnerunt Franc.(*Rol.*, 1072)
《*Je vous l'assure, les Francs vont revenir*》

3. Tous dis, longtemps, tousjours, souvent, parfois, aucunefois, peu à peu, à , de rechef : 동사의 상을 표현하는 부사

Mut s'esteit ***suvent*** repentiz
que il de lui esteit partiz.(*Eliduc*, 558)
《*Il s'était bien souvent repentir de s'être séparé d'Eliduc*》

4. Ainz, ainçois, mais, encore : 전후의 시간 관계를 넘어 복합적인 기능

1) *ainz*: 전후, 기호, 대립을 표현

Cum il ***einz*** pout, del pui est avalet.(*Rol.*, 1037)
《*Le plus vite possible, il dévale du sommet*》
Et ele nel reuse mie
***ainz*** l'otroie molt volentiers.(*Perceval*, 5830)
《*Et elle ne le refuse pas ; mais tout au contraire elle l'accepte bien volontiers*》

2) *mais*(<magis) : (='plus, à l'avenir, désormais, un jour, jamais, plutôt')

Il a ja bien .V. anz ou ***mais***.(*Rose*, 46)
《*De cela il y a bien cinq ans ou plus*》
Oïsts ***mais*** tel traïson?(*Renart*, 12982)
《*Avez-vous jamais entendu parler d'une telle trahison?*》

Ne croiras pas que voir en die,
***Mais*** jel dirai sanz tricherie.(*Tristan*, 402)
《*Tu ne croiras pas que je dis la vérité, mais je vais la dire sans mensonge*》

3) *encor(e)*(>inc hac hora/hinc ad horam):(='de là à cette heure', 'maintenant, encore, jusqu'alors', 'toujours, à nouveau, en outre', 'pourtant, du moins')

Et la reïne ***ancor*** l'an prie.(*Lancelot*, 144)
《*Et la reine le lui demande une seconde fois*》
Sun cumpaignun Gerers ocit ***uncore***.(*Rol.*, 1623)
《*Il tue en outre son compagnon Gérier*》
Et puis que j'arai la teste caupe, ja mais ne parlerai a Nicolete, me douce amie que je tant aim. ***Encor*** ai je ci une bone espee.(*Aucassin*, 10, 20)
《*Et une fois que j'aurai la tête coupée, je ne pourrai plus jamais parler* à *Nicolette, ma douce amie que j'aime tant. Et pourtant j'a ici une bonne* épée...》

5. Neporues, neportant, neporquant, nequedent(='cependant') : 문두에서 반의의 의미를 가지며, 어순이 도치되는 경우는 드물다.

Et ***neporquant***, fet, il ge ne l'en puis a droit blasmer.(*Artu*, 29, 7)
Et ***neporquant***, ou il volsissent ou non, fist il tant par sa proesce que cil de la cité furent enbatu dedenz.(*Artu*, 20, 22)

## 4.2.8. 장소의 부사

1. Ci/ici, ça, illec

*Ci/ici, ça*: 화자의 위치를 표현하는 부사이며, *là*는 공간을 배제한다.

1) *Ci/ici* : 발화행위의 순간이나 사행이 전개되는 순간을 참조.

Dame, dist el, le moine est ***ci***
Que vos mandastes des ier ***ci***(*FabliauxNR*, IV, 33)
《*Madame, dit-elle, le moine que vous avez fait venir ici hier est en ces lieux*》
Sire, veés me ***chi***, ne vous sui mie eskieus.(*Nicolas*, 240)
《*Sire, me voici! je suis tout à vous*》
Ainz en alez ***deci*** au jour
Dormir avecque mon seignor(*FabliauxNR*, VI, 69)
《*Mais allez donc jusqu'au matin dormir avec mon mari*》

2) *Ça*: *ça*는 운동의 개념이 포함된다.

(1) 발화자가 참조하는 장소를 지칭하며 *ci*와 경쟁(특히 이동동사 구문을 선호한다.)

***Cha*** venés, Caignet(*Nicolas*, 829)
《*Caignet, venez donc ici*》
- Sire, fet ele, je sui ci.
- La estes vos? Venez donc ***ça***.(*Yvain*, 6382)

(2) 또한 *ça*는 배분의 가치를 표현할 수 있다.

Aprés mengier tous s'asemblerent
La ou les dames les appellerent,
***Ça*** dix, ***ça*** quinze, et ***ça*** vint(*Galeran*, 141)
《*Une fois le repas terminé, tous se rassemblèrent là où les dames les appelèrent par dix ou quinze ou vingt*》
Chevalier vienent dis et dis,

et vint, et vint, et trante, et trante,
***ça*** iii .xx., et ***ça*** nonante,
***ça*** cent, ***ça*** plus et ***ça*** deus tanz.(*Charrette*, 5590)

(3) 강조의 용법(긍정, 명령, 감탄문에서)

Non ferai ge ***ça***...(*FabliauxNR*, II, 6, 242)
《*Je n'en ferai rien*》
Entendés ***cha*** un peu a mi(*Ibid.*, II, 9, 237)
《*Ecoutez-moi donc un peu*》
Moines, paiés : ***cha***, men argent(*Feuillée*, 987)
《*Moine, payez! Allons, mon argent!*》
Or ***cha***! Connart, Criés le ban(*Nicolas*, 573)
《*Holà Connart, allez crier le ban*》
Tastés, jel vent par eskievins.
- Volontiers, ***cha dont***(*Feuillée*, 910)
《*Goûtez! Je le vends sous le contrôle des êchevins. - Volontiers, allez donc*》

2) *la*: *ci*와 *ça*와 대립되는 공간의 개념을 표현한다.

(1) 발화자가 참조하는 바로 그 장소를 지칭하지 않으며 'là-bas' 의 의미를 갖는다(*ens*나 *mont*와 결합하여 *laiens*(='là dedans'), *lamont*의 형태를 만들기도 한다).

Cuidiez vos en Gresse garir?
Ja ne pourez vers lui gandir ;
s'il ne vos veut fere merci,
Ne la garrez, ***la*** ne que ci(*Thèbes*, 5275)
《*Pensez-vous protéger en Grèce? Vous ne pourrez pas lui échapper, j'en suis convaincu; s'il ne veut pas vous accorder sa grâce, vous n'aurez aucune protection, pas plus là-bas qu'ici*》
Enquis li ad e demandé

Ki il esteit e dunt fu nez
E coment est ***laienz*** entrez.(*Guig.*, 602)
《*Il lui a demandé son intensité, son origine et la façon dont il* était entré là》

(2) *la*가 지칭하는 장소는 문맥에 암시되거나 시간을 표현할 수 있 한다.

Et se hasterent tant de chevauchier qu'il vindrent au soir a l'ostel a la dame ches qui Lancelos avoit demoré.... Et quant cil vindrent ***la***, s descendirent a la porte(*Artu*, 45, 13)
《*Ils allèrent si grand train qu'ils parvinrent ce soir-même chez la dame qui avait accueilli Lancelot... Arrivés là, les chevaliers descendirent de cheval à la porte*》

(3) *la*는 공간 'en ce lieu là, en ce lieu ci'의 의미나 과거의 순간 'alors'의 의미를 갖는 *illec*(<illo loco)와 경쟁하기도 한다.

A l'ostel au prestre est venu,
Si l'a ***iluecques*** atendu(*FabliauxNR*, I, 2)
《*Il est venu chez le prêtre, et là il l'attend*》
***Illuec*** fu granz li desconforz
Des gens qui dient...(*FabliauxNR*, VIII, 92,18)
《*Alors quelle n'est pas la consternation de la foule, qui s'exclame...*》

2. 공간의 대립을 의미하는 부사(전치사처럼 사용된다)

1) 내포와 배제 : *enz/einz, deenz/deinz/deinz, denz/dans/danz, dedans/dededans, deinz; fors/hors, dehors/defors.*

***Enz en*** lur mains portent branches d'olive.(*Rol.*, 93)
《*Dans leurs mains ils portent des branches d'olivier*》

Aigneals esteit ***dedenz***, ***defors*** semlout lupart...
Mes quel qu'il fust dehors n'i ot point de mal art.(*Becket*, 293)
《*C'était un agneau en dedans, en dehors un léopard. Mais quelle que fût son apparence, il n'y avait point, chez lui, d'artifice*》

2) 전치와 후치 : *avant/en avant, devant/dedevant* ; *rier/riere/rieres/redre* ; *arriere, derriere, apres* ; *detriés/detrés*

Ensemble vunt, ne targent mes,
La dame ***avant*** e ele ***aprés***(*Guig.*, 291)
《*Elles partent ensemble aussitôt, la dame en tête, et la jeune fille derrière*》
Une maisun vit bele e grqant
dunt il oï parler ***devant***(*Espurgatoire*, 683)
Jesus li pius ***redre*** gardet(*PassionC*, 259)
《*Les pieux Jésus regarde derrière*》

3) 상부와 하부 : *amont/contremont* ; *aval/contreval* ; *haut/bas* ; *sus/dessus, ensus* ; *sor/seur/desor/deseur* ; *jus, soz/desos/desous*

Tot coiement ***amont*** s'en ranpe(*FabliauxNR*, II, 6, 34)
《*Alors il va s'agripper au chêne.. Il grimpe vers le sommet subrepticement*》
Si vos traiez les moi, ça *sus*.(*Perceval*, 2050)
《*Approchez-vous de moi, montez ici*》

4) 추가와 삭제 : *avoec/aveuc/aveoecques/avec/avé* ; *ovuec/ovec/ovecques* ; *senuec/senoec/seneuc.*

De canque il a suer l'eschekier

Seras tu ja mout tost ***seneuc***.
Dont m'en porteras tu ***avoec***(*Nicolas*, 1155)
《*De tout ce qu'il y a sur l'échequier, tu vas être débarrassé bien vite, je t'assure. - alors tu m'emporteras avec*》

5) 원근 개념의 부사 : *pres, lez/delez, joste/dejoste* ; *loin(g)/loinz*

Bien ***loinz*** sor destre aveit oï
Chiens e coks chanter(*Frêne*, 144)
《*Bien loin, sur sa droite, elle a entendu des chiens qui aboient et des coqs qui chantent*》
Lors l'a menee por couchier
En une chambre iluec ***dejouste***(*Auberee*, 144)
《*Alors il l'a emmené se coucher dans une chambre là tout près*》

6) 반의 개념의 부사 합성어 : *amont et aval, contrmont et contreval, avant et arriere/et apés, haut et bas, sus et jus, etc.*

Tant ala ***amont et aval*** li cris que on le seut par toute le vile(*Conqueste*C, XXII, 17)
《*Le rumeur se répandit partout, au point qu'on l'apprit dans toute la ville*》
Veés mule rien en cest val,
Ne ***contremont et contreval***?(*Fabliaux*, V, 53)
《*Apercevez-vous quelque chose en ce callon, où que ce soit?*》

## 4.2.9. 의문부사(제 5.2장 '의문문' 참조)

1. Que : 의문 · 감탄부사로 사용된다.

1) 부정문에서 *que... ne*는 유감을 표현하며, 'pourquoi ne... pas' 의미를 갖는다.

***Que*** ne t'ai ore an ma baillie?(*Yvain*, 1229)
《*Ah! Que ne t'ai je en mon pouvoir?*》

2) 긍정문에서 'pourquoi'의 의미를 갖는다.

Ne sai ***que*** deie lor jornees noncier.(*CL*, 1517)
《*Je ne sais pourquoi je vous raconterais leur étapes*》
Ne sai ***que*** je vous en feïsse
Lonc plet.(*Lai de l'Ombre*, 818)
《*Je ne sais pourquoi je discuterais longtemps avec vous*》

3) 의문, 감탄문에서 'comme, combien'의 의미를 갖는다.

***Que*** longuement avez ésté ou bois perdue?(*Berte*, 1309)
《*Combien longuement avez-vous été égarée dans le bois?*》
Caitivie riens, ***que*** Dix le het!(*Ille*, 3472)
《*Pauvre créature, comme Dieu la haït!*》

2. Comment, comme, combien : 이들 의문사는 방법이나 양의 직·간접 의문문을 도입하며, 주어, 목적어, 속사의 역할을 한다.

***Comment*** me deistes vous hier ce?(*SL*, 4)
《*Comment avez-vous pu hier dire cela?*》
Lasse, dist ele, come noir vit
Il regarda ***combien*** il pooit avoir de genz.(*Artu*, 130, 28)
《*Il voulut savoir combien d'hommes ils pouvaient être*》

이 때 'quant/cant, quens/cuens, que, come'가 *combien*의 의미

를 표현할 수 있다.

Jorz i sejorna ne sai ***quanz***.(*Yvain*, 4694)
《*Il y demeura je ne sais combien de jours*》
Grant compaigne ot l igentis ***cuens***
De Lucembour, mais ne sai quens
i estoient en sa baniere.(*TournoiC*, 3739)
《*Le comte de Luxembourg avait une nombreuse suite, mais je ne sais combien se rangeaient sous sa chambre*》
Di de ton oncle ***comme*** a de compagnons(*CL*, 1792)
《*Dis combien ton oncle a de compagnons*》

3. Où/dont

의문부사 *où*는 장소(체류나 방향)의 의문부사로, *dont*(='de là, d'où') 은 기원을 표시하는 장소의 부사로 15세기부터 *d'où*로 대체되지만, *dont*의 표현도 여전히 찾아볼 수 있다. 문두나 중간에 위치하여 'de ce fait, dans ces circonstances'의 의미를 갖기도 한다.

Biau sire, ***ou*** pansez vos?(*Erec*, 2841)
Hu! Hu! Maleüreus, ***ou*** vas?(*Yvain*, 5125)
Car, s'i l'ocient, ***dont*** iert Aucassins mes damoisiax mors.(*Aucassin*, 14, 31)
Amis, che dist Aiol, ***dont*** viens? et de quel part?(*Aiol*, 5639)
《*Ami, dit Aiol, d'où vines-tu? de quel côté?*》
Et ***dun*** es tu uns merveillus bers e ki est ki
tei resemble en Israël?(*Rois*, 1, 26, 15)

특히 *ne*와 결합하여 'dont ne, donne'의 형식으로 부정 의문문을 만들기도 한다.

Ha! Dex, ***don ne*** trovera l'an

l'omecide, le traîtor
qui m'a ocis mon boen seignor?(*Yvain*, 1206)
Looÿs sire, dit Guillelmes le ber,
***dont ne*** te membre del grant estor champel
que ge te fis par desoz Rome es prez?(*Nîmes*, 133)

4. Quant: 시간의 의문 부사

***Quant*** ier il mais d'osteier recreant?(*Rol.*, 556)
《*Quand voudra-t-il enfin déposer les larmes?*》
Damoisele, dites moi par amors ***quant*** cist escuz fu lessiez ceanz.(*Artu*, 35, 41)

5. Pourquoi : 원인

Et je li diz ***pourquoy*** il le me demandoit.(*Joinville*, 38)
***Por quoi*** l'avez vos dit?(*Queste*, 40, 42)
《*Pourquoi avez-vous dit cela?*》

특히 *pourquoi*는 'que, por que, por/pour quoi/coi'의 형태로도 표현될 수 있다.

Et ***que*** feroie je lonc conte>(*Charette*, 1459)
《*Mais pourquoi allonger mon récit?*》
Et tu, Harpins, cuvert desmesuré,
***Por qu'***as ma barbe et mes guernons tiré?(*Yvain*, 1229)
《*Et toi, Harpin, insgine scélérat, pourquoi as-tu tiré sur ma barbe et mes moustaches?*》
***Por quoi*** l'avez vos dit?(*Queste*, 40, 22)
《*Pourquoi avez-vous dit cela?*》

### 4.2.10. 태도를 표현하는 -ons형 부사

이 형태의 부사로는 *a bouchons*(='bouche contre terre, à plat ventre'), *a coupeton*(='accroupi'), *a demuçons*(='en cachette'), *a paumetons*(='sur les paumes de la main'), *a ventrillons*(='sur le ventre') 등이 있다.

Devant l'autel se mist ***a genollons***,
Dameldé reclama par ses sains nons(*Aiol*, 1897)
《*Il s'agenouilla devant l'autel et invoqua Dieu par ses saints noms*》
Cheoir ***a pametons***(*Poire*, 1309) 《*tomber sur les mains*》
gesir ***a ventrillons***(*Chauvency*, 2718) 《*être couché sur le ventre*》

### 4.2.11. 양보부사

양보부사로는 분사형 (*ce*) *non obstant*, *non obstant que*, 접속법 *tout soit que*(*ja soit ce que*), 비한정 관계사 *quelque chose que*, 부사(구) *combien que*, *comment que*, *néantmoins*, *non pour tant*, *toutesfois que* 등이 있다.

Sus monterai, ***comment qu'***il aille.(*Cleomadés*, 2397)
《*Je monterai dessus, quoiqu'il arrive*》
Ceste amor, ***combien qu'***el profite,
N'a los ne blame ne merite.(*Rose*, 5747)
《*Cet amour, bien qu'il soit profitable, ne mérite ni éloge ni blâme ni considération*》
Cligés, ***ja soit qu'***il li post,
S'an part tantost com il li loist.(*Cligès*, 4291)
《*Bien que cela lui soit désagréable, Cligès part dès qu'il peut*》

### 4.2.12. 감탄부사

고대 프랑스어에서는 현대 프랑스어와 마찬가지로 많은 감탄부사가 문두에서 감탄문을 도입할 수 있다.

1. 고대 프랑스어에서 가장 많이 사용된 감탄 부사는 형태소 *que*와 *comm(fait)*이다.

Caitive riens, ***que*** le het!(*Ille*, 3472)
《*Pauvre créature, comme Dieu la haït!*》
Ha! fet li cuens, ***com*** il me poise
quant vos alez an tel viltance!(*Erec*, 3308)
《*Ah, s'écrie le comte, combien il me pèse de vous voir dans ce misérable état*》
Haï! ***Con*** vaillant soldoier,
***Con fet*** ses anemis ploier!(*Yvain*, 3195)
《*Ah! Quel valeureux guerrier! Comme il fait plier ses ennemis!*》

2. 고대 프랑스어와 마찬가지로 감탄문에 사용된 *tant*, *si*, *quel*(드물게 감탄형용사)과 같은 형태소도 찾아볼 수 있다.

***Tant*** sont ses miracles apertes!(*Nicolas*, 520)
《*Ses miracles sont si manifestes!*》
Dex, ***quel*** vassal a ci!(*Aliscans*, 235)(감탄형용사)
《*Dieu, quelle chevalier!*》

3. 형태소 *or*나 감탄부사 *voire* 또한 감탄문을 만들 수 있다.

***Or*** i alez sans nule atente!(*Pal*, 414)
***Or*** Dex i vaille...!(*Eracle*, 860)
《*Que Dieu me soit propice!*》
- Escuz a nom? - ***voire***, fait il.(*Perceval*, 156)

4. 고대 프랑스어에서는 많은 감탄부사나 전치사구가 주로 경고의 메시지, 욕설, 완곡한 표현의 선서의 양식으로 감탄문을 이루기도 하였다 : *aïe*,(='à l'aide!')》, *merci*(='pitié'), *las*(='infortuné que je suis!'), *diva*, *helas*, *mar*, *ai mi*, *Gare*! *qui vive*, *par le chertieu(Dieu)*, *par le sanc Dieu*, *ventre Dieu*, *par le sacrement Dieu*...

Sire, fait il, por Dieu, ***aïe***!(*Renart*, 1599)
A! ***lasse***, mezre, cum oi fort aventure!(*Alexis*, 441)
《*Ah! lasse, malheureuse, infortunée, quelle aventure j'ai vécu!*》
***Merci***, Renart!(*Renart*, 3074)
***Dehait ait*** qui ja en parlera... !(*Aucassin*, 18)
《*Malheur* à *celui qui jamais en parlera!*》
***Ai mi***, lasse moi, caitive!
Por coi sui en prison misse?(*Ibid*., V, 15)
《*Hélas, pauvre de moi, misérable captive que je suis! Pourquoi suis-je prisonnière?*》
***Mar*** i emblastes le tresor... !(*Nicolas*, 1277)
***Estez*** fait el, vos iestes pris(*FabliauxNR*, IV, 26, 23)
《*Hol*à, *dit-elle, vous êtes pris*》
***Ohi***, mal eüre! Pur quei l'avez ocis,
Cel seintisme arcevesque?(*Becket*, 121)
《*Ah! malheureux! Pourquoi l'avez-vous tué, ce très saint archevêque?*》
***Troupt! troupt!*** Bevons hardiement,
Ne faisons si le coc emplut(*Nicolas*, 740)
《*Allons! allons! Buvons sans crainte, ne faisons pas la poule mouillée*》

## 4.3. 접속사(Conjonction)

접속사는 불변사로 등위접속사와 종속접속사로 구분된다. 종속접속사와는 달리 등위접속사는 절 사이에서 계층화 되지 않은 두 개의 절 사이의 관계를 설정한다.

### 4.3.1. 등위 접속사(Conjonction de coordination)

등위 접속사는 전통적으로 동일한 통사 기능을 하는 두 절이나, 절의 형태소를 연결해 주는 *et*, *si*, *ni*, *ou*, *mais*, *car*, *or*, *donc*을 말한다. 이들 등위접속사는 결합(조합)을 표시하는 *et*/*ne*(*ni*)와 양자택일을 표시하는 *ou*, 담화의 연결사로 기능하는 *or*, *donc*/*dont*, *car*, *mais*로 구분할 수 있다.

#### 4.3.1.1. Et

1. 고대 프랑스어에서는 'a et b', 'a, b et c'형 곁에서 강조나 문체나 리듬효과를 내기 위해 'et a et b', 'a et b et c'의 형이 사용되었다.

Molt par fu ***et*** orgoillos ***et*** fiers.(*CL*, 100)
《*Il était très orgueilleux et très impudent*》
E! Durendal, cum es bele ***e*** clere ***e*** blanche!(*Rol.*, 2316)
《*Eh! Durendal, comme tu es belle, claire et blanche!*》
Biax estoit ***et*** gens ***et*** grans ***et*** bien tailliés de ganbes ***et*** de piés et de cors ***et*** de bras.(*Aucassin*, 2, 10)

《*Il était beau, avenant, grand, bien fait sous le rapport des jambes, des pieds, du corps et des bras*》

> ☞ **주의**
> (a) 관계사 *qui... qui, que... que* 또한 평행을 강조할 수 있다.
> (b) 서로 분리할 수 없는 두 요소를 등위할 경우 *entre...et*를 사용한다.
>
> Longuement parlerent ***entre*** la reïne ***et*** Galaad.(*Queste*, 20, 31)
> 《*La reine et Galaad parlèrent longuement ensemble*》
> Aucassin fu descendus ***entre*** lui ***et*** s'amie.(*Aucassin*, 28, 1)

2. 고대 프랑스어에서 등위접속사 *et*는 다음과 같은 다양한 의미로 쓰일 수 있다.

1) 시간, 결과의 의미(='et alors, et ensuite, et donc')

Brandist sun colp, ***e*** li Sarrasins chiet.(*Rol.*, 1552)
《*Il assène son coup, et le Sarrasin tombe*》

2) 추가의 의미로(='et qui plus est', 'et de surcroît') 강조용법

Bien ert la dame ainçois esprise,
***Et*** sa suer l'a an graignor mise;
D'amor estoit bien enflamee,
Plus l'an a ceste antalantee.(*Enéas*, 1383)
《*La dame(Didon) était déjà fort éprise(d'Énée). De surcroît, sa soeur intensifie son amour. Elle était déjà brûlante de passion, l'autre l'augmente encore*》

3) 대립의 의미(='et pourtan't, 'mais')

Vous deüssiez or consoil prendre
De vostre fontainne desfandre,
*Et* vos ne finez de plorer!(*Yvain*, 1627)
《*Vous devriez maintenant songer* à *défendre votre fontaine, mais vous ne cessez de pleurer!*》

3. 문두에서의 Et

등위접속사 *et*는 단독으로 문두에서 사용되거나(특히 산문에서), 아니면 모든 상황사(circonstantielle)와 결합하여 'et + 상황사'의 건축학적 구조를 이룬다. 아울러 문두의 *et*는 시간이나 결과를 표시한다.

***Et*** quant il vint la... ***Et*** li rois... les salua..; ***et*** il se drecierent encontre lui... ***Et*** il les fist rasseoir et s'assist avec ax.(*Queste*, 21, 18)
《Lorsqu'il y arriva... Le roi... les salua...; ils se levèrent lui-même... Il les fit se rasseoir et s'assit avec eux》

4. 문두에서 *et*는 직접화법에 생기를 불어넣거나 다른 화자의 개입을 강조하기도 한다.

《***Et*** moi que chaut?》 dist Guielins.(*Nîmes*, 609)
《*Et que m'importe?*》 dit Guielin.
Lors s'en ist li rois de leanz tant dolenz com nus plus. ***Et*** la reïne mande Boort et Hestor qu'il veingnent parler a lui.(*Artu*, 80, 1)
《*Le roi sortit alors, prodigieusement affligé. La reine, quant* à *elle, demande aussitôt* à *Bohort et* à *Hector de venir lui parler*》

5. 등위접속사 *et*는 종속절(시간, 가정, 비교, 원인, 결과) 다음에서 주절을 도입할 수 있다.

Et ***quant*** ce vint as lances baisier, ***et*** li Greu lor tornent les dos.(*Villh.*, 157)

《*et quand on en vient à baisser les lances, les Grecs leur tournent le dos*》
***S'***en volt ostages ***e*** vos l'en enveiez,
U dis u vint, pu lui afiancer(*Rol.*, 40)
《*S'il veut des otages, eh bien envoyez lui-en dix ou vingt pour lui inspirer confiance*》
Mes comme il ***plus*** le demanderent, ***et meins*** en apristrent.(*Artu*, 37, 7)
《*Plus ils le pressaient de question, moins ils en apprenaient*》
***Et puisqu'***il est issi que vos me desfiés,
***Et je*** me garderai(*ResnautMonR*, 289, 30)
《*Et puisque les chose sont telles que vous me dédiez, eh bien je me défendrai*》
Qui ***plus*** i met, ***e plus*** pert.(*Proverbes*, 2079)
《*Qui y met davantage, perd davantage*》

6. 의문문이나 대답 또는 반박의 어두에서 주어인칭 대명사와 사용되어 강조의 의미를 갖는다.

***E*** u est Ysolt la raïne,
E Brengain, sa bele meschine?
- Par fait, ***e*** eus sunt ici(*FolieTrOx*, 149)
《*Où se trouvent donc la reine Ysaut et Brangien, sa belle suivante? - Eh bien, elles sont ici*》
Ça sui venuz a toi
- Di moi, Sathan, ***e*** tu pur quoi?(*Adam*, 204)
《*Je suis venu te trouver ici - Dis-moi, Satan, pourquoi donc?*》

7. 명령법(특히 *car*와 함께)이나 접속법의 문두에 위치하여 부사적인 기능을 한다.

Por amor Dé de gloire, ***et quar*** vos en alez!(*Parise*, 2490)
《*Pour l'amour du Dieu de gloire, partez donc!*》
***Et*** Dieus vous saut, seigneur serjeant!(*Nicolas*, 711)
《*Dieu vous sauve, messieurs de la garde!*》

8. 두 개의 종속절을 등위할 경우, 두 번째 등위절에서 종속접속사가 생략되고 *et*만 표현된다.

Je l'amenrai, ***se*** Deu plaist ***et*** je vif.(*CL*, 1704)
《*Je l'amènerai* à *Dieu et si je suis encore en vie*》
...***por ce que*** il ere plus pres logiez ***et*** plus souvent i avint(*Villh.* 169)
《*... parce qu'il était logé le plus près et qu'il y intervint le plus souvent...*》

4.3.1.2. Ne/ou

1. 등위 접속사 *ne*는 부정문에서 *et*나 *ou*와 동일한 통사적 기능을 한다. 그러나 긍정문과 부정문, 또는 통사적 기능이 서로 다른 요소를 등위 시킬 수 있다.

Cordouaniers n'ot bon saluer
***Ne*** drapiers ne fu bien vestus.(*Guillaume le Vinier*, VII, 16)
《*Jamais un cordonnier n'a eu de bons souliers et un marchand d'étoffes n'a* été *bien vêtu*》

2. 고대 프랑스어에서는 등위사 *et*와 마찬가지로 'a ne b', 'a ne b ne c'형 곁에서 강조 문체효과 및 리듬효과를 내기 위해 'ne a ne b' 형태도 발견되며, 부정절의 등위에서는 'ne a ne ne b '의 형이 사용되었다.

N'en ad meillor en tere ***ne*** suz cel.(*Rol.*, 1674)
《*Il n'y en a pas de meilleur sur la terre ni sous le ciel*》
Ne l'i peüsmes secorre ***ne*** aidier.(*Nîmes*, 364)
《*Nous n'avons pas pu le secourir et lui prêter main forte*》
Ne s'i tenist ***ne*** lievre ***ne*** levriers.(*CL*, 658)

《*Ni lièvre ne lévrier ne pourrait le suivre*》
Onques la nuit ***ne*** but ***ne ne*** menja.(*Artu*, 93, 2)

3. 등위사 *ne*는 부정의 뜻이 내포된 직 · 간접 의문문, 비교절, 조건절 등에서 사용될 수 있다.

D'angoisse me covient suer
Quant nus m'araisne ***ne*** esgarde.(*Perceval*, 3794)
《*j'ai nécessairement des sueurs d'angoisse si quelqu'un m'adresse la parole ou me ragarde*》
Qui aint ***ne*** hace Renart.(*Renart*, 1231)
《*Quel que soit celui qui aime ou qui haïsse Renart*》
Le plus fot home de la crestïenté
***N'***en paienime que l'en peüst trover.(*Nîmes*, 137)
《*L'homme le plus fort que l'on puisse trouver en terre chrétienne ou en terre païenne*》
Si mes consex estoit creüz ***ni*** esgardez,
Je les ferai touz prendre, les cuvers deffaés!(*Parise*, 391)
《*Si l'on se rangeait à mon avis, je les ferais tous prendre, ces brigands sans foi*》

4. 명령법이나 희구법에서

Senescal, cinc cens deshais ait
Quil dist ***ne*** qui l'a en pensé!(*Nicolas*, 214)
《*Sénéchal, cinq cents malédictions pour celui qui a dit cela ou qui le pense!*》

5. 첫 번째 절이 긍정인 경우 *et* 대신 사용된 *ne*의 용법도 찾아볼 수 있다.

si s'arreste et le regarde, ***ne*** mot ne dit.(*Queste*, 58, 18)
《*Il s'arrête, le regarde et ne dit mot*》

Poi pris ***ne*** vous vo engien.(*Nicolas*, 1498)
《*Je vous méprise, vous et vos manoeuvres*》

6. 절의 시작에서 등위사 *ne*가 단독으로 사용될 수 있다.

et clerement le sooit l'on parmi l'ost. ***Ne*** li meenstrier ne fussent ja si hardi que il sonnassent leur estrumens de jour.(*SL*, 56)
《*et on pouvait les entendre distinctement dans l'armée. Et les musiciens n'auraient pas eu l'audace de jouer de leurs instruments pendant la journée*》

7. 고대 프랑스어 등위접속사 *ou*는 현대 프랑스어와 마찬가지로 분리의 등위 접속사 기능을 한다. 고대 프랑스어에서는 'a ou b' 형이 지배적이나 'ou a ou b' 형태도 찾아볼 수 있다.

... se ele li dira ***ou*** ele s'en tera.(*Artu*, 50, 34)
《*... si elle le lui dira ou pas*》
... ains m'esquelderoie de si lonc que je verroie une maisiere ***u*** une bise peirre.(A*ucassin*, 14, 10)
Et qui qui il soit, ***ou*** cil que vos dites ***ou*** autres, je voldroie que biens li venist.(*Queste*, 7, 33)

#### 4.3.1.3. Mais/ains

이 두 등위 접속사는 고대 프랑스어에서부터 등위 된 두 요소 사이의 대립을 나타낸다. *Mais*는 다음의 두 가지 의미적 용법을 갖는다. 첫째, *mais*는 *ains*와 마찬가지로 동일한 결론을 지향하는 두 절을 연결한다. 둘째, *mais*는 앞에서 이야기한 것과는 반대가 되는 개념을 도입한다. 따라서 두 절은 서로 상반된 결론을 지향할 수 있다.

1. *mais*는 부사적 의미로 'plutôt', 'plus', 'davantage'로 해석 할수 있다.

- Pinchedé, hocherons as crois?
- ***Mais*** a le mine, entre nous trois...(*Nicolas*, 800)
《*Pincedé sera-ce* à *pile ou face? - Plutôt* à *la mine*, à *nous trois*》
- Lais les
- ***Mais*** tu ostes tes mains...(*Nicolas*, 1159)
《*Lâche-les! - Toi, plutôt, enlève tes mains...*》

2. *mais*는 미래를 표현하는 시간의 부사로 사용될 수 있다.

D'autre part vienent li Tartaire
Que l'en fera ***més*** a tart taire(Rutebeuf, *Compl. Cons.*, 25, 6)
《*D'un autre côté viennent les Tartres, que l'on fera taire trop tard désormais.*》
Sire, vo commandise est faite :
N'i a ***mais*** se serjant ne gaite(*Nicolas*, 565, 66)
《*Sire, votre ordre est executé: il n'y a plus ni solant ni gardien.*》

**☞ 참조**

이 경우 다른 부사와 결합할 수 있다 : *anuit/hui /or + mais ; mais hui ; des or mais / ne... ja mais ; mais ainc ; onques mais...*

Que caut? Durant, laisse le ***hui mais***,
Et le matin le me ramaine(*Nicolas*, 1233)
《*Durant, laisse-le tranquille pour aujourd'hui et ramène-le-moi demain matin*》
Bien sai que ***jamais*** povres n'iere(*Ibid.*, 380)
《*Je sais maintenant que je ne serai jamais pauvre*》
Roys, soies plus liés c'***onques mais***(*Ibid.*, 496)
《*Roi, sois plus heureux que jamais*》
***Mais ainc*** tel vilain ne vi
Comme je voi illuec a destre!(*Ibid.*, 503)

《*Mais je n'ai jamais vu un vilain comme j'en vois un là, à ma droite*》

3. *Mais*는 한 담화에서 다른 담화로의 전이를 표현할 수 있다.

Atant se part li uns de l'autre et s'entrecommandent moult a Dieu. ***Mes*** atant lesse ore li contes a parler d'eus touz et retorne au roi Artu.(*Artu*, 61, 15)

4. *Mais*는 설명적 가치나 예외의 가치(exceptive)를 표현할 수 있다.

Tervagen, par melancolie
Vous ai hui dit mainte foili ;
***Mais*** g'iere plus ivres que soupe.(*Nicolas*, 165)
Tut en travers li trenchad sis escuz ;
Des set qu'il porte ne li lait ***mais*** un.(*Chans. Guill.*, 3264)

5. *Ains*는 mais와 동일한 의미를 갖지만 *mais*와는 달리 부정문 다음에서만 사용될 수 있다.

Et se aucunes le demande, il ***ne*** se repont ***pas***, ***ainz*** se lait legierement trover.(*Queste*, 105, 21)
***N'***est ***pas*** vair, ***ainz*** est mensunge!(*FolieTristOx*, 457)
《*Ce n'est pas vrai, mais c'est du mensonge!.*》
Jo i puis aler, ***mais*** n'i avrai guarant.(*Rol.*, 329)
Sire, fet la damoisele, son non ne vos dirai ge mie ; ***mes*** ge vos mostrerai son escu.(*Artu*, 26, 63)

4.3.1.4. Car

고대프랑스어에서 형태소 *car*는 설명의 부사적 용법(<quare='c'est

pourquoi')과 종속 접속사의 역할을 할 수 있다. 형태소 *car*가 등의 접속사로 사용될 경우 *car* 다음에서는 주어 도치가 일어나지 않는다.

> Et por ce, dame, prent ge congié a vos et vos commant a Dieu ; ***car*** nos en irons le matin.(*Artu*, 36, 50)

아울러 고대 프랑스어에서 *car*는 다음의 경우에서 종속 접속사의 역할을 한다.

1. 원인 관계에 있는 두 개의 절에서 첫 번째 절 앞에 위치할 경우

> \- ***Por coi*** m'escondist on dont l'uis?
> \- Ma douce suer, ***car*** je ne puis Feme veoir.(*Ille*, 1857)
> et ***por ce*** me sera molt griez lor departie ; ***car*** je avoie apris a veoir les sovent et a avoir lor compaignie.(*Queste*, 17, 10)
> 《*Aussi leur part me sera très pénible ; c'est que j'avais l'habitude de les voir fréquemment et d'avoir leur compagnie*》

2. 접속사 *que*의 역할을 할 때

> Et promist li ***car*** li donroit
> plus que ses peres ne avoit.(*Enéas*, 139)
> Li vens... leva si forz et si orribles ***car*** il nous batoit a force sus l'ille de Cypre.(*SL*, 124)
> 《*Le vent se leva si fort et si terrible qu'il nous jetait par force sur l'île de Cypre*》

3. 의혹이나 서술동사의 보어절이나 결과절을 도입할 때

> Tu a certes deliveras la meie aneme, ***quer*** ele ne perisist.(*Ps. Cambr.*, 265, 12)

Lessiez la corone, ***car*** vos n'i avez droit.(*Queste*, 42, 10)
Cen distrent les espies qui revindrent arriere
***Quer*** li païs ert beaux.(*Rou*, 2, 571)
《*Les espions, une fois revenus, dirent que le pays était beau*》

4. 감탄문이나 돈호법, 유감 등의 표현 다음에서 부정의 설명절을 도입할 때 - 부사적 용법

1) 접속법 형태의 희구법에서

Dieus, ***car*** m'eüst ont pandu!(*FabliauxNR*, 97, 64)
《*Dieu, que ne m'a-t-on pendu!*》
Diex! ***quar*** fusse or moines randuz
A Cluigni ou a Clerevaux!(*Renart*, 1030)
《*Mon Dieu, si seulement j'étais devenu moine* à *Cluny ou* à *Clairvaux*》

2) 명령법에서 - 이 경우 *or*, *si*, *et*, *donc*과 함께 사용될 수 있다

Ceste bataille, ***car*** la laisses ester.(*Rol.*, 3902)
《*Cette bataille, renonces-y donc!*》
Sains Nicolais, ***car*** me regarde!(*Nicolas*, 1259)
《*Saint-Nicolas, protège-moi*》
Por amor Deu, seignor, ***et car*** vos an tornez.(*Parise*, 1062)
《*Pour l'amour de Dieu, seigneurs, partez donc*》
Voire, ce dit Girarz, ***donques car*** l'afiez.(*Ibid.*, 2581)
《*Voire, dit Gérard, eh bien! promettez-le donc*》

4.3.1.5. Or/donc

형태소 *or*와 *donc*는 시간과 논리의 개념을 표현하는 등위 접속사로 현대 프랑스어의 용법과 동일하다. 고대프랑스어에서는 시간개념의 부

사적 용법으로도 널리 사용되었다.

1. Or

1) *or*는 문두에 위치하여 시간의 전이를 표현하여 새로운 발화상황을 연출한다. 따라서 *or*는 시간의 부사적 역할을 한다고 볼 수 있다. *Or*는 주로 움직임이나 이동의 동사와 함께 쓰인다.

**Or** le caciés se vos volés.(*Aucassin*, 22, 39)
**Or** ne t'esmaier donc.(*Queste*, 128, 30)

2) *or*는 감탄문이나 명령법, 접속법을 유도할 수 있다.

**Or** hors!(*Nicolas*, 1315) 《*Allons hors d'ici*》
**Or** cha!(*Nicolas*, 715) 《*Allons, venez ici!*》
Galet, **or** monte.(*Gal*, 603) 《*Gallet, en selle!*》
**Or** entendez, seignor gentil baron...(*Ami*, 3257)
**Or** le garisse cil qui le mont cria(*Aliscans*, 1108)
《*Que le protège donc Dieu le créateur du monde*》

3) *or-donc*과 말 연쇄를 이루어 강조의 효과를 갖는다.

Franc chevalier, **or** venez **dont** avant.(*Nîmes*, 583)
《*Nobles chevaliers, avancez donc!*》

4) 부정법과 함께 격려, 놀람을 표현한다.

**Or** du voir dire! Nel dire ja!(*Le Mariage Rutebeuf*, 61)
《*Disons la vérité!*》

2. Donc

고대 프랑스어에서 *donc*는 접속사보다는 부사적 성격이 강했다.

1) *dont*은 시간, 조건, 양보의 종속절 다음에서 전이나 결론을 표현한다.

***Quant*** a sa proie devoree,
***Donc*** si s'endort gole baee.(*Enéas*, 489)
《*Une fois qu'il a dévoré sa proie, il s'endort alors, la guelle grande ouverte*》
***Se*** vos serf mes, ***dont*** soie je honiz.(*Nîmes*, 114)
《*Si je vous sers désormais, alors que je sois déshonoré*》

2) 의문문이나 감탄문에서 놀람, 불안 등의 감정을 표현한다.

Seés vous ***dont***!(*Feuillée*, 610)
《*Asseyez-vous donc!*》
Franc chevalier, or venez ***donc*** avant.(*Nîmes*, 583)
《*Nobles chevaliers, avancez donc!*》

#### 4.3.1.6. Si : '부사'의 '절의 연결사 si' 참조

### 4.3.2. 종속 접속사(Conjonction de subordination) (Cf. 6장 '복문' 참조)

문장은 하나의 독립절이나 여러 개의 독립절, 주절이나 종속절로 계층화된 절로 구성될 수 있다. 종속절은 담화의 구성요소로 명사절(보어절), 형용사절(관계사절), 부사절(상황보어절)로 구분할 수 있다.

### 4.3.2.1. 종속 접속사

대표적인 고대프랑스어의 종속접속사는 라틴어 *quod*에서 파생한 *que*로 *qe*, *ke*, *che*의 형태로 사용되었다. 형태소 *que*는 고대프랑스어에서 문맥에 따라 다양한 종속관계를 표현할 수 있으며, 또한 많은 접속사구를 구성할 수 있다.

1. 단독으로 사용된 que

1) 선행사의 명백한 설명(='selon lequel, conformément auquel')이나 시간명사에 후행하여 상황보어의 역할을 한다.

Quant de vers France li sont venu mesage
Qui li aportent unes noveles apres,
***Que*** morz estoit li emperes Challes(*CourL.*, AB, 1418)
《*Quand des messagers venus de France se présentent* à *lui, lui apportant le terrible nouvelle de la mort de l'emprereurt*》
An ***la demaine qued*** il s'en dut aler(*Alexis*, 291)
《*La semaine où il devait partir*》

2) 부정문의 주절 다음에서

Il n'orent ***mie*** quatre lius alé
***Qu'***en mi la voie ont un vilain trové(*Charroi*, 874)
《*Ils n'eurent pas parcouru quatre lieues qu'ils rencontrènt en chemin*》

3) 보어절을 도입하는 명사절에서

Nuncent al pedre ***que*** nel pourent truver(*Alexis*, 127)
《*Ils annoncent au père qu'ils n'ont pu le trouver*》

4) 시간의 종속절에서

*Qu*'il a passé .vii. ans, nous le suivrons de prez(*DitsSQ*, L, 38)
《*Dès qu'il aura passé sept ans, nous le surveillerons de près*》

5) 원인의 종속절에서

Fuiant s'en vint, ***qu***'il n'i pout mes ester(*Rol.*, 2784)
《*Le roi Marsile est parti en prenant la fuite, incapable de résister plus longtemps*》

6) 결과의 종속절에서

Rala s'en, ***que*** plus n'i ot fet(*Erec*, 233)
《*Il se retira, si bien que l'affaire en reste là*》

7) 목표의 종속절에서

Prist l'olifan, ***que*** reproce n'en ait(*Rol.*, 2263)
《*Il prend l'olifan pour éviter tout reproche*》

8) 때론 의미 파악이 불가능한 형태소(접속사/관계사)로

Seigneur, ce dist Morans, si Dieu ait en moi part,
***Que*** nos feismes molt ***que*** fol et que musart
Que pour faire tel murdre venimes ceste part(*Berte*, 642)
《*Seigneurs, dit Morant, Dieu m'assiste, nous avons agi comme des insensés en venant ici accomplir ce meurtre*》(첫번째 *que*는 종속접속사, 두 번째는 설명의 *que*)

9) 등위절에서 선행하는 절의 반복어 대용어로서의 *que*

***Quant*** che vint l'endemain par matin et ***que*** chil de la vile seurent que li empereres se estoit fuis...(*ConquesteC*, LII, 1)
《*Quand on arriva au lendemain matin et que les habitants de la ville apprirent que l'empereur s'était enfui*》

☞ **주의**

1) 이 경우 접속사 *que*의 반복이 등위절에서 절대적인 것은 아니었다.

Et ***quant*** il eut esté plusieurs jours en la mer ***et*** fortune l'eut mené en la Ocecane..(*OisivetésJA*, I, 14)
《*Et quand il eut navigué plusieurs jours sur la mer et que l'hasard l'eut mené dans l'Océan...*》

2) 접속사 *que*는 절 다음에 위치할 수 있다.

Tuit li sage doivent savoir
Qui bien la sert ***qu'***il fait savoir(*MiraclesND*, I, Pro., 1, 11)
《*Tous les hommes de bon sens doivent savoir que celui qui la sert bien agit en sage*》

10) 일반적으로 조건절로 된 삽입구 다음에서(드물게 시간절) 주절과 종속절의 종속관계를 단절시키면서, *que*는 이러한 관계를 설정하기 위해 반복된다.

Car li quens Garins lor avoit conmandé ***que***, se li pooient prendre, ***qu'***i l'ocesissent(*Aucassin*, 14, 25)
《*Car le comte Garin leur avait donné l'ordre, s'ils pouvaient la prendre, de la tuer*》
Je vus pri, cher sire, ***ke*** sicum vus amez la sauveté de la cité de Nicole, ke vus maundez a Robert le Blund, ke par vostre asignement est en le pais du Nort, ***ke*** il en repairunt ver la curt veigne par Nicole(*Lettres angl.fr.*, 12, 1272)
《*Je vous prie, cher sire, si vous aimez la sauvegarde de la cité*

*de Lincoln, de bien vouloir enjoindre à Robert le Blond, qui par votre mandement se trouve dans le pays du Nord, qu'il se rende à Lincoln en regagnant la cour...*》

2. 형태소 Que로 이루어진 접속사구

고대프랑스에서 *que*는 전치사나 부사 등과 결합하여 많은 종속 접속사구를 만들어 다양한 의미의 종속절의 역할을 한다. 고대프랑스어에서 가장 널리 통용된 접속사는 다음과 같다 : *por ce que, por que, por ice que, par ce que, puis que, ainz que, ainçois que, depuis que/despuis que, tant que, si que, tel que, ja soit ce que, ja soit que*...(접속사구에 대한 자세한 사항은 제6장 '복문' 참조요망)

### 4.3.2.2. 고대프랑스어 종속절의 특징

고대프랑스(중세프랑스기를 포함하여)어 종속절은 다음과 같은 특성을 보인다.

1. 절 사이의 접속 또는 분절

고대프랑스어에서 절사이의 경계를 알리는 절 사이의 연결이나 분절은 산문이나 운문에서 다양한 방식으로 이루어질 수 있다.

1) 분절은 구두점이나 리듬의 휴지로 표시될 수 있다.

산문에서의 구두점은 『스트라스부르 서약』에서부터 등장하지만, 구두점의 사용은 절의 경계에서 중요한 통사적 차이를 알려준다. 운문에서 리듬휴지가 잉여적인 구두점과 함께 등장하기도 한다. 따라서 10

음절 시나 8음절 시의 80% 이상의 경우에서 두 절사이의 통사적 차이가 시의 마지막이나 반구(hémistiche)에서 위치하면서 절의 리듬구조와 통사구조가 서로 일치한다. 병렬 또한 흔히 찾아볼 수 있으며, 휴지는 주절과 종속절 사이의 통사적 경계를 구별하는데 사용된다.

> Je vos plevis, tuz sunt jugez a mort(*Rol.*, 1058)
> 《*Je vous en donne ma parole, tous sont condamnés* à *mort*》

2) 분절은 다양한 형태소로 표시될 수 있다.

운문에서 분절의 형태소는 그 빈도수가 약하며 리듬 및 철자표지와 겹친 형태로 표현되며(33%(*Rol.*) ; 79%(*Graal*)), 산문에서는 특히 절의 시작부분에서 분절의 형태소가 등장한다. 이 분절의 형태소는 등위 · 종속접속사, 문장의 부사 등의 형태를 취하거나(*et, car, mais, ainsi, or, lors, puis, quant, etc...*), 형태소 *que*로 이루어진 접속사구(*fors que, ainsi que, etc...*), 아포스트로피, *biaus sire*, 감탄사(*par ma foi, en non Deu*) 등으로 표현된다.

2. 자율적 사행과 종속 사행 사이의 절대적인 경계의 부재

1) 자율적 사행은 직접화법에서 독립절의 형태로, 종속절에서 명령법의 형태로 종속절에 삽입될 수 있다. 이 때 접속사는 생략될 수 있다.

> Jo te cumant, *tutes mes oz aün*(*Rol.*, 1815)
> 《*Je te commande de rassembler toutes mes troupes*》

2) 이 경우 등위접속사의 도움으로 종속절이 주절의 의존에서 벗어날 수도 있다.

Il ne m'aime pas, ***ne*** je lui,
Fors par un herbé dont je bui
Et il en but ; ce fu pechiez(*TristBé*, 1413)
《*Il ne m'aime pas et je ne l'aime qu'à cause d'un breuvage que j'ai bu et qu'il a bu. Ce fut là notre malheur*》

3. 상관관계

1) 상관관계의 정의와 양식

상관관계는 절사이의 초분절 표지(marque suprasegmentale)로 표현된 절사이의 모든 유대관계를 의미한다. 이러한 상관관계는 고대프랑스어에서 특히 발달되었다. 초분절 표지의 반복이나 환기는 절이 동사로 시작하는 것을 피하기 위해서 강세어, 즉 부사를 통해 절이 시작되는 필요성이 불가피했다. 고대프랑스어에서 상관관계의 표지는 상관관계(시간)의 부사(*dont/adont, tant/atant, ja, alors, puis, aprés, si, etc*)나, 상관관계의 접속사(*ou...ou; tantost...tantost; soit...soit; plus...plus; aussi/issi/autresi com.... aussi/issi/autresi...*)로 이루어졌다.

2) 상관관계의 여러 가지 용례

두 절사이의 결과를 표현하는 상관관계는 고대프랑스어에서 다음과 같은 형식으로 이루어졌다.

(1) 비대칭 상관관계의 부사

이 경우 주제의 지속성을 표현하는 *si*가 가장 널리 통용된 형태소로 독립절이나 시간의 주절에서 반복되었다.

① 독립절

Ot le Guillelmes, *s'*en a un ris geté(*Nîmes*, 44)
《*En entendant cela, Guillaume s'est mis à rire*》
Li cuens le voit, *s'*a la targe levee(*ClourL.*,C, 772)
《*En voyant cela, le comte a levé le boucleir*》

② 시간의 주절 : *Quant....*, *si/donc/atant/lors/puis/apés*, *etc*의 형식을 취한다.

***Quant*** Primaut s'oï manecher,
***Lors*** n'ot en lui que corocher(*RenartR*, 14, 945)
《*Quand Primaut entendit qu'on le menaçait, la rage l'envahit tout entier*》
Et ***quant*** il furent ensemble, ***si lors*** fu ceste parole mostree(*ConquesteV*, 94)
《*Et quand ils furent réunis, cette affaire leur fut exposée*》

(2) 종속절 다음에서의 등위접속사 *et*:

'조건절-주절', '시간절-주절', '원인절-주절', '비교절-주절'의 연속구문에서 주절 앞에 문장의 부사로서 *et*가 사용된다.(Cf. 등위접속사 'et')

***Quant*** Deus done farine, ***et*** deables tolt sac(*Proverbes*, 1736)
《*Quand Dieu donne de la farine, le diable dérobe le sac*》
Quant ***plus*** a de buche el feu, ***et plus*** art(*Proverbes*, 1754)
《*Plus il y de bûches dans le feu, plus il brûle*》

4. 종속 표지의 잉여적 표현, 생략 및 반복

1) 고대프랑스어에서 종속표지는 다음의 경우 생략되거나 허사적으로 표현될 수 있다.

(1) 종속표지는 도입된 종속절이 다른 수단을 통해 충분히 종속절임

이 표현되었을 때 생략될 수 있다.

(2) 주절과 종속절 사이의 관계가 희미할 때, 특히 메시지가 삽입구로 혼동될 때 허사적 용법의 *que*가 강요되기도 한다.

2) 주절과 종속절 사이의 종속표지는 운문에서, 종속관계가 상대적으로 충분히 표시된 짧은 구문에서 생략된다. 특히 다음의 경우에서 종속표지는 생략된다.

(1) 보어절에서(종속의 표지가 포함된 접속법에 의존)

① 특히 의지, 명령, 기원을 의미하는 동사 뒤에서

***Dites*** al rei Hugun me prest sun olivant(*VoyageCh*, 471)
《*Dites au roi Hugon qu'il me te son olifan*》
Or ***prions*** tous la dame, qui le cors Dieu porta,
Qui des mains l'anemi la borgeoise osta,
Les euvres nous doint fere par quoi nous soions la...(*DitsSQ*, D, 213)
《*Prions donc tous la Dame qui porta le corps de Dieu, qui ravit la bourgeoise des mains du Démon, qu'elle nous accorde d'accomplir les oeuvres qu'il nous faut accomplir ici-bas*》

② 금지의 동사 뒤에서

***Gardez*** ne vos movez por rien(*Yvain*, 1310)
《*Gardez-vous de bouger pour rien au monde*》
Com avez non? ***Gardez*** nel me celez(*Aliscans*, 2771)
《*Quel est votre nom? Gardez-vous de me dissimuler rien*》

③ 부정사 *ne*와 함께 사용되어 불가피성을 표현하는 동사 뒤에서

Carles li magnes ***ne poet muer*** n'en plurt(*Rol.*, 841)(cf. 2381, 2517)
《*Charlemagne ne peut s'empêcher de pleurer*》
***Ne lesserat*** bataille ne lur dont(*Ibid.*, 859)
《*Il n'aura de cesse de les combattre*》

(2) 약속을 의미하는 동사의 뒤나, 단순미래/조건법과 같은 예견 시칭에서

Cil li ***promettent*** nel ferunt(*VieSGilles*, 2359)
《*Ils lui promettent qu'ils le feront*》
... ***Si*** li ***promist***,
***Se*** cel servise li ***feseit***,
Bon guerdun de li ***avereit***(MarieFce, *Fresne*, 118)
《*Elle lui promit que, si elle lui rendait ce service, elle aurait une bonne récompence*》

(3) 법과는 무관한 의견, 인지, 인상, 감각을 표현하거나 사실을 기록하는 동사 또는 비인칭 동사 뒤에서

Je ***cuit*** Renart vos a loé
Et de son miel vos a donné(*RenartR*, I, 1391)
《*J'ai l'impression que Renart vous a circonvenu, et donné de son miel*》
***Vit*** son seignor pales estoit(*TristBé*, 2103)
《*Il vit que son maître était tout pâle*》
Bien ***a .xv. ans*** ne fist chevalerie(*Aiol*, 3503)
《*Il y a bien 15 ans qu'il n'a accomplit d'exploit de chevalier*》
Puis ***avint*** chose, li rois se combatié(*Charroi*, 348)
《*Puis il arriva que le roi livra bataille*》

(4) 관계절에서

① 완전부정의 표현, 결과나 조건의 관계절에서, 특히 *n'i a celui*의 표현에서

***N'i a celui*** n'ait la targe faussee(*Aliscans*, 269)

*《Pas un seul qui n'ait les rênes ensanglantées》*

② 중성관계사 *que ce que*나 금지를 표시하는 구조에서

Miex voluns nos tot nostre avoir metre et aler povre en l'ost ***que ce que*** elle se departist ne faillist(*ConquesteV*, 60)
*《Nous préférons mettre nout notre avoir et aller pauvres dans l'armeé plutôt qu'elle ne se dégagère et échoue》*

(3) 상황보어절에서

① 특히 *tant*과 *si*처럼 강조나 방법을 표시하는 형태소로 도입된 결과를 표현하는 상황보어절에서

***Tant*** out fer le visage, nel osat esgarder(*VoyageC*, 131)
*《Son visage était si terrible qu'il n'osa le regarder》*
Mout par est forz vostre donjons
Mes n'est ***si*** forz ne l'aie pris(*RenartR*, I, 1772)
*《Votre donjon est vraiment fort, mais il n'est pas assez puissant pour que je ne m'en empare point》*

② 긍정과 부정으로 된 비교절에서

Et sont ***plus*** durs ne soit fers ***ne*** achiers(*Ogier*, 2379)
*《Et ils sont plus durs que ne peut l'être le fer ou l'acier》*
C'est li quens Phelipes de Flandres,
Qui valt ***miex ne*** fist alixandres(*Graal*, 13)
*《C'est le comte Philippe de Flandre, qui a plus de valeur que n'en eut Alexandre》*

3) 종속 표지의 반복

앞의 경우와는 달리 종속표지는 대명사 *ce, le, en, chose*와 양화사 *tant* 다음에서는 반복된다.

Ge li dis ***ce qu'***il s'en alast(*TristBé*, 435)
《*Je lui ai dit de s'en aller*》
Mes hui m'***en*** sui aperceüe
***Que*** j'en ai été deceüe(*Vergy*, 577)
《*Mais j'ai découvert aujourd'hui que vous m'avez trompé*》
Puis avint ***chose que*** Renarz....
S'en vint treant a une vile(*RenartR*, 5, 4065)
《*Il advint que Renart se rendit dans une ville*》
Mes ***tant*** vo di ge bien ***que*** Lanselos n'avra a moi pes jamés(*Artu*, 36, 46, Cf. 74, 29)
《*Sachez seulement que Lancelot n'obtiendra jamais de moi son pardon*》

# 5. 담화의 양식(Modalités du discours)

언술은(물론 고대 프랑스어에서는 쓰여 진 텍스트지만) 긍정문(assertion), 의문문(interrogation) 또는 명령문(jonction), 감탄문(interjection)로 구분할 수 있다. 특히 명령은 명령법이나 접속법 3인칭 단수로 표현할 수 있다.

## 5.1. 긍정문(Assertion)

긍정문은 고대 프랑스어에서 특별한 형태론적 표지를 갖지 않으며, 발화체가 화자에 의해 자신의 믿음의 세계로 간주되는 담화의 양식이다. 이러한 믿음의 정지는 의문에 상응되며, 이러한 믿음에 대한 거부는 부정에 상응된다. 긍정은 다음과 같은 형태소로 강조될 수 있다.

1. 발화자를 참조하는 형태소 : *ja, certes, certainement, au mien escient, sanz faille, sans doute, par ma foy, de verté, ce m'est (a) vis, ce cuit, ce croi, ce sai de fi, voir(s)/voir(e)s.*

2. 대화자에 관계되는 표현소 : *(ce) sachiez*(이 표현은 특히 *ConquesteV* 에서 지배적이다)

Mais cest anseing desdaignerai,
Que ***ja voir*** ne m'an seignerai(*Graal*, 119)
《*Mais je n'ai que faire de cette recommandation, certes non, je ne me signerai pas*》

## 5.2. 부정문(Négation)

부정문은 진실의 가치를 변환하는 논리-의미적 절차로 참(진실)으로 설정된 단언을 거짓(위선)으로 만들어준다. 고대 프랑스어의 부정문은 현대 프랑스어와 마찬가지로 완전 부정문과 부분 부정문으로 나눌 수 있다. 완전부정문은 제한이나 배제를 함축하지 않으며, 이와는 반대로 부분 부정문은 제한이나 배제를 함축한다.

배제 : *Je ne vous aime plus / je vous aime encore.*
*Elle ne le voit guère / Elle le voit souvent.*
*Elle ne le voit jamais / elle le voit souvent*
제한 : *Je n'aime que le café au lait.*

일반적으로 문법적 측면에서 부정은 문장 전체를 부정하거나(술어/동사), 문장의 구성 요소를 부정할 수 있는 라틴어 *non*에서 파생한 형태소 *non*이나 *ne*를 사용한다. 형태소 *non*은 강세 또는 술어 대용형 부정문(négation accentuée ou prédicative)을 이루며, 이와는 달리 형태소 *ne*는 비강세 또는 술어 비대용형 부정문(négation atone ou non-prédicative)을 유도할 수 있다.

### 5.2.1. 술어 대용형 부정문 Non

술어 대용형 부정문이란 *non*처럼 문장어(mot-phrase)로 단어 자체가 부정문을 만들 수 있는 경우를 말한다. 술어 대용형 부정의 *non*은 단독으로 또는 비인칭법 동사, 대리동사(verbe vicaire), 현재분사, 명사구,

대명사, 형용사, 부사 등과 함께 사용되는 명사적 용법의 부정문을 만들 수 있다.

1. 단독으로 사용되어 문장을 구성하는 *non*

1) 부정 의문문의 대답에서

Ja ne l'en voel je tolir rien
Tolir? ***Non*** voir! Ce ne vuel non.(*Cligès*, 897)
《*Je ne prétends rien lui ravir. Lui ravir? Non assurément, je ne le veux pas*》
Pindés : Rasoirs, chi n'atendés vous point?
Rasoires : ***Non***, car, tu l'as passé d'un point.(*Nicolas*, 895)
《*Rasoir, vous ne vous intéressez pas à ce qui se passe ici?-Non, car tu as un point de plus que moi*》

하지만 이 용법에서 *non*이 단독으로 사용된 경우는 드물며, 동사구의 형태를 선호한다. 따라서 *non*은 종종 비술어형의 형식으로 주어인칭대명사를 동반하기도 한다.

Savés vous ki cis chevaliers est, encontre qui je me sui combatus? - Certes, sire, fet Kex, ***je non***(*Trist.*, prose, 146, 10)
Vallet, fait il, dont nel ses tu?
- Je ***non***.(*Perceval*, 262)
《*Jeune homme, dit-il, ne le sais-tu donc pas? - Non.*》

> ☞ 주의
>
> 하지만 이 용법에서 'ne + 술어 대용형 인칭대명사'의 용법과 혼동해서는 안 된다.
>
> Mes cist dom est? Dont est naïs?
> Qui le conuist? - ***Ne*** gieé. - ***Ne*** gié.(*Cligès*, 4631)
> 《*D'où vient-il? Où est il né? Qui le connaît? - Pas moi. -Ni moi*》

2) 완전 의문문에서

... einz vos mercïerai
de quanz que vos me voldroiz feire,
que riens ne me porroit desplaire.
- ***Non***, sire? Et se je vos oci?(*Yvain*, 1981)

3) 양자택일(alternative)된 가정체계에서 긍정동사와 대립을 표현하는 *non*

Tel cop li dona de s'espee
Que la cuisse li a colpee.
Le lorain laist u voelle u ***non***.(*J&B*, 4327)
《*[Jehan] lui assène un tel coup d'épée qu'il lui a coupé la cuisse. L'autre lâche bon* gré *mal gré(exactement* 《*qu'il le veuille ou non*》 *la bride*》
Vollet o ***nun***, remés i est a piet.(*Rol.*, 2168)
《*Qu'il le veuille ou non, il est resté* à *pied.[le voil*à *sans monture]*》

4) 예외의 양식(표현)에서

위에서 알 수 있듯이, 형태소 *se*는 *non*과 함께 예외의 표현을 이루며, 현대 프랑스어 *sinon*은 여기에서 유래한다.

... ne doit an feire ***se*** mal ***non***...(*Yvain*, 3354)
《*... on ne doit rien faire sinon du mal*》
Il nel pooit veoir ***se*** moult ou ***non***, car trop estroit la nuit obscure.(*Trist.* prose, 5, 99)
《*Il ne le voyait que très peu, car la nuit était très obscure*》

5) *que* 도입된 보어절이나 간접의문문 또는 간접화법에서

Si m'est avis que vous ne m'en devez pas pal gré savoir. Et il li respont ***que non***, puisqu'il est ensi avenu.(*Artu*, 46, 31)
《*Il me semble que vous ne devez pas m'en vouloir. [Lancelot] répond qu'il ne lui en gardait pas rancune puisque les choses s'étaient passées ainsi.*》
Et saces que ge i envoierai prochainement pour savoir vraiement s'il y est u ***non***.(*Trist., prose*, 165, 21)
《*Et sache que je vais bientôt y envoyer un émissaire pour savoir s'il y est ou non.*》
Nel feras? - ***Non***.(*Adam*, 171)
《*Tu ne le feras pas? - Non*》

6) *nennil/nenny/nannil*

*Nen* + *il* 의 합성어인 *nennil*은 단독으로 부정의 대답을 유도할 수 있다. *Nen*은 모음으로 시작하는 동사 앞에서 사용된 술어 비대용형부정 *ne*의 또 다른 형태소로 일반적으로 *avoir*나 *estre* 동사 앞에서 사용되었다.

Et Dex! Orenge ***nen*** ot encore mie.(*PO*, 17)
《*Et mon Dieu! Il n'avait pas encore Orange en sa proposition*》

고대 프랑스어에서 *nen*은 다음과 같이 인칭 대명사와 *je*나 *il*과 함께 쓰여 *naie*(='nen + je'), *nennil*(*nenni*)(='nen + il')란 형태소를 만들 수 있다. 고대 프랑스어에서 가장 많은 쓰인 형태소는 *nennil*이다.

Sire, entre moi et Gaheriet irons en la forest;
vendroiz i voz? - ***Nennil***, fet Lancelos...(*Artu*, 89, 16)
《*Seigneur, Gaherie et moi, nous irons dans la forêt ; y viendrez-vous? - Non fait Lancelot*》

☞ 주의

이와는 반대로 긍정의 대답에서 형태소 *o*에 인칭 대명사가 결합하여 *oie*(=*o* + *je*)나 *oïl*(=*o* + *il*)이 사용되었다. 형태소 *o*는 라틴어 중성 대명사 *hoc*에서 파생하였으며, 앞 문장이나 절의 내용을 반복하는 형태소이다. 하지만 중세 프랑스어에서는 이러한 용법을 더 이상 찾아볼 수 없다.

File, le volés ainsi?
- ***Oïl***, sire, je vous en pri.(*J&B*, 2369)
《*Ma belle, le voulez-vous ainsi? - Oui, seigneur, s'il vous plaît?*》
Amis, volés vous gaaignier?
- ***Oïl*** voir, sire, volentiers.(*Ibid.*, 2448)
《*Ami, voulez-vous gagner de l'argent? - Sûr que oui, seigneur, volentiers.*》

2. *non* + 대리동사(*faire*, *estre*, *avoir*, *vouloir*)

고대 프랑스어에서는 대리동사(verbe vicariant) 중에서 faire의 사용이 가장 빈번하였다. 종종 *vouloir* 동사가 사용되는 경우도 있지만, 드물다.

1) *non* + *faire*

- Ha! bele, levez vos de ci,...
- ***Non ferai*** voir.(*Dole*, 4748)
《*Belle, levez-vous de là! - Certainement pas*》
Il le vous convient a reprendre.
- ***Non fet*** - Si fet(*Lai de l'Ombre*, 794)
《*Vous devez le reprendre. - Non - Si.*》

> ☞ **참조**
>
> 하지만 고대 프랑스어에서는 긍정의 대답에서 부사 *si*(라틴어 sic)를 이용하여 앞 절의 내용을 반복할 수 있다. 따라서 형태소 *si* 다음에 대리동사가 올 수 있다.
>
> Ore le commence, e jo l'orrai. Orras me tu? ***Si frai*** bien(*Adam*, 209). - Ne sai don la dolors m'est prise. Nel sai? ***Si faz***. Jel cuit savoir...(*Cligès*, 656)

2) *non + estre*

Vous fustes anuit a la brune,
S'estes ore seur vos gaveles.
- ***Non sui***, voir ...(*Nicolas*, 765)
《*maintenant bien carré sur vos gerbes, - Non, assuréemnt...*》

3) *non + avoir*

Tu as veü, si com je croi,
Les angles dont la gent se plaignent,
Qui ocïent quanqu'il ataignent.
- ***Non ai***, voir, mere, ***non ai***, non!(*Perceval*, 398)
《*Tu as vu à ce que je crois, les anges dont tout le monde se plaint, qui tuent tout ce qu'ils touchent. - Assurément non, mère, non, non!*》

4) *non + vouloir*

Dist Chantecler : Renart cousin
Vos me volez traire a enging.
-Certes, ce dist Renart, ***non voil***.(*Renart*, 3, 4365)
《*Chancelier dit : Renart, mon cousin, vous voulez m'attirer dans un piège. - Mais non, dit Renart*》

5) *non* + *pooir*

... et s'i fet aucune foiz pendre,
que sa mere non peut defendre.
***Non peut*** ses peres, Queurs Failliz.(*Rose*, Meun, 9515)

3. 문장에서 인칭법 동사가 아닌 모든 것을 부정하는 *Non*

1) 대조를 이루는 두 요소에서 한 요소를 부정하는 *non*

.... connois je tout certainement que vous amés cele que je aim et ***non*** autre(*Trist.*, prose, 102, 10)

이때 *non*은 pas나 *mie*로 강조될 수 있으며, *non*은 문장을 수정하거나 교정하는 역할을 한다.

(1) *non*은 문장의 술어가 아닌 모든 것을 부정할 수 있으며, 이때 부정의 부사 *pas*나 *mie*를 동반한다.

Et se volés, si alés encontre a un autre, et ***non pas*** a moi...(*Trist.* prose, 92, 46)
《*Si cela vous convient, allez vous en prendre à un autre mais pas pour moi*》
Secorez moi et aidiez en cest besoing, ***non mie*** pour l'amor de moi, mes por l'amor de li.(*Artu*, 80, 9)
《*Aidez-moi dans cette affaire, non pas pour mon amour, mais pour son amour*》

(2) *non*은 현대 프랑스어 마찬가지로 상황 종속절을 부정할 수 있으며, 다른 부정의 부사(*mie*)를 동반할 수도 있다.

... un chevalier que je vaurroie ja avoir ataint, et ***non mie*** pour ce

que je li voelle faire mal.(*Trist.*, prose, 1, 16)
《*... un chevalier que je souhaiterais avoir déjà rejoint, non point que je n'aie de mauvaises intentions à son égard*》

2) 동사의 명사형을 부정하는 Non

(1) *non* + 부정법 : *nonchaloir*, *nonsavoir*

Trop avez esté fammenine,
fait il, voriement et mout fole
qui mon conseil et ma parole
as dou tot mise en ***non chaloir***.(*Renart*, 11107)
《*Tu t'es bien montrée femme, dit-il, oui vraiment, et bien folle en ne tenant compte de mon conseil et de mes paroles*》
Plorer li fet son ***nonsavoir***.(*Gries. E.*, 43)
《*Sa bêtise le fait pleurer*》

(2) *non* + 현재분사(*-ant*)

Ne soiez pas si ***nonsachant***
Que vous perdeiz la grant clartei
Des cilz, qui est sans oscurtei.(*Pouille*, 52)
《*Ne soyez pas insensés au point de perdre la clarté des cieux, qui est sans pareille.*》
Longis qui estoit ***non voiant***.(*PO*, 504)
《*Longin qui était aveugle*》

(3) *non* + 형용사

Pur ceo ne se deit pas clerc ne lai merveillier Ne folement tenir Deu pur ***nun dreiturier***.(*Becket*, 651).
Ces cretiens sunt ***nunsavant***.(*Gormont*, 33)

☞ **참조**
하지만 'non + 형용사 또는 명사'로 구성된 *non droiture, no foi, non cure, non puissance....* 등과 같은 형식도 찾아볼 수 있다.

(4) *non* + 부사(*nonportant*, *nonpourquant*, *nonporuec*(='non pour autant, non pour cela, cependant')

***Nonpourquant*** a vostre voloir
Me voel esjoïr ou doloir.(*J&B.*, 1303)
《*Cependant, mon bonheur ou mon malheur dépendront de votre volonté*》

## 5.2.2. 술어 비대용형 부정문 Ne

술어 비대용형 부정문이란 *ne*처럼 동사에 연결되어 다른 부정사를 필요로 하는 부정문을 말한다. 따라서 형태소 *ne*는 술어 대용형 부정과는 달리 항상 동사에 연결되어 있으며, 동사구의 역할을 한다. 고대프랑스어에서 술어 비대용형 부정문은 *ne* 단독으로 만들어지거나, 허사의 *ne*, 또는 부정대명사 *nul*, *aucun*, *nesun* 등과 함께 쓰이거나, 부정의 부사 *pas*, *point*, *jamais*, *rien*, *oncques* 등과 함께 부정문을 만들 수 있다.

### 5.2.2.1. 단독 용법의 Ne

1. 인칭법에서 활용된 동사를 부정하는 Ne

1) 잠재성이 내포된 문맥에서

(1) 고대 프랑스어에서는 *ne*는 단독으로 사용되거나, 접속법에서 단독으로 부정을 표현할 수 있다.

Il ne puet estre, se il eüst esté, que il ***n'***eüst parlé a moi et que ge ne l'eüsse conneü.(*Artu*, 38, 8)
***Ne*** l'amerai a trestut mun vivant.(*Rol.*, 323)
《*Je n'aurai pas d'affection pour lui durant toute ma vie.*》

(2) 현대 프랑스어와 마찬가지로 *ne*는 고대 프랑스어에서 준조동사 *cesser*, *cuidier*, *devoir*, *laisser*, *oser*, *pouvoir*, *savoir*, *vouloir* 등과 같이 부정법을 지배하는 동사와 함께 사용된다.(*Je **ne sais** dire, je **n'ose** croire, je **ne peux** envisager la chose...*)

Il ***nel sevent***,...(*Rol.*, 1436)
《Ils ne le savent pas.》
Mut esteient amdui a eise
Fors tant k'il ne ***poent venir***
Del tut ensemble a lur pleisir.(*Laüs.*, 47)
《*Ils étaient donc très heureux tous les deux à ceci près qu'ils ne pouvaient se rejoindre à leur degré.*》
Blonde, qui ***ne l'ose*** desdire...(*J&B*, 3989)
《*Blonde, qui n'ose[pas] le contredire.*》

(3) 준조동사처럼 사용된 동사 *estre*, *avoir*, *faire* 등을 부정한다.

n'il ***n'est*** chose qu'ele tant hace
com honor contre son voloir(*Dole*, 3840)
《*Il n'est rien qu'elle haïsse autant que son honneur quand il s'oppose à son désir.*》
Si vos recorroceriëz
et m'en remenaceriëz.
– ***Nel*** ferai, je t'en asseür.(*Yvain*, 1689)

(4) *si*로 도입되는 조건절의 부정문이나, 조건의 의미를 내포하는 부정문 또는 의문문에서

... et ***se*** je ***ne*** vous puis garir...(*J&B*, 1139)
《*... et si je ne peux vous guérir.*》
Sire, ge vos diroie une chose a conseil, se ge ***ne*** cuidoie que il vos en pesast.(*Artu*, 6, 8)
《*Sire, je vous dirais bien une chose en privé si je ne craignais qu'elle ne vous fâche.*》
E l'anelet mist en sun dei...
- ***Nel*** receut il pur druërie?(*Elid.*, 431)
《*Il a mis l'anneau à son doigt... - Ne l'a-t-il pas reçu comme un gage d'amour?*》

(5) 명령법의 독립절에서 기원이나 희망을 표현할 수 있다.

***Ne*** vous doutés de tex ahans.(*J&B*, 3968)
《*Ne redoutez pas ces difficultés.*》

2) 잠재성이 내포되지 않은 문맥에서

Ore est la reïne maubaullie, car ele ***ne*** trouvera qui por lui entre en bataille contre Mador.(*Artu*, 67, 71)
《*Voici la reine dans une mauvaise situation car elle ne trouvera personne qui se bataille pour elle contre Mador.*》

3) 내포된(함축된) 부정 또는 허사적 부정으로 사용된 *Ne*

(1) 내포된(함축된) 부정(*ne* ='ne .... pas')

① 비교의 종속절에서 :

Mut furent ***plus*** al revenir
qu'il ***n'***estreint al fors eissir(*Elid.*, 236)
Et s'a quatre rubiz desoz,
***plus*** flanboianz et ***plus*** vermauz
***que n'***est au matin li solauz.(*Yvain*, 426)
《*Avec dessus quatre rubis, plus flamboyants et plus vermeil que ne l'est le soleil du matin.*》

② 종속 보어절에서 : *garder que..../jeter que.../laissier que....*

Que qu'aveigne de la bataille
gardez que l'en ne m'i conoisse(*Yvain*, 3725)
《*Quoi qu'il advienne du combat, veillez à ne pas révéler qui je suis.*》

(2) 허사적 부정으로 사용된 *ne*

① 의혹의 동사나 동사구 *craindre, douter, s'esmaier, être en doutance, avoir paour, avoir soupson* 등이 사용된 종속절에서

Je criem dix ***ne*** le vous reproche.(*J&B*, 1168)
《*Je crains que Dieu ne vous le reproche.*》
Pour ce k'il avoient paour et doubtance k'il ***ne*** fuissent illuec aresté en aucune maniere, tournerent une autre voie.(*Trist. prose*, 147, 36)
《*Comme ils craignaient d'être arrêtés de quelque manière, ils prirent une autre voie.*》

② 금지나 예방의 동사가 사용된 종속절에서(*garder, jeter, laissier...*)

Que qu'aveigne de la bataille
gardez que l'en ***ne*** m'i conoisse.(*Yvain*, 3725)
《*Quoi qu'il advienne du combat, veillez à ne pas révéler qui je suis.*》

Ge li veeroie del tout l'ostel monseigneur le roi et li deffendroie que il ***ne*** fust jamés tant hardiz que il meïst ceanz le pié.(*Artu*, 34, 35)
《*Je lui interdirais absolument la maison du roi et lui défendrais d'avoir jamais l'audace de mettre les pieds ici.*》

③ 부정(否定)(*ne...pas*)이나 거부(拒否)의 동사가 사용된 종속절에서

Quant le reïne entent ceste parole... si ***ne se puet*** tenir que les armes ne li viengnent as euz(*Artu*, 36, 68)

④ *a poi que, par pou que, peu s'en faut que, sans ce que, pres(que)*(=il s'en faut/il fallut de peu que)로 도입된 종속절에서

Esteit a sun seignur medlez
E empeiriez e encusez,
Que de la curt le cungea
Sans ceo qu'il ***ne*** l'areisuna.(*Elid.*, 46)
《*Il fut calomné, accusé et noirci auprès de son seigneur qui le chassa de la cour sans lui donner une explication.*》
Quant Bueves l'entendi, a pou n'est enragiez.(*Barb.*, 2323)
Pur poi ***ne*** l'apelet ariere.(*Elid.*, 384)
《*Elle faillit le rappeler.*》
L'amirant l'ot, pres ***n'***a le sens desvé.(*Ay.Nar.*, 3552)
《*A ces mots, l'émir fut sur le point de perdre la raison.*》

⑤ *ainz que, avant(ce) que, devant(ce) que*로 도입된 종속절에서

Car en grant paine vueil ma jovente user
Ainz que cist rois ***n'***ait ses granz heritez.(*CL*, 2213)
《*Je veux user mes jeunes années en me donnant de la peine tant que ce roi ne sera pas maître de son héritage.*》

⑥ 명령법에서 사용된 *ne*는 명령, 충고, 희망을 표현할 수 있다.

***Ne*** cuidez par nygromancye Estre invisible;...(*Poésies*, 282, 9)
《Monsiegneur, ***ne*** vous soussiés, vous n'y serés pas tant;...(*Richemont*, 149)

2. 인칭법에서 활용된 동사이외의 다른 요소를 부정하는 Ne

1) 부정법을 부정

Diva, fet el, ***nel*** me ***celer***(*Elid.*, 419)
《*Allons, dit-elle, ne me cache rien.*》

2) 대명사 주어, 술어 부사(*portant*, *porquant*, *poruec*)나 양의 부사(*mes*, *plus*, *gaires*)를 부정.

Mes cist dom est? Dont est naïs?
Qui le conuist? - ***Ne*** gié. - ***Ne*** gié.(*Clig.*, 4631)
Et ***ne porec***, je nel di mie
seulement par son grant renon.(*Yvain*, 2414)
《*Toutefois, je ne dis pas cela pour le seul éclat de son beau nom.*》
***Nepourquant*** au plus bel qu'il puet
Pour le gent conforter l'estuet.(*J&b*, 1779)
《*Cependant, à cause des gens qui sont là, il lui faut autant que possible faire bon voyage.*》
Et s'a quatre rubiz desoz,
Elle sent ja de voir
que del conte pourra avoir
jusqu'a ***ne gaire*** grant mestier(*Gal.*, 5337)
《*Elle comprend qu'elle pourra avoir besoin du comte avant peu.*》

### 5.2.2.2. 강화된 부정문(Ne + 한정사)

부정문은 형태소 *ne*가 부정사(*nul*, *nulli*, *rïent(noient)*, *aucun*, *nesun*, *rien*) 또는 명사(*pas, mie, point, goute*), 부사(*ja, jamés, mais, plus, gaires, preu..*) 등으로 강화될 수 있다.

1. Ne + 부정사

1) *Ne + nul, nulli, aucun, nesun*

형용사, 명사의 한정보어, 대명사의 기능을한다.

> Tel mervoille ***nus*** hom ***ne*** vit.(*Yvain*, 2652)
> Mais ***nul*** mot ***ne*** li respondi.(*J&B*, 4210)
> Il velt estre en ce tournoiement en tel maniere que ***nus ne*** l'i connoisse.(*Artu*, 11, 11)
> Si par est ses cuers esmeüs
> Que de ***riens nule ne*** li chaut.(*J&B*, 952)
> 《*Son coeur est tellement ému qu'aucune chose n'a d'importance pour lui.*》
> ... il ***n'***i avoit ***nul*** qu'on ne tenist a preudome et a bon chevalier.(*Artu*, 66, 5)

2) *rien, nient*(*noient, néant*), *chose, ame, homme, personne*

특히, *nient*는 'rien', 'nulle chose', 'nullement'의 의미로 사용되며, *estre nïenz*(='être impossible, être utile'), *torner a nïent*(='réduire à rien, anéantir'), *de nïent*(='de rien, sans raison'), *por nïent*(='inutilement'), *n'i a nïent de*(='cela ne sert à rien, il est inutile de, il n'est pas question de')의 표현에서 주로 사용된다.

> Molt l'ai servi, si ***ne*** m'a ***riens*** donné.(*Nîmes.*, 420)
> 《*Je l'ai beaucoup servi, pourtant il ne m'a pas donné quoi que ce soit.*》

Quant jel vos dis, ***n'***en feïstes ***nïent***.(*Rol.*, 1708)
《*Lorsque je vous l'ai dit, vous n'en avez rien fait.*》
***Ne*** sot ***nïent*** de la dolur
U il esteit puis qu'il la vit.(*Elid.*, 458)
《*Elle ne savait rien de la souffrance qu'il ressentait depuis qu'il l'avait rencontrée.*》
Du retourner ***n'i a noient***; par chi nous couvient a passer.(*Trist.* prose, 140, 25)
《*Il n'est pas question de faire marche arrière, nous devons passer par ici.*》

2. Ne + 부정의 부사

1) 부정사 *ne*는 부정의 부사 *pas*, *mie*, *point*, *goutte*, *mot* 등과 함께 부정문을 만들 수 있다.

***Ne*** regardés ***pas*** a se folie ne a ses nices paroles...*(Tr.Pr., I, 1)*
《*Ne tenez pas compte de ses excès ni de ses propos déplacés...*》
Autrement ***ne*** puet il ***mie*** avenir.(*Tr.Pr., II*, 62)
《*Il ne peut se faire que les choses soient autrement.*》
Il leur cria : 《***N'***en menrés ***mie***,
Mauvais traïteur losengier!》 (*J&B*, 4306)
《*Il leur cria : 《Vous ne l'emmènerez pas, misérables traiteurs.*》
De contredit ***n'***i avra ***point***...(*Perc.*, 512)
《*Il n'y aura pas l'ombre d'une opposition.*》
《... et li rois Hoël, ki son fil ***ne*** reconnoist ***point***, refait tout autretel.》 (*Tr.Pr.*, *VIII*, 141)
《*... et le roi Hoël, qui ne reconnaît pas son fils, agit pareillement de son côté.*》

2) *ne ... ja, ne ... ja ... mais*

(1) *ne ... ja, ne ... ja ... mais*는 미래시제와 함께 사용되어 'ne ...

plus', 'ne ... jamais'의 의미로 사용되었다.

***Ja nel*** verrai des oilz.(*Rol.*, 316)
《*Je ne le verrai plus jamais de mes yeux.*》
Or ***n'***en parlez ***ja***.(*Vergy*, 504)
《*N'en parlez plus déjormais[=pour le temps à venir, à partir du moment de l'énonciation].*》
... tant d'argent avrés
Que ***ja mais*** povreté ***n'***avrés ou...(*J&B*, 3735)
《*... vous aurez tant d'argent que jamais vous ne serez dans la pauvreté...*》
Se vous dites verité, je m'acorderai tout maintenant a vous ***ne ja*** ne vous contredirai de riens.(*Trist. prose*, 92, 34)
... ***jamais*** jor de sa vie ***ne*** sera bien de moi ne ge de lui.(*Artu*, 34, 32)
《*Jamais plus nous ne pourrons nous accorder, lui et moi.*》

(2) *ne ... ja, ne ... ja ... mais*는 *-roit* 형태로 과거에서의 미래를 표현 한다.

Ki sus eüst sun chief tenu
***Jamais*** le peil n'avreit chanu.(*Guig.*, 180)
《Celui qui poserait sa tête dessus n'aurait jamais les cheveux blancs.》

(3) *ne ... ja, ne ... ja ... mais*는 접속법 현재 또는 반과거에서 사용되어 미래의 사실이나 기대를 표현하거나 과거에서의 미래를 표현하기도 한다.

Galehols li proia moult qu'il ***ne*** s'esmaiast ***ja*** de ceste chose.(*Artu*, 53, 15)
《*Galehaut le supplia de ne plus se tourmenter pour cela.*》

(4) *ne ... ja, ne ... ja ... mais*는 명령법에서 사용되기도 한다.

Agravains, biaus niés, ne dites jamés tel parole, car ge ne vos en creroie pas.(*Artu*, 6, 24)

하지만 부사 *ja*가 모든 시간의 가치를 상실한 채 부정을 강조하는 부사의 역할만을 하기도 한다.

Sin ai un filz, ***ja*** plus bels ***n'***en estoet.(*Rol.*, 313)
《*J'ai d'elle un fils, il ne peut en exister de plus beau.*》

3) *ne ... onques / ne ... oncques ... mes*는 과거시제와 함께 사용된다.

***Onques*** denier miex ***n'***emploiastes!(*J&B*, 3938)
《*Jamais[auparavant] vous n'avez mieux empoyé votre argent.*》
- Ge nel doi mie mout amer
qu'il ***nel*** vous ***onques*** deservir.(*Dole*, 5588)
《*Je ne dois pas lui manifester beaucoup d'affection car il n'a jamais cherché à la mériter.*》
***Onques mais ne*** furent si liés.(*J&B*, 4592)
《*Jamais[auparavant] ils n'avaient été si joyeux.*》

4) 양의 부사 *mais*(라틴어 어원 *magis*(='davantage')), *gaires*, *plus*, *ne ... preu*

(1) *ne ... mais*는 양의 의미 'pas davantage'와 시간의 의미 'ne ... plus désormais'의 의미를 갖는다.

Cinc anz vesqui puis Karlles et ***ne mes***.(*Cor.Lo.*, 163)
Ensemble vunt ***ne*** targent *mes*.(*Guig.*, 291)
《*Elles se mettent en route sans tarder davantage.*》

(2) *ne ... plus*는 'ne ... pas davantage', 'ne ... désormais'의 의미를 갖는다.

Or ***ne*** voel je ***plus*** remanoir.(*J&B*, 4418)
《*A partir de maintenant, je ne veux pas rester davantage.*》
Je ***ne*** vous voel ore ***plus*** dire.(*J&B*, 913)
《*Je ne veux pas maintenant vous en dire plus[davantage]*》.

(3) *ne* ... *gaires*는 'ne ... beaucoup'의 의미를 갖는다.

François le virent que ***ne*** valoies ***gaires***.(*Nîm.*, 166)
《*Les Français s'aperçurent que tu valais peu[=que tu ne valais pas grandchose.]*》
Si ***n'***ot ***guieres*** chevauchié qu'il trouva une trop bele fonteinne desouz deus arbres.(*Artu*, 74, 7)
《*Il n'avait pas parcouru beaucoup de chemin quand il trouva une très belle source au pied de deux arbres.*》

(4) *ne* ... *preu*는 'du tout'의 의미를 갖는다.

Mout est Kahedins penis et esbahis estrangement. Il ne set preu k'il doie faire ne dire.(*Trist. prose*, 89, 36)
《*L'accablement et le désarroi de Kahédin sont extrêmes ; il ne sait pas du tout ce qu'il doit faire ou dire.*》
François le virent que ***ne*** valoies ***gaires***.(*Nîmes*, 166)
《*Les Français s'aperçurent que tu valais du tout.*》

5) *neïs, nes*(<*nes ipse*)

*Neïs*는 *ja, onques*와 동일한 의미를 갖지만, 때로는 긍정의 의미를 표현하기도 한다.

***Nes*** Dieu ***ne*** porteroit il foi.(*Renart*, I, 768)
《*Il ne croirait pas même en Dieu.*》
***Nes*** li rois grant joie an mena.(*Yvain*, 2287)
《*Et même le roi en manifesta une grande joie.*》

☞ 주의

① 부정의 부사 'ne ... goutte'는 *veoir* 동사와 주로 사용되며, 'ne ... mot'는 *parler, sonner, dire, respondre* 동사에서만 사용된다.

Jehans se taist, ***ne*** respont ***mot***.(*J&B*, 2710)
《*Jean se tait, il ne souffle mot.*》
Si fait oscur ***ne*** voient ***gote***,
ne ne sevent tenir lor rote.(*Enéas*, 195)

② 전치사 *sans/sans ce que* 나 *avant de/avant(ce) que* 다음에서

S'il avoit amee merveilleusement ***devant k'***il la conneüst, il l'ama puis assés plus.(*Trist.* prose, 132, 29)
《*s'il avait aimé passionnément avant de la posséder, il l'aima encore bien plus après.*》

### 5.2.2.3. 제한(예외)을 표현하는 부정문

제한이나 예외의 의미를 나타내는 부정문으로 부사 *que*는 자신의 오른쪽 요소들의 부정을 긍정화시키는 역할을 하거나, 변환자(inverseur)의 역할을 하며, *ne ... que*(= 'seulement'), (*ne*)(*rien*) ... *fors*, *ne ... mais que* 등이 이에 속한다.

1. *ne ... que* + 명사

Car il ***n'***avoit leir ***que cestui***.(*Thèbes*, 7201)
《*Car il n'avait pas d'autre héritier que celui-ci.*》
A sun eos ***ne*** retient ***que*** treis
chevals ki li erent loé.(*Elid.*, 260)
《*Il ne garde pour lui-même que trois chevaux qui lui avaient été attribués.*》

2. *ne ... mais que*

Guenes respunt : 《Jo ne sai veirs nul hume,
Ne més Rollant, ki uncore en avrat hunte.》(*Rol.*, 381)
《*Ganelon répond : 《A vrai dire, je ne connais personne ainsi, hormis Roland, qui une jour en pâtira*》
O lui ***n'*** en meine ***mais que*** dous chevaliers.(*CL*, 2001)
《*il n'emmène avec lui que deux chevaliers.*》

3. *ne ... fors(que)*

***N'*** i out ***fors*** une seule entree.(*Guig.*, 223)

4. *ne ... se non*

☞**주의**
하지만, 비교급에서 파생한 'ne plus que...', 'ne mais que...', 'ne mais...', 'ne que...'가 다음과 같이 'non plus que'나 'sauf'의 의미로 사용될 경우도 있다.

Si m'esgarda, ne mot ne dist,
***ne plus*** c'une beste feïst.(*Yvain*, 322)
《*Il me fixa sans dire un mot, non plus que n'eût fait une bête.*》
Li torel estoient orgueilleux et tuit vairié ***ne mes*** troi.(*Queste*, 149, 17)
《*Les taureaux avaient fière allure et tous avaient la robe tachetée, sauf trois.*》

Et il dist : 《Frere, ja nus hom
***Ne*** m'en desfendra ***se*** ge ***non.***(*Perc.R.*, 4775)
《*Il dit : 《Frère, jamais personne ne m'en protégera si ce n'est moi.*》
S'ele eüst tout l'avoir du monde

mout volentiers donné l'eüst
Par si que ses amis n'eüst
A cele jouste ***se*** bien ***non***.(*J&B*, 4156)
《*Elle donnerait volontiers tout l'or du monde pour que son ami sorte sain et sauf du combat.*》

## 5.2.3. 부정문의 등위(Coordination négative)

고대 프랑스어의 긍정문의 등위는 접속사 *et*와 *ou*로 이루어진다. 하지만 부정문의 등위는 형태소 *ne*로 이루어지지만, 때로는 긍정문과 부정문을 등위하기도 한다.

### 5.2.3.1. 부정문의 등위(단어나 절)

Certes je ***ne*** pens ***ne ne*** croi...(*Perc. R.*, 3788)
《*Certes je ne pense pas ni ne crois pas.*》
A l'endemain se revigora au plus que il pot et fist semblant que il ***n'***eüst ***ne*** mal ***ne*** douleur.(*Artu*, 41, 5)
《*Le lendemain, il rassembla ses forces du mieux qu'il put, faisant mine de ne plus éprouver ni mal ni douleur.*》
*N'*i aveit bare ***ne*** devise.(*Laüs.*, 37)
《*Il n'y avait ni obstacle ni séparation.*》
Tant leur otria Dix de biens
Que leur amours pour nule rien
*N'*amenuisa ***ne ne*** descrut.(*J&B*, 6159)
《*Dieu les combla de tant de biens que jamais leur amour ne s'affaiblit ni ne diminua.*》
Et nos dieus ***n'***onneurent ***ne*** proient...(*St Nic.*, 120)
《*Et il n'honorent ni ne prient nos dieux.*》

### 5.2.3.2. 긍정문의 등위

1. 의문문에서

De coi avez ire ***ne*** duel?(*Erec*, 2513)
《*Quel est le sujet de votre tristesse et de votre douleur?*》

2. 직 · 간접 의문문의 등위에서

Avez vos ceanz hauberec ***ne*** autre armeüre dont ge poïsse mon cors armer?(*MRA*, 90, 25)
《*Avez-vous ici un haubert ou une autre armure avec quoi je puisse m'équiper?*》

3. 조건절에서

S'ele voit ***ne*** lieu ***ne*** tens
qu'a la niece le duc parolt...(*Vergy*, 676)
《*Si elle voit le lieu et le moment de parler à la nièce du duc...*》

4. 비교절에서

Quant Rollant veit que la bataille serat,
Plus se fait fiers que leon ***ne*** leupart.(*Rol.*, 1110)
《*Lorsqu'il voit qu'il y aura bataille, Roland se fait férocé qu'un lion ou léopard.*》

## 5.3. 의문문(Interrogation)

### 5.3.1. 간접 의문문(Interrogation indirecte)

1. 고대 프랑스어에서는 직접 의문문의 형태를 취한 간접의문문도 발견된다.

.... di donc *por coi*
feïs le tu?...(*Yvain*, 1766)
《*... explique donc pourquoi tu l'as fait...*》

2. 양자택일의 구조(alternative)에서는 첫 번째 문장만이 의문의 형식을 취한다. 이 때 둘째 문장의 간접 의문문은 *se*로 도입될 수 있다.

Dormés vous chi *ou* vous songiés?(*J&B*, 476)
《*Dormez-vous debout ou rêvez-vous?*》
Senechal, dors tu *ou* tu veilles?(*Nicolas*, 1384)
《*Sénéchal, dors-tu ou veilles-tu?*》
Iés tu restïens... *ou se* crois Mahomet?(*Saint-Gilles*, 385)
《*Es-tu chrétien ou crois-tu à Mahomet?*》

> ☞ 주의
> 둘째 문장의 간접의문문이 *se*로 도입되는 용법은 17세기까지 통용되었다.
>
> Est-ce pour rire *ou si* tous deux vous extravaguez de vouloir que je sois médecin?(*Médecin malgré lui*, I, 6)

3. *ce que est ... que*

Dist Isangrin : 《Cuviers traïtres,
***Ce que est*** ore ***que*** vos dites?》(*Renart*, 1, 2075)
《*Isengrin dit : "Infâme crapule, qu'est-ce que vous êtes en train de dire?"*》

> ☞ **주의**
>
> (a) 고대 프랑스어에서는 형태소 *en*, *enne*(*et* + *ne*)로 부정문을 유도할 수 있다.
>
> ***Enn'***est ele pas ma pareille?(*J&B*, 517)
> 《*N'est-elle pas ma semblable?*》
> ***En'***ai je trois poins plus de ti?(*Nicolas*, 905)
> 《*Est-ce que je n'ai pas trois points de plus que toi?*》
>
> (b) 고대 프랑스어에서는 의문사 복합형 'qui est-ce qui', 'qu'est-ce que'가 생성되기 시작한다. 이 때 *ce*는 관계대명사의 선행사이며 의문사는 속사의 구실을 한다.(직접 의문문 참조)
>
> Ha! sire, fet Morgue, ***que est ce que*** vos dites et ***que est ce que*** vos demandez?(*Artu*, 52, 21)

## 5.3.2. 직접 의문문(Interrogation directe)

고대 프랑스어의 직접 의문문에서 주어는 부분 의문문이거나 완전의문문에 상관없이 도치된다.

### 5.3.2.1. 부분 의문문

1. 의문이 주어에 주어질 때, 고대 프랑스어의 어순은 현대 프랑스어와 마찬가지로 「주어(의문대명사, 의문형용사, 명사) + 동사 +

보어」의 형식을 따른다.

*Ou* an vas tu, valsez, di va?
- Je vuel, fet il, a cort aler...(*Perceval*, 882)
《*Où t'en vas-tu jeune homme, dis-le? - Je veux, dit-il, aller* à *la cour..*》
Coment, fet ele, ***quant*** venra
Mes sire Yveins?(*Yvain*, 1501)
《*Comment, dit-elle, quand viendra monseigneur Yvain?*》

2. 특히 의문사 *que*는 다음과 같이 다양한 의미로 해석될 수 있다.

1) *qu'est-ce qui*

***Que*** vous plaist, chier sire?(*Miracles de N. D.*, 449)

2) *en quoi*

A vos ***que*** tient?(*Erec*, 4391)

3) *pourquoi*

***Que*** ne t'ai je an ma baillie?(*Yvain*, 1229)
《*Que ne t'ai-je* à *présent en mon pouvoir?*》

### 5.3.2.2. 완전 의문문

1. 완전 의문문에서 주어와 동사의 도치는 고대 프랑스어에서 일반화된다. 이 때 모음 충돌을 방지하기 위한 자음 *t*의 도입은 중세 프랑스어에서도 안정적이지 못하였다.

*Fustes vos* ensi nez?

- Naie, vallet.(*Perceval*, 282)
《*Est-ce que vous êtes né ainsi? - Non, jeune homme*》
Et encor en ***parole on***.(*Dole*, 2853)
《*Aussi en parle-t-on encore maintenant*》

2. 13세기부터 *est-ce que*(*esse que*)를 사용한 완전 의문문의 사용이 증가한다. 이 형태는 대명사, 형용사, 의문 부사를 동반할 수 있으며, 강조의 가치를 지닌다. 이 표현에서 *ce*는 *est*의 주어이며, 의문대명사는 속사의 역할을 한다.

Et nostre Sires li dist : 《***Que est ce que*** tu as fet?》.(*Queste*, 218, 28) 《*Qu'est-ce que tu as fait?*》
Ha! sire fet Morgue, ***que est ce que*** vos dites et ***que est ce que*** vos me comandez?(*Artu*, 52, 21)
***Ki es ce qui*** si bien m'avoie?(*Garçon et av.*, 22)
Coment, dame, fet il, ***que*** est ce?(*Artu*, 90, 15)
《*Comment, dame, dit-il, qu'est-ce?*》

3. *ce que est ... que*의 형식도 발견되며, 이것은 이 어법이 고대 프랑스어에서 완전하게 정착하지 못했음을 입증한다. 이 어법의 완전한 정착한 15세기에 이루어진다.

***Ce que est*** ore ***que*** vos dites?(*Renart*, 2076)

4. 간접의문문에 사용된 *que est-ce que* 어법도 발견된다.

Et savez vos ***que est ce que*** vos m'avez otroié?(*Artu*, 14, 12)

5. *qui est ce qui* 곁에서 *qui est cil qui* 어법도 발견되며, 복합형 *li quex est ce qui* 형태도 드물게 발견된다.

> ***Qui est cil qui*** apele?(*Perceval*, 1725)
> ***Li quex est ce*** savoir le vuel,
> ***qui*** tant a folie et orguel...?(*Charrette*, 2579)

6. 간접 의문문과 마찬가지로 *comme*는 직접 의문문에서 'comment'의 의미를 가질 수 있다.

> ***Come*** as tu nom?(*CL*, 815)
> 《*Comment t'appelles-tu?*》

### 5.3.2.3. 완전 의문문의 의미와 뉘앙스

1. 완화된 의문의 표현

고대 프랑스어에서는 *point*(드물게 *pas*, *mie*)을 사용하여 긍정의 의미로 현대 프랑스어의 'en quelque manière, peut-être, par hasard'의 의미를 표현할 수 있다.

> Avés ***point*** d'ami?(*Romances et Pastourelles*, 2, 10, 19)
> 《*Auriez-vous un ami?*》
> Estes vous ***point*** navrés, nobile chevaliers?(*Aiol*, 6991)
> 《*Auriez-vous quelques blessures, noble chevalier?*》

> ☞ **주의**
> 이러한 의문표현은 17세기까지에도 활발하게 사용되었다.
>
> Viendra-t-il ***point*** quelqu'un encore me divertir?(Molière, *Les Fâcheux*, III, 3)
>
> 아울러 *ne... point*과 *ne... pas*의 사용은 *point*과 *pas*가 의문문에서 긍정

의 대답을 유도하도록 한다.

De quoi te peux-tu plaindre? Ai-je *pas* réussi?(*L'Étourdi*, IV, 4)

## 2. 긍정의 대답 *oui*를 부추기는 의문

1) 긍정의 대답을 유도하는 의문문은 부정의 부사 *ne... pas*(종종 *bien*으로 수식), 때론 *ne... bien*, 드물게 *ne.. mie*, *ne... point* 으로 표현된다.

***Ne*** m'os tu ***pas***?(*Théophile*, 154)
《*Ne m'entends-tu pas?*》
***Ne*** savez vous ***pas bien*** que se vous mouriés en ce point que vous seriez damnez et iriez en enfer?(*SL*, 77)
《*Ne savez-vous pas que si vous mouriez en cet état vous seriez damné et vous iriez en enfer?*》

2) 형태소 *enne*로 의문문에 생기를 불어 넣는다.

Bel enfant, fait Aucassin, ***enne*** me conissiés vos?(*Aucassin*, 22, 10)
《*Chers enfants, fait Aucassin, vous ne me reconnaissez donc pas?*》

3) *donc... ne*로도 긍정의 대답을 유도할 수 있다.

Filz, que te sanble? ***Don n'***est il
Molt preuz, qui a fet tel esforz?(*Lancelot*, 1982)
《*Fils, qu'en penses-tu? N'est-ce pas un homme d'une singulière valeur celui qui a accompli un tel exploit?*》

## 3. 불일치(대립)를 표현하는 의문문

놀람, 불신, 조롱을 표하는 의문문은 부사 *si*(='alors'), *donc*, *ore*로 표현된다.

- Quels jors est dont hui?
- Quels jors, sire, ***Si*** nel savez?(*Perceval*, 6264)
《*Quel jour est-ce donc aujourd'hui? - Quel jour, seigneur? Comment? Vous ne le savez pas?*》
Fix, car pren tes armes, si monte el ceval, si deffent te terre et aïe tes homes... - Pere, fait Aucassins, qu'en parlés vos ***ore***?(*Aucassin* 2, 20)
《*Fils, pends tes armes, monte à cheval, défends ta terre et aide tes hommes... - Père, répond Aucassin, que dites-vous là?*》

### 5.3.2.4. 직접 의문문의 어순

1. 주어 도치

고대 프랑스어의 완전 의문문과 부분 의문문에서 주어명사와 대명사는 동사와 도치된다.

Aloit devant le Graal ***nus***?(*Perceval*, 3560)
《*Quelqu'un précédait-il le Graal?*》
A chi esté ***Morgue*** li fee
Ne ele ne se compaignie?(*Feuillée*, 596)
《*Morgue la fée a-t-elle été ici, elle et sa compagnie?*》

2. 직 · 간접 의문문의 강조

1) 보어나 주어를 문두에 위치(명사주어는 대명사로 동사 뒤에서 표현)

Mes or dites, si ne vos griet,
***Vostre terre*** qui desfandra
Quant li rois Artus i vendra...?(*Yvain*, 1618)
《*Mais dites-moi, ne vous en déplaise, votre terre, qui la défendra quand le roi Arthur y viendra?*》
Ma seur, est ele dont chaiens?(*Chevalier aux deux épées*, 8378)
《*Ma soeur, est-elle donc ici?*》

2) *qui est qui*, *qui est ce qui*(='quelle est donc la personne qui, quelle est donc la chose qui'), *qu'est ce que*(='quelle est donc la chose que')를 사용한다.

***Qui est qui*** se demante si.(*Yvain*, 3565)
《*Quelle est donc la personne qui se lamente ainsi?*》
Dame, ***k'est che*** la ***ke*** je voi
En chele roe?(*Feuillée*, 766)
《*Dame, qu'est-ce donc que ce que je vois sur cette roue?*》

### 5.3.2.5. 직접 · 간접 의문문의 혼동

1. 간접 의문문형의 직접 의문문 : *se*로 도입되는 간접 의문문형

Dame, fet il, *s'*il vos remanbre
Del nain qui hier vos correça
Et vostre pucele bleça.(*Erec*, 1110)
《*Dame, fait-il, vous souvient-il du nain qui hier vous a offensée et la blessé vostre demoiselle de compagnie?*》
Vallet, se Damediex t'aït,
***Se*** tu me ses dire noveles
Des chevaliers et des puceles.(*Perceval*, 278)
《*Jeune homme, aussi vrai que je te souhaite l'aide de Dieu,*

*peux-tu m'apprendre quelque chose sur ces chevaliers et ces pucelles?*》

☞ **주의**

*Dis moi* 다음에서 등위되는 의문문에서 두 번째 의문문 또한 *se*로 도입된 간접 의문문처럼 보이는 직접 의문문에 속한다.

Di moi, frere message, ***se*** Dex t'aït,
Parla onques mes enfes a Loeys
Et *s'*en la maistre court onques se mist.(*Aiol*, 3903)
《*Dis-moi, cher messager, au nom de Dieu, mon enfant a-t-il parlé à Louis et s'est-il bien mis en cour?*》
Di moi ***si*** tu ses ou il sont,
Et les puceles veïs tu?(*Graal*, 210)
《*Dis-moi si tu sais où ils sont. Et les jeunes filles, les as-tu vues?*》

2. 직접 의문문 형태의 간접 의문문

Il li demande ***por quoi*** sospira il?(*Cambrai*, 8375)
《*Il lui demande pourquoi il a soupiré*》
Et savez vous ***pour quoi*** est elle si aiguë par desouz?(*Ménestrel de Reims*, 183)
《*Et savez-vous pourquoi elle est si pointue par-dessous?*》

## 5.3.2.6. 의문문에서의 대답

1. 부분 의문문에서의 대답

이유나 원인(pourquoi)을 표현하는 부분 의문문에 대한 대답은 종종 'c'est que'의 의미를 갖는 설명의 *car*로 도입된다.

***Por coi*** m'escondist on dont l'uis?
- Ma douce suer, ***car*** je ne puis
Feme veoir... (*Ille*, 1857)
《*Pourquoi m'a-t-on donc fermé la porte? - Ma douce amie, c'est que je ne puis voir de femme...*》

## 2. 완전 의문문에서의 대답

### 1) 'si(='ainsi') + 대리동사'(*avoir, estre, faire*)(부정의 대답 : '*non* + 대리동사')

Encore ai jou pumes cuites.
Marion, en veus tu avoir?
- Nient plus? - ***Si ai***.(*Robin*, 671)
《*J'ai encore des pommes cuites. Marion, en veux-tu? - Tu n'as rien d'autre? - si*》
Ne sai don la dolor m'est prise.
Nel sai? ***Si faz***. Jel cuit savoir.(*Cligès*, 656)
《*Je ne sais d'où me vient cette souffrance. Je ne le sais? Mais si Je crois le savoir*》
Lors me dist li roys : 《Dient il voir que la garde de l'abbaïe est moye? - Certes, sire, fis je, ***non est***, ainz est moye.(*SL*, 136)
《*Alors le roi me dit : "Ont-ils raison de dire que j'ai autorité sur cette abbaye? - Seigneur, assurément non, répondis-je. Elle relève de moi"*》

**☞ 주의**
궁정을 표현하는 형태소 *mon*(='absolument, assurément')이 동사를 강조할 수 있다.

Vous estes Gauvains? - Ce sui ***mon***.(*Chevalier aux deux épées*, 5391)
《*Vous êtes Gauvain? - Parfaitement, c'est moi*》
Erec, li filz Lac estes vos?

Ce sui ***mon***, fet il, a estros.(*Erec*, 667)
*《Etes-vous Erec, le fils de Lac? Je le suis, fait-il, sans nul doute》*

2) 소사(particule)을 이용한 대답 : *o*(<hoc), *ne*(*n*) + 인칭대명사>*oïl*, *nenil* ; *oje*, *naje*(*oie*, *naie*)

Parlastes vos o li? - ***Oïl***.
- Menace nos? - Par foi, ***nenil***.(*Enéas*, 648)
*《Lui avez-vous parlé? - Oui. - Nous menace-t-elle? - Assurément non》*
Doi les an ge blasmer? ***Nenil***.(*Cligès*, 496)
*《Dois-je les en blâmer? Non.》*
《Avés vous relenqui Mahomet, bele fille? - ***O je***》, che dist la dame.(*Aiol*, 9672)
*《Avez-vous cessé de croire en Mahomet, chère fille? - Oui, répond la dame》*
N'iestes vos Diex? - ***Naie***, par foi.(*Perceval*, 174)
*《N'êtes-vous pas Dieu? - Assurément non》*

☞ 주의

(a) 이들 형태소에 주어 인칭대명사가 포함된 사실로부터 처음부터 동사가 함축된 동사 특성을 함유한 형태로 간주할 수 있다. 12세기부터 비록 3인칭에 관계하지 않더라도 대답에서 *oïl*과 *nenil*이 지배적이다. *o tu, o ele* 형태를 비롯하여 *ne*(*n*) *tu*(*ele, nos, vos*) 형은 찾아볼 수 없으며, *o nos*(*vos*) 형만이 드물게 발견된다. *oje, naje*형 곁에서 *oie, naie*가 운을 이루기도하며, *oï, oal, neni, nani, nanin, nenin, nenal*형태가 12-13세기에 발견되기도 하지만, 이들 형태에서 그 어떤 주어 인칭대명사의 흔적을 찾아볼 수 없다. 이런 이유로 12-13세기부터 긍정의 대답에서는 *oïl*, 부정의 대답에서는 *nenil*이 동사와 독립된 대답의 표현에서 사용되기 시작했다고 볼 수 있다. *Oje, naje*가 사라지면서, *oïl*과 *nenil*이 진정한 긍정 · 부정의 부사로 자리 잡는다.

(b) 고대 프랑스어의 부정문의 대답에서 *non* 단독으로 사용된 예는 아주 드물다.

Nel feras? - ***Non***.(*Jeu d'Adam*, 171)
《*Tu ne le feras pas? - Non*》

이 경우 동사가 *non* 옆에 표현되지 않으면 주어인칭 대명사가 온다.

Ies tu a lui? - Sire, ***je non***.(*Perceval*, 4827)
《*Lui appartiens-tu? - Non, seigneur*》

긍정을 표현하는 *voire*(<vera)(='oui')는 *oïl*의 대체어가 아니라 앞 문장의 긍정을 확인하는 형태소의 역할을 하였다.

Dom estes vos? - De Grece somes.
- De Grece? - ***Voire***.(*Cligès*, 360)
《*D'où êtes-vous? - Nous sommes des Grecs. - Des Grecs? - Oui*》

☞ **주의**
형태소 *voir* 또한 *certes, voirement, vraiement, sans faille*과 마찬가지로 현대 프랑스어의 'assurément'의 의미로 긍정이나 부정을 강조하기 위해 사용되었다.

Et me doit ele ami clamer? ***Oïl voir***, por ce que je l'aim.(*Yvain*, 1458)
《*Et doit-elle me qualifier du nom d'ami? Assurément oui, puisque je l'aime*》

3) 수정 : *mais* 또는 *ainz, ainçois*

Pinchedés, hocherons as crois?
- ***Mais*** a le mine.(*Nicolas*, 800)
《*Pincedé, allons-nous jouer à pile ou face? - Plutôt aux dés*》
Comment dont? fait il, sont ce mone?
- Nanil, dist il, ***ainz*** sont chanoine.(*Renart*, 3, 235)
《*Comment donc, fait-il, ce sont des moines? - Non, répond l'autre, ce sont des chanoines*》

## 5.4. 명령문(Injonction)(Cf. 명령법과 접속법 3인칭 단수)

### 5.4.1. 명령문의 형식 및 그 가치

명령문 화자에게 주어진 명령을 표현하고 그러한 사행을 실현하는 양식이다. 명령문은 희구의 접속법, 명령법, 부정법의 형식으로 표현될 수 있다.

1. 희구의 접속법으로 된 명령문

희구의 접속법은 접속사 *que*로 유도될 수 있지만 고대프랑스어에서 이 형식은 드물게 사용되었다. 대명사로 강화된 *saches/sachiez* 형태의 명령문도 찾아볼 수 있다.

Respont li cuens : Ne ***soiez*** a malese!(*CL*, AB, 263)
《*Le comte répond : Ne soyez pas inquiet!*》
Se le pues prendre ne a tes mains baillier,
N'en aies onques menaie ne pitié(*Ibid.*, 192)
《*Si tu peux le prendre entre tes mains, n'en aie aucune pitié ni miséricorde*》
Et ***saches tu*** que il te reprovent le service que il t'ont fait(*Conquestes*V, 213)
《*Et sache qu'ils te représentent le service qu'ils t'ont rendu*》
Et ***sachiez vos*** de voir, je n'irai mie avec vos(*Ibid.*, 227)
《*Et sachez en vérité que je n'irai pas avec vous*》

☞ **주의**

회구의 명령법은 접속사 *et*만으로 구성될 수 있다.

> ***Et*** Dieus vous saut, seigneur serjant!(*Nicolas*, 711)
> 《*Dieu vous sauve, messieurs de la garde!*》

2. 명령법

1) 명령이나 기도

(1) 단순형

***Oiiés, oiiés***, segneur trestout!
***Venez*** avant, ***faites*** me escout!(*Nicolas*, 576)
《*Ecoutez, écoutez tous, messieurs! Approchez, faites attention!*》

(2) 강화형 : 대명사나 부사(*car*, *cor*, *or*, *dont*, *si*), *mon*으로 강화.

Jel te dis et tu l'entens :
***Garde toi*** des souduians
Ki par ci te vont querant(*Aucassin*, XV, 12)
《*Je te préviens, écoute-moi : méfie-toi des traîtres qui te recherchent en ce lieu*》
***Car i alez*** par le vostre commant!(*Aliscans*, 2346)
《*Seigneur Guillaume, partez donc, comme vous en avez l'intention.*》
Puis si escriet : Baruns, ne vos targez!
Amis, ***donc vos hastez***(*Ibid.*, 3894)
《*Ami, hâtez-vous donc!*》
Eissez des nefs, muntez, ***si chevalchez***!(*Rol.*, 2805)

《*Et il s'écrie : Seigneurs, vite! Sortez des navires, sautez en selle et chevauchez!*》

2) 부정문으로 된 금지 : 단순형, 복합형, 강화형

(1) 단순형 :

Sire, vos ***non ferez***!(*Aliscan*, 3892)
《*Seigneur, vous ne ferez pas cela!*》

(2) 단순형 :

Sire Guillelmes, ***ne*** vos ***esmaiez mie***!(*Ibid.*, 2321)
《*Seigneur Guillaume, ne vous troublez pas!*》

(3) 복합형 :

***Dont ne*** vos ***targez mie***!(*Ibid.*, 2655)
《*Ne vous attardez donc pas!*》

3. 부정법

1) 명령이나 기도 또는 권고

(1) *Or du* + 명사화된 부정법, *or de* + 부정법(*or ça, or del faire*)

Berarz, ***or dou bien faire***, por Deu le fil Marie!(*Saisnes*, *L*, 6490)
《*Bérard, allez-y, au nom de Christ, le fils de Marie!*》
Seigneur, fet il, ***or del monter***!(*Artu*, 94, 8)
《*Seigneurs, dit-il, allez, en selle!*》

(2) *Or tost* + 부정법 : 긴급한 상황을 표현

***Or tost de*** l'enchaucier!(*Aliscans*, 4876)
《*Vite, lançons-nous à leurs trousses*》

2) 부정문으로 된 금지 : 단순형, 복합형, 강화형

(1) 단순형 :

Amis, ***ne t'esmaier***(*Aliscans*, 1974)
《*Ami, ne t'inquète pas!*》

(2) 복합형 :

***N'an porter pas*** mon anelet(*Graal*, 728)
《*N'emporte pas mon anneau!*》

(3) 복합형 :

Por le tuen Deu, sire Isembraz,
Gentilz, ***ne*** nos ***faillir*** tu ***ja***!(*Gormont*, 509)
《*Par ton Dieu, seigneur Isembart, noble chevalier, ne nous abandonne pas!*》

## 5.4.2. 보어절에서의 명령문

명령문은 종속절에서도 가능하며, 특히 보어절의 1인칭의 수행동사 뒤에서 표현될 수 있다. 이 용법은 접속법과 경쟁하기도 한다.

1. 명령이나 기도

Por çou vos voet prier et dire
***Que*** vostre seignor et le mien
***Faites*** çaiens, si ***ferés*** bien,
Venir(*Guillaume*A, 2884)
《*Aussi vous prierai-je instamment de mander ici-même votre seigneur, qui est aussi le mien*》
Segneur, a tous ensamble vous di de par le roy
***Que vous alés*** fourfaire seur crestïene loy(*Nicolas*, 390)

《*Seigneurs, à tous je vous dis, au nom du roi, d'aller malmener la foi chrétienne*》

이 때 보어절을 도입하는 접속사 *que*는 생략될 수도 있다.

Tybert, ce dist Morans, ***garde*** sor li ne fier(*Berte*, 604)
《*Tibert, dit Morand, prends garde de ne pas la frapper*》
Jo te cumant, tutes mes ***oz***(*Rol.*, 2815)
《*Je te commande de rassembler toutes mes troupes*》
***Gardez*** nel dites a nului(*Renart*R., I. 1990)
《*Prenez garde d'en souffler mot à personne*》

또한 명령법과 접속법이 동시에 올 수 도 있다.

Je te pri ***que*** tu ***preignes*** m'espee et m'en ***oci*** orendroit(*Queste*, 89, 18)
《*Je te prie de prendre cette épée et de me tuer sur le champ*》

2. 금지 : 강한 명령을 표현하는 'ne + 부정법' 형태.

Ceste corone de Jhesu la te vié;
Filz Looÿs, ***que*** tu ***ne la baillier***(*CL*, AB, 85)
《*Cette couronne, je t'interdis, au nom de Jésus, de la recevoir*》

## 5.5. 감탄문(Interjection)(Cf. 감탄부사)

감탄문은 논리-의미적, 통사적, 형식적 측면에서 특징지을 수 있는 담화의 양식이다. 의미적 측면에서 감탄문은 주어진 상황에 생기 있는 반작용을 표현한다. 통사적 측면에서 감탄문은 정화된 술어 대용형 문장, 즉 완전한 절로 구성되거나 직접화법의 형식으로 된 감탄의 양식을 취한다. 형식적인 측면에서 감탄문은 단음절 또는 2음절로 된 짧은 단어로 구성된다.

## 5.5.1. 감탄문의 형태

1. 동사의 명령법에서 만들어진 감탄사 : *dire* : *di va>diva*; *fuir* : *fui* ; *oïr* : *os* ; *oster* : *oste*
2. 도움에의 호소에서 만들어진 감탄사 : *aidier* : *aïe*, *aï*, *ahi*, *ahie> Deus aïe*! *Sainte Marie*, *aïe*!
3. 신이나 성인에 대한 호소에서 만들어진 감탄사
4. 의심이나 의혹을 표현하는 감탄사 : *chaeles/cheles/chieles/queles*
5. 부사에서 만들어진 감탄사 : *arriere*(*s*), (*or*) *sus*, *tost*.
6. 의성에서 만들어진 감탄사 : *A*, *ahan/ahen*, *ahi/ahaï*, *anc*, *anwa*, *ba/bah*, *bau*, *be*, *boye*, *fi*, *ha*, *hareu/harou*, *hé/hé*, *hez*, *ho*, *huis*, *jo*, *o*, *troupt*, *trut*. 특히 *ha*, *hé*는 *las*와 결합되어 사용되어 고통을 표현한다 :

***Lasse***, por coi ne sui je morte(*Enéas*, 1822)
《*Malheureuse que je suis, pourquoi ne suis-je pas morte?*》
E! ***lasse***, que ne ait un hume ki m'ociet!(Rol., 2723)
《*Ah! Malheureuse que je suis, que n'ai-je quelqu'un pour me tuer!*》

## 5.5.2. 감탄문의 용법

1. Ahan/ahen/ahenc : 격려나 만족을 표현한다.

Mout durement s'en esjoï :

Sire, fet ele, ***ahen***, ***ahen***!(*FabliauxNR*, II, 3, 395)
《*Elle en exulte : Seigneur, dit-elle, bien, bien*》

2. Ai mi : 고통이나 고뇌를 표현한다.

***Ai mi***, lasse moi, caitive!
Por coi sui en prison misse?(*Aucassin*, V, 15)
《*Hélas! pauvre de moi, misérable captive que je suis! Pourquoi suis-je prisonnière?*》

3. Arriere(s) : 의심을 표현한다.

Ocisse l'ai par mon ostrage
- Comment fait? Ceele, ***arriere***!(*FabliauxNR*, III, 20, 87)
《*Je l'ai tuée par l'excès que je lui ai fait subir. - Comment? Est-ce croyable? A d'autres*》

4. Estez : 갑작스럽게 사람을 불러 세울 때 사용된다.

***Estez***, fait el, vos iestes pris(*FabliauxNR*, IV, 26, 23)
《*Holà, dit-elle, vous êtes pris*》

5. Huis : 고통을 표현한다.

***Huis***, dist el, je sui eschaudee(*FabliauxNR*, IV, 30, 80)
《*Ouille, dit-elle, je me suis brûlée*》

6. Ohi : 고통을 표현한다.

***Ohi***, mal eüré! Pur quei l'avez ocis,
Cel seintisme arcevesque?(*Becket*, 121)
《*Ah! Malheureux! Pourquoi l'avez-vous tué, ce très saint archevêque?*》

7. Os : 놀람을 표현한다.

*Os*, por le cuerbé! fait cil ; por quoi canteroie je por vos, s'il ne me seoit(*Aucassin*, XXII, 15)
《*Non mais, corbleu, répondit l'autre ; pourquoi chanterais-je pour vous, si je n'en avais pas envie*》

8. Troupt : 의견을 경멸하면서 무례함을 표현한다.

*Troupt! troupt!* Bevons hardiment,
Ne faisons si le coc emplut(*Nicolas*, 740)
《*Allons, allons! Buvons sans crainte, ne faisons pas la poule mouillée*》

# 6. 복문(Phrase complexe)

복문은 주절, 독립절, 종속절이 둘 이상 모여 이루어진 문장을 말한다. 특히 종속절은 종속 접속사의 도움으로 주절의 의미를 보충해주는 명사절, 형용사절, 부사절로 구분할 수 있다. 고대 프랑스어의 중요한 종속접속사는 *que*, *se*(*si*), *comme*, *quant*이며, 특히 형태소 *que*는 단독으로 또는 상황보어의 기능을 하는 많은 접속사구를 이루면서, 고대 프랑스어에서 가장 중요한 종속 접속사로 사용되었다.(Cf. '종속접속사')

## 6.1. Que 보어절

### 6.1.1. Que의 일반적 용법

1. 접속사 *que*는 목적절을 도입할 수 있다.

Un jugement vueil or ***que*** me faciez.(*CL*, 1748)
...et dient ***que*** benoite soit fortune qui ceste part l'a amené.(*Queste*, 31, 9)

2. 접속사 *que*는 대명사나 중성 지시사를 주절에 위치시켜 주절을 도입할 수 있다.

Certes, ***ce*** poise moi mout fort
***Que*** je li doie doner mort.(*Tristan*, 1369)
《*Assurément, il m'est très pénible de devoir lui donner la mort*》
Il ***nel*** pooient croire que ce soit voirs.(*Villh*, 175)
S'or savoit ceste chevauchie,
***Cel*** sai je bien ***que*** ja resort,

Tristan, n'avreie contre mort(*Tristan*, 187)
《S'il savait à présent cette équipée, je sais bien que je n'aurais plus de ressource contre la mort》

특히 접속법의 독립절에서 사용된 형태소 *que*는 명사절의 지표역할을 한다.

***Que*** pleüst Deu, qui forma tote gent,
***Que*** ci fust ore le palazin Bertran!(*PO*, 467)

3. 보어절은 동사개념을 갖는 명사나 부사구에 종속될 수 있다.
(*nouvelles que, avis que...*)

Et vit les torz del chastel nestre
qu'***avis*** li fu ***qu'***eles nessoient.(*Perceval*, 1322)
《*Il vit naître les tours du château, car il eut le sentiment qu'elles naissaient*》

> ☞ **주의**
> 여기에서 접속사구, 예컨대, *a peine que, a peu que*(='il s'en faut de peu que') 등이 만들어진다.
>
> ***A pou que*** li cuers ne me faut.(*Renart*, 10988)

4. 접속사 *que*는 'à savoir que'의 의미를 가질 수 있다.

Lors avint a cort une chose
Qui enpira Renart son plais,
***Que*** Coupee granz vertuz fait.(*Renart*, 470)
《*Il arriva alors à la cour une chose qui aggrava la cause de Renart, c'est que Coupée fait de grands miracles*》
Senescal, as me tu dit voir

***Que*** j'aie perdu mon avoir.(*Nicolas*, 1202)
《*Sénéchal, me dis-tu vrai? Ai-je vraiment perdu mon trésor?*》

### 6.1.2. 고대 프랑스어 종속 접속사의 que의 특징

1. 동격절의 *que* : *ce dist que..., ce, chose, le, tant*으로 표현

Pardonnés moi ce que je me sui a vous combattus(*Trist*, prose, 14, 8)
Proier ***le*** vos vauroie et dire
***Que*** vos nos laissiés aler.(*B.I.*, 2089)
***Une cose*** vos sai a dire
***Que*** la dame a envoié querre
Trestous les barons de sa terre.(*B.I.*, 2321)

2. 보어절 내에서 또 다른 절을 삽입할 때, 접속사 *que*는 반복된다.

Pensez que de si franche feme,
***Qu'***il amena de lontain regne,
***Que*** lui ne poist s'ele est destruite?(*Trist.*, prose, 1115)
《*Croyez-vous qu'il doive supporter sans peine la mort d'une femme aussi noble et qu'il a amenée d'un royaume lointain?*》
S'aras Dieu renoié et la soie vertu
Et ***que*** il ne peut estre et ***qu'***encore ne fu.(*Aiol*, 9647)
《*Ainsi tu auras renié Dieu et sa puissance et déclaré qu'il ne peut exister et qu'il n'a jamais existé*》

**☞ 주의**
그러나 다음의 경우에서 *que*는 생략될 수 있다.

(a) 종속 보어절에서

Bien sai ne puis longes durer.(*B.I.*, 3107)
《*Je sais bien que je ne pourrai résister très longtemps*》

(b) 결과의 상황보어절에서(결과를 표현하는 *si*, *tant*, *tel*가 주절에 있는 경우)

Une ***si*** grant clarté jetoir
Home ne vit onques sa parelle.(*B.I.*, 3132)
***Tant*** vous ai eü en memoire
Tout ai doné et despendu.(*Théophile*, 3)
《*J'ai si bien pensé à vous que j'ai tout donné et dépensé*》

(c) 관계절이나 접속사구에서

nen a baron en cest païs
***ne soit por vos mes enemis***.(*Enéas*, 1724)
《*il n'y a pas un baron dans ce pays qui ne soit, à cause de vous, mon ennemi*》
Por ce le font ***ne lor tort a hontaige***.(*Ami*, 770)
《*Ils le font pour que cela ne tourne pas à leur honte*》

3. 주절과 종속절의 주어가 동일한 경우에도 종속절은 부정법이 아닌 *que* 종속절로 도입된다.

... Sire, or ai grant envie
***que*** je seüsse votre non ;
Direiez le me vos? - Je non,
Fet li chevaliers, par ma foi(*Charette*, 1920)
《*Seigneur, j'ai grand désir de connaître votre nom ; me le diriez-vous? - Non, dit le chevalier, je n'en ferai rien.*》
Et lors se ***ge*** n'e faz tel joustice qu'il en sera parlé, ge otroi ***que ge*** ne port jamés corone(*Artu*, 53, 65)
《*Et alors, si je ne leur inflige pas une punition dont il sera parlé jusqu'à la fin des temps, je consens à ne plus jamais porter la couronne.*》

4. 고대프랑스어에서는 보어절이나 종속절의 주어(목적어도 가능)를 주절로 옮기는 예견법(prolepse)의 통사구조가 흔히 발견된다. 이 때 옮겨진 주어(목적어) 앞에 전치사 *de*가 사용된다.

Et meesmement il a grant poor ***de*** sa desloiauté qu'ele ne li nuise plus que autre chose(*Artu*, 168, 38)
《*Surtout, il a craint que sa déloyauté, plus que tout autre chose, ne lui portât tort*》
Et cil del chastel issent fors
Encontre celui qui retorne,
Mes a mout grant enui lor torne
***Del*** chevalier qu'il ot conquis(*Graal*, 2230)
《*Alors les habitants du château sortent à la rencontre de celui qui revient, nons sans éprouver un vif ressentiment au sujet du chevalier qu'il a vaincu*》

5. 제1인칭 단수의 수행동사로 된 종속절에서 명령법은 접속법의 형태를 취할 수 있다.

Or te ***conjur*** et ***pri que*** me ***di*** verité.(*Fierabras*, 697)
《*Je te conjure instamment de me dire la verité.*》

> ☞ **주의**
> 하지만 이 경우에도 접속사 *que* 없이 명령법이 올 수 있다.
>
> ***Jo*** te ***cumant***, tutes mes oz ***aün***.(*Rol.*, 1815)
> 《*Je te commande de rassembler toutes mes troupes.*》

## 6.2. 시간절

고대 프랑스어에서는 많은 시간의 접속사(구)가 다양한 시간의 종속절을 도입할 수 있다. 시간의 종속절은 점괄적 지시(동시성), 기간의 지시(지속), 조기의 지시(선행, 동시성, 후행), 상적인 지시로 구분할 수 있다.

1. 점괄적 지시

점괄적 지시는 두 사행의 동시성을 의미한다. 특히 *quant*은 점괄적 시간, 동시성을 표현하는 *lors*, *alors*, *adonc*의 부사와 결합하여 *lors quant*, *quant ... alors*, *alors quant*, *quant ... alors*, *adonc quant ...*, *alors que* 등의 표현을 이룬다.

> ***Quant*** li rois voit le cors de celui que il lseut tant amer,,, et ***lors*** corut a lui de plain cours et l'embrace parmi les flans si estroitement que trop.(*Artu*, 99, 14)

2. 기간의 지시

기간의 지시는 선행, 동시성, 후행을 표현하는 접속사가 주절과 종속절과의 시간의 차이를 구분해 준다.

1) 선행성

선행을 표현하는 접속사로는 *devant(ce) que*, *au devant que*, *avant que*, *ainz que*, *ainçois que*, *premier que*가 있다.

> Mais ***ains qu'***a la nef puissent estre,
> Vint poignant li quens de Clocestre...(*J&B*, 4129)
> 《*Mais avant qu'ils aient pu atteindre le bateau, le comte de Gloucester apparaît au grand galop*》
> Mult i dona ***ainz k'***il s'en turt.(*Guig.*, 50)
> 《*Il lui fit beaucoup de présents avant qu'il ne s'en retourne*》

이 때 주절의 시제가 과거일 경우 종속절에는 접속법현재가, 주절이 현재일 경우 종속절에는 접속법 과거시제가 온다.

.iiii. fois ***se pama*** ainz que ***puit*** relever
De la joie qu'ele a, a si .i. ris gitté(*Parise*, 1487)
《*Elle s'évanouit quatre fois avant de pouvoir se relever, sous l'effet de la joie, elle éclate de rire*》
Il ***issent*** de la vile ainz que ***fust ajorné***(*Ibid.*, 783)
《*Ils sortent de la ville avant que le jour fût levé*》

2) 동시성

동시성은 *quant, com(e), (en)dementres/(en)dementiers que, entrues que, en ce que*(='pendant que'), *a ce que, que que, (ain)si que, (is)si com*(='tandis que'), *des que, pendant que, pendant le temps que, cependant que, durant que, entre temps que, tandis que(comme)* 등의 접속사구나 'jusqu'au moment où'의 뜻을 갖는 *jusqu'à ce que, jusque, tant que, d'ici à tant que, la ou que* 등의 접속사구로 도입된다.

***Cum*** vit le lit, esguardat la pulcela
Dunc li remembret de sun seinor celeste.(*Alexis*, 56)
《*A la vue du lit, de la jeune fille qui s'offre à ses regards, il lui souvient de son seigneur céleste*》
***Que qu'***il chancele, Erec le bote(='le pousse').(*Eracle*, 979)
Je te connui au canter ***si com*** tu venoies.(*Robin*, 121)
《*Je t'ai reconnu à ta manière de chanter, quand tu arrivais*》
***Quant*** ce fu chose que Lancelos vit le roi aprochier de li, il descendi et prist la reïne par le frain.(*Artu*, 119)
《*Quand vint le moment où Lancelot vit approcher le roi, il mit pied à terre et prit le cheval de la reine par la bride*》
Mes une cruel maladie
Et ***demantres que*** ele est ci,
Je li consoil et lo et pri

Qu'ele vos lest vostre droiture.(*Yvain*, 4781)
《*Et alors qu'elle est ici, je l'invite instamment à vous céder la part qui vous revient de droit*》

### 3) 후행

후행의 시간을 표현하는 접속사구는 *après que* 형태의 *puis après (ce) que, tantost après(ce) que, grant après que, le trosième après que, une heure après que* 등이 있다.

Dont n'ot mie granment alé, ***après ce qu***'il se fu departis de Palamidés.(*Trist.*, prose, 6, 122)
《*Il n'avait pas fait un long chemin après s'être séparé de Palamède*》
***Cum*** fulc en aut grand adunat,
Lo regne prest a devastar(*Léger*, 131)
《*Quand il eut assemblé la troupe, il se mit à dévaster le royaume*》

## 3. 조기의 지시

조기의 시간을 표현하는 종속 접속사구는 *dès(ce) que, incontinent que, tantost que(comme), si tost que(comme), aussitost que(comme), ne guères que* 등의 접속사구가 사건이 신속하게 이루어짐을 표현한다.

***Des qu***'il l'on oint, cil sailli sus(*VieSNicolas*, 1523)
《*Dès qu'ils l'ontoint, il se lève*》
***Tantost com*** il l'ot comandé,
Ainc n'i ot puis un mot soné.(*Flo*, 2704)
《*Dès qu'il en eut donné l'ordre, on n'entendit plus un mot(plus un mot ne fut pronocé)*》

## 4. 상적인 지시

상적인 시간을 의미하는 접속사는 흔하지 않지만, *toutes fois que*나 *toutes les fois que* 등이 주절과 종속절에서의 사행의 동시적인 반 복을 의미한다.

> Et neporquant ***toutes les foiz que*** len metoit
> en lui peine aucun, conoissoient il bien qu'il ert en vie.(*Queste*, 257, 18)

또한 *tant que, tant comme, autant que, autant comme* 등의 접속사구가 지속의 개념을 표현할 수 있다.

> ... mes les en ta prison
> ***Tant que*** Tiebauz reviegne de Valdon.(*PO*, 1245)
> 《*Mets-les dans ta prison jusqu'à ce que Thibault revienne de Valon*》
> Co n'iert, dist Guenes, ***tant cum*** vivet Roland.(*Rol.*, 557)
> 《*Ce ne sera pas, dit Ganelon, aussi longtemps que vivra Roland*》

## 6.3. 원인절

1. 원인절은 두 절 사이의 원인 관계를 설정해주는 종속절로 고대 프랑스어에서 가장 널리 사용된 원인의 접속사구는 *por ce que*이다. 이외에도 *par ce que, par tant que, por que* 등의 접속사구가 통용되었다.

> ... et par le frain
> menoit le cheval en sa main,
> ***por ce que*** il li voloit rendre.(*Yvain*, 2271)
> 《*... il conduisait le cheval par la bride car il voulait le lui rendre*》

2. *que*가 *car*의 의미로 사용된 예도 간혹 찾아볼 수 있다.

***Que*** me donez bon conseil, por Mahom.(*PO*, 1120)
Sempres iert rois, ***que*** François l'ont jugé(*CL*, 120)
《*Il sera fait roi à l'instant, car les Français en ont ainsi décidé*》

3. 이와는 반대로 *car*가 종속접속사 *parce que*의 의미로 사용될 수 도 있다.

Cuers et oroilles m'aportez,
***car*** parole est tote perdue
s'ele n'est de cuer entandue.(*Yvain*, 150)
《*Abandonnez-moi coeurs et oreilles, car une parole est complétement perdue si elle ne touche le coeur*》

4. *puisque*는 현대 프랑스어와 마찬가지로 화자와 청자가 알고 있는 이유를 도입한다.

***Puis quel*** comant, aler vos en estoet.(*Rol.*, 318)
《*Puisque je le commande, il faut vous mettre en route*》

5. *quant*은 'puisque', 'du moment que'의 의미로 해석할 수 있다.

***Quant*** aler dei, n'i ai plus que targer.(*Rol.*, 338)
《*Puisque je dois y aller, il n'y a plus à tarder*》
***Quant*** n'ai tun filz, ansembl'ot tei voil estra.(*Alexis*, 150)
《*Puisque je n'ai plus ton fils, je veux rester auprès de toi*》

6. *des que*는 'puisque',의 의미로 해석할 수 있다.

A Deu comant mon fil ***des qu'***o vos vet aler.(*Parise*, 2815)
《*Je commande mon fils à Dieu, puisqu'il veut vous accompagner*》

7. 이 외에도 *ainsi que, vu que, attendu que, obstant que*가 'étant

donné que'의 의미로 사용되었다.

***Einz que*** il ***moergent*** se vendrunt mult cher.(*Rol.*, 1690)
Plus de .C. fois lo baise ***ainz que*** le ***volt*** lissier.(*Renaut Mont.*, 401, 12)

## 6.4. 결과절

결과절은 주절에서 의미한 단순한 사실의 결과(*si .... que, que*)나 강조의 결과(*si ... que, tellement ... que*)를 나타낸다. 결과절에서는 주로 접속법 동사가 온다.

1. *si ... que*(*que*)는 단순한 사실의 결과를 표현한다. 종속절은 직설법이나 접속법이 온다.

***Si*** grant doel ai ***que*** jo ne vuldreie estre.(*Rol.*, 2929)
《*Je souffre tant que je voudrais ne plus vivre*》
... pour le hauberc ne remaint k'il ne li face en l'espaulle senestre une plaie grant et parfonde, ***si que*** li fers apert par deriere.(*Trist.* prose, I, 3, 77)
《*Son haubert ne l'empêche pas de lui faire dans l'épaule gauche une plaie large et profonde, si bien que le fer de la lance ressort dans son dos*》
L'empereür tant li dunez aveir
Ni ait Franceis ***ki*** tot ne s'en mervit.(*Rol.*, 570)
《*Donnez tant de biens à l'empereur que tous les Français en soient surpris*》

2. *tellement .. que, tel que, si ... que*는 강세의 결과를 표현하며, *tellement que*(='de sorte que')는 *si que* 대신 사용되기도 한다.

Et sovent ***tel*** meschief en vient

***Que*** l'amor faillir en covient.(*Vergi*, 16)
《*Et il en résulte souvent un tel malheur que l'amour ne peut qu'en mourir*》
Et lor mesons rest ***si*** obscure
***C'***on n'i verra ja soleil luire.(*Théophile*, 119)
《*Quant à leur maison, elle est si obscure qu'on n'y verra jamais briller le soleil*》

3. 특히 *tant*은 명사, 부사나 형용사와 함께 결과를 표현한다.

***Tant*** en i ad ***que*** mesure n'en set.(*Rol.*, 1035)
《*Il y en a tant qu'il ne peut en évaluer le nombre*》
Ja fin ne prendra ceste guere
***tant que*** j'en veille la pes querre.(*Rose*, Lorris, 2409)

4. *que* 단독으로 결과를 표현할 수 있다.

Carles se dort, ***qu'***il ne s'esveille mie.(*Rol.*, 724)
《*Charles dort profondément sans s'éveiller*》
Por mautalant vet un paien ferir
Arriere main ***qu'***il le cope par mi.(*PO*, 1203)
《*Poussé par la colère, il va frapper un païen d'un coup de revers si bien qu'il le fend par le milieu*》

5. *que*가 생략된 채 *si*, *tel*, *tant* 단독으로 결과를 표현할 수 있다.

***Si*** grant doel ai ne puis muer nel paligne.(*Rol.*, 834)
《*J'ai une telle douleur que je ne peux retenir mes larmes*》
Lors a ***tel*** duel a pou d'ire ne fent.(*Parise*, 1071)
《*Il en prouve une telle rage qu'il manque d'éclate de colère*》

## 6.5. 목적절

1. 목적절은 *pour* (*ce*) *que*, (*a*)(*en*)(*celle*) *afin que*, à *la fin que*, *a celle fin que*, *de*(*par*, *pour*) *peur que* 등의 접속사구로 도입되며, 이 때 종속절에는 접속법이 온다.

Et ***pour ce k'***il en sache miex la verité. li dist il :...(*Trist.*, prose, 1, 104)
《*Et afin de mieux connaître la vérité, il lui dit...*》
Cheoir se laisse en une masse
***por ce que*** les genz ne le voient.(*Renart*, 4115)
《*Il se laisse tomber en boule afin que les gens ne le voient pas*》

2. 종속절이 부정형일 때, 형태소 *que*(='pour que, de crainte que, de peur que(de)')를 사용하여 목적을 표현한다.

Prist l'olifan, ***que*** reproce ***n'***en ait.(*Rol.*, 1004)
《*Il prit l'olifan, pour éviter toute reproche*》
La boche clot, les denz estraint
***Que*** la parole hors ***n'***an aille.(*Erec*, 3722)
《*Elle ferme la bouche, elle serre les dents, de peur de rompre le silence*》

☞ **주의**

(a) *pour que*는 14세기 이후 중세프랑스어에서 발달하기 시작하며, *a fin que*, *a la fin que*, *a cele fin que*와 같은 접속사구가 발달한다.

Toutes ytelz choses doiz fere
***A la fin que*** li puisses plere.(*ClefA*, 880)
《*Telles sont les choses que tu dois faire pour que tu puisses lui plaire*》

(b) 목적은 '전치사 pour + 부정법'으로도 표현된다. 이 때 목적보어

는 'pour + 목적보어 + 전치사'의 어순을 따른다.

En France irai *pur Arlum guerrier*.(*Rol.*, 2681)
《*J'irai en France pour faire la guerre à Charles*》

## 6.6. 조건절

1. 종속 접속사 *se*가 생략된 조건절

1) 조건절은 접속법과 직설법(단순미래)의 병렬로 표현할 수 있다.

***Faille*** une seule feiz par sa recreantise,
***Trancherai*** lui a teste.(*Pelerinage de Charlemagne*, 697)
《*Qu'il fasse une seule fois défaut par faiblesse, et je lui trancherai la tête*》
***Venget*** li reis, si nus ***purrat*** venger.(*Rol.*, 1744)
《*Si le roi vient, il pourra nous venger(vienne le roi et il pourra...*》

**☞ 참조**
이 구조로부터 현대 프랑스어의 *dussé-je, dût-il, fussé-je, fût-il, n'eût été*와 같은 표현이 만들어졌다.

2) 조건문은 *se*없이 의문문과 독립절의 병렬이나 명령문과 독립절의 병렬('명령법 + *si* + (전)미래'의 형식)로 표현할 수 있다.

Volez plus en façons? Il le vous convient dire.(*Renaut de Montauban*, 439, 38)
《*Voulez-vous que nous en fassions plus? Vous devez le dire*》
***Tolés*** le moi, ***si m'arés mort***.(*Guillaume d'Angleterre*, 2466)
《*Si vous me l'enlevez, vous me tuerez(enlevez-le moi et vous m'aurez tué*》

3) 조건문은 형태소 *se*없이 종속 접속사 *mais que, por(ce) que, por quoi, puis que, portant que, par si que*(='à condition que', pourvu que, pour peu que')와 같은 접속사구로 도입된다. 이 때, 종속절에서는 접속법이 온다. 또한 *par tel covent/condicion que*(='à condition que')로 표현될 수 있으며, 직설법이 온다.

Biax ostes, vostre volanté
Ferai, ***mes que*** honte n'i ***aie***.(*Perceval*, 7385)
《*Je ferai ce que vous voudrez, à cette réserve que je n'y encoure aucune honte*》
Ne me savroiz ja demander
Chose nule, ***por que*** je l'***aie***,
Que vos ne l'***aiez*** sanz delaie.(*Charrette*, 6596)
《*Jamais vous ne pourrez me demander quoi que ce soit sans l'obtenir aussitôt, pourvu que je l'aie*》
Ne mes devant moi ne reveingnes,
***Por coi*** de lui parole ***teignes***.(*Yvain*, 1718)
《*Ne te présente jamais plus devant moi si tu dois me parler de lui*》

4) 종속접속사 *quant*(='au cas où, quand bien même, même si'), *que, si que, par si que, por(ce) que, por quoi, puis que, portant que, par si que*(='à condition que', pourvu que, pour peu que')와 같은 접속사구로 도입된다. 이 때, 종속절에서는 접속법이 온다. 또한 *par tel covent/condicion que*(='à condition que')로 표현될 수 있으며, 직설법이 온다.

***Quant*** tu veus boire, si le di.(*Robin*, 152)
《*Si tu veux boire, dis-le*》
Sire, fait il, tot vostre gré
Ferai plainement sans faillir...
***Par si que*** me sauvés la vie.(*Durmart le Gallois*, 1710)

《*Seigneur, dit-il, je ferai absolument sans faute tout ce que vous voulez,* à *condition que vous me sauvez la vie*》
Ne mes devant moi ne reveingnes,
***Por coi*** de lui parole teignes.(*Yvain*, 1718)
《*Ne te présente jamais plus devant moi si tu dois me parler de lui*》

5) 직설법이나 미래 또는 조건법이 따르는 부정관계사 *qui*로 표현할 수 있다.

***Qui*** voit la meison son voisin ardoir douter doit de la soue.(*Proverbes*, 2190)
《*Si l'on voit brûler la maison de son voisin, on a tout lieu de craindre pour la sienne*》
***Chi*** purreit faire que Rollant i fust mort,
Dunc perdreit Carles le destre bras del cors.(*Rol.*, 596)
《*Si l'on pouvait faire que Roland y périsse, Charlemagne perdrait alors le bras droit de son corps*》

6) 조건문은 *se*없이 접속법과 접속법 또는 조건법의 병렬로 표현할 수 있다.

***Faille*** une seule feiz par sa recreantise,
***Demoressiez*** trosque al marc et je vos ***alongeroie*** vostre estoire de la feste Saint Michel en un an.(*Villh*, 195)
《*Si vous restiez jusqu'au mois de mars, je vous prolongerais le service de votre flotte pour un an* à *partir de la Saint Michel*》
Ne ***fust*** por vos a corocier,
Cist plez ***fust*** ja venduz mot chier.(*Tristan*, 790)
《*N'eût* été *la crainte de vous couroucer, je leur aurais fait payer très cher cette accusation*》

7) 조건문은 *si* 또는 *même si* 의미로 사용된 접속사 *se*로 표현할 수 있다.

*Se* j'avoie le sens qu'ot Salemons,
Si me feroit Amours pour fol tenir.(*Chastelain de Couci*, 11, 9)
《*Même si j'avais la sagesse de Salomon, l'Amour me ferait passer pour fou*》

2. 종속 접속사 *se*로 도입되는 조건절

고대 프랑스어의 조건문은 현대 프랑스어와는 달리 직설법과 접속법의 두 시제가 함께 사용될 수 있다.

1) 현재나 미래에 실현가능한 조건

(1) 「*se* + 직설법 현재, 직설법 단순미래」(미래의 사실을 환기)

현대 프랑스어의 'S'il pleut, je vais à la pêche'의 형식으로 주절에 직설법 단순미래나 명령법 또는 의지의 접속법이 올 수 있다. 잠재성을 표현한다.

*Se* la promesse me ***rendez*** orendroit,
G'en ***penserai***...(*PO*, 1152)
《*Si vous me tenez maintenant cette promesse, je m'y emploierai...*》
*S*'il le ***commande***, enz vos *lerai* entrer.(*PO*, 431)
《*S'il le commande, je vous laisserai pénétrer à l'intérieur*》

(2) 「*se* + 직설법 현재, 명령법 또는 직설법 현재」(잠시 후에 일어날 일이나 필연적인 결과)

*Se* la me ***dones***, n'i ***afiert*** mie grez.(*Nîmes*, 485)
《*Si tu me la donnes(la ville), il n'y a pas de quoi remercier!*》
*Se* ceste ost ***remaint***, la rescosse d'Oltremer est failli.(*Villh*, 59)
《*Si cette expédition échoue, l'aide à la terre d'Outremer est en échec*》

2) 현재나 미래에 실현 불가능한 조건

(1) 「*se* + 접속법 반과거, 접속법 반과거」(특히 운문에서)

***Se*** j'***osasse*** parler,
Je ***demandasse*** de quel terre estes nez.(*CL*, 1565)

(2) 「*se* + 직설법 반과거, 조건법 현재」(-*rais*)(13세기의 산문)

Dame, ***se*** vos le ***vouliez*** soufrir, ge ***iroie*** a cel tournoiement.(*Artu*, 8, 8) 《*Madame, si vous le permettiez, j'irais à ce tournoi*》

(3) 「*se* + 접속법 반과거, 조건법 현재」(-*rais*)(앙글로-노르망디어에서)

***S'***ele ***sentist*** ceo ke jeo sent, Jeo ***perdreie*** ceste dolur.(*Equitan*, 96) 《*Si elle ressentait ce que j'éprouve, je serais libéré de mes souffrances*》

3) 조건이 과거에 주어질 경우(비현실 과거)

(1) 「*se* + 접속법 반과거, 접속법 반과거」

De cest escange ***se soffrissent*** mult bien li pelerin, se Diex ***volsist***.(*Villh*, 46)
《*De ce changement les pèlerins se seraient fort bien passés, si Dieu l'avait voulu*》

(2) 「*se* + 접속법 대과거, 접속법 반과거」

***S'***il ***eüssent juré*** lor mort,
Ne se ***combatissent*** plus fort.(*Thèbes*, 775)

《*S'ils avaient juré de s'entre-tuer, ils n'auraient pas combattu plus ardement*》

(3) 「*se* + 접속법 반과거, 접속법 대과거」

***Se*** il ***fust*** vif, jo l'***oüsse amenet***.(*Rol.*, 691)
《*S'il avait été vivant, je l'aurais amené*》

(4) 「*se* + 접속법 대과거, 접속법 대과거」

Que ***perdu fussent*** sanz recovrer, ***se*** il les ***eüst trovez***.(*Villh*, 3710)
《*Car ils eussent été perdus sans retour, s'il les avait trouvés*》

**☞ 주의**

(a) 종속절에서의 접속법 반과거의 사용은 화자의 현재를 표현하기도 한다.

E se il tot doné m'eüst
Ço qu'il me ***pramist***, mielz me ***fust***.(*Rou*, 3, 11427)
《*Et s'il m'avait donné tout ce qu'il m'a promis, cela serait mieux pour moi*》
Se nous ne ***fuissons*** cousin,
Je t'eüsse amee sans faille.(*Robin*, 731)
《*Si nous n'étions pas cousins, je t'aurais aimée à coup sûr*》

(b) 종속절이 직설법 대과거, 주절이 조건법과거 *-rais*형으로 만들어진 현대 프랑스어 형식은 14세기에 등장한다. 고대 프랑스어의 조건절에 사용된 조건법 과거형은 아주 드물며, 미래에서 사행의 완수를 표현한다. 종속절에서 직설법 대과거 사용된 용법은 고대 프랑스어에서아주 드물며, 이 경우에도 주절은 조건법 현재로 표현되어 화자의 현재성을 표현한다.

Se ele an ***ert alee*** fors,

Ne ***seroit*** pas en tel martire(*Yvain*, 3532)
《*Si elle était partie, elle ne souffrirait pas autant*》

(c) 종속절에 접속법 반과거 또는 대과거, 주절에 조건법 현재(-*rais*)가 사용된 형태는 주로 앙글로-노르망디어에서 발견된다.

Hum me ***devreit*** trenchier la test...
S'***eüsse fet*** tel deshonnour.(Marie de France, *Fables*, 70, 40)
《*On devrait me couper la tête si j'avais commis une telle ignomie*》

3) 비대칭 형식(고대 프랑스어 고유형식)

(1) 「*se* + 접속법 대과거, 직설법 반과거 또는 대과거」(주절의 행위가 이미 완수된 것으로 표현)

Or estoit bien Renart ***che***ü,
***Se*** Diex li ***eüst porve***ü.(*Renart*, 289)
《*Renart était tiré d'affaire, si Dieu l'avait aidé*》

(2) 「*se* + 직설법 현재, 조건법 현재」

***Si*** jou le ***coroune***, li empereres Andromes me ***tueroit*** et ***decoperoit*** tout en pieches.(*Clari*, 22, 34)
《*Si je le couronne, l'empereur Andronic va me tuer et me tailler en pièces*》

(3) 「*se* + 직설법 반과거 또는 접속법 반과거, 직설법 현재 또는 미래」

***Se*** tu ***esteies*** ore ***ocis***,
Dunc n'***ai*** jeo mais suz cile ami.(*Gormont*, 215)
《*Si maintenant tu étais tué, je n'aurais plus d'ami sous le ciel*》

*S'*il vous ***plaisoit***, je l'***irai*** amener.(*Huon*, 6412)
《*Si cela vous plaisait, j'irais le chercher*》
*S'*en France ***sorsist*** un desroi,
Terre ne ***fu*** si orfeline.(Rutebeuf, *Complainte de Constantinople*, 146)
《*Si des troubles surgissaient en France, aucune terre ne serait plus démunie*》

(4) 「*se* + 직설법 · 접속법 반과거(잠재 · 비현실적), 직설법 단순과거」

***Se*** je certainement ***savoie***
Que vous Cleomadés fussiez,
Onques mes cuers ne ***fu*** si liez(*Cleomadés*, 4700)
《*Si je savais* à *coup sûr que vous* êtes *Cléomadés, jamais mon coeur n'a* été *joyeux*》

(5) 「*se* + 접속법 반과거(유감표현), 직설법 현재」
Renart, fet ele, or vos t***eissiez***.
Voirement ***estes*** mes comperes,
***Se*** vos ne par ***fussiez*** si leres.(*Renart*, éd. Martin, II, 476)
《*Renart, dit-elle, taisez-vous. Oui, vous* ê*tes le parrain de mon fils. Ah, si seulement vous n'*é*tiez pas si trompeur!*》

☞ **참조**
고대 프랑스어에서는 조건절이 등위될 때, 첫 번째 절에는 직설법이, 두 번째 절에는 접속법이 통용되었다.

(6) 「*se* + 직설법 *et* 접속법, 직설법」

Mes je vos pri, que qu'il aveigne,
Se ge ***muir et*** ele ***reveigne***,
Que vos l'amoiz et tenez chiere.(*Erec*, 2721)
《*Quoi qu'il arrive, je vous demande, si je meurs et qu'elle revienne, de l'aimer et de l'entourer d'affection*》

S'on le ***savoit et fuissiés avisé***,
On vous feroit tous les membres coper.(*Huon*, 3980)
《*Si on le savait et si vous étiez reconnus, on vous ferait couper tous les membres*》

## 6.7. 비교절

비교 관계는 유사(*je réussis comme lui, aussi bien que lui*), 유추나 일치, 차이나 동등(*je réussis moins bien que lui*), 대조(*mieux il réussis et moins il m'estime*)로 구분할 수 있다.

1. 유사

유사는 비교의 가치를 갖지 않는 다음과 같은 비교형 구문이다.

1) 현대 프랑스어 'en, en qualité de'의 의미를 갖는 *com(e)*가 주어속사나 보어속사를 도입하거나 *com(e) li hom qui, com(e) cil qui*가 'en homme qui'의 가치를 갖는 보어를 도입할 수 있다.

Cele respont ***come*** senee.(*Lancelot*, 612)
《*Elle répond en femme avisée*》
Li rois en vint contre els, ***com cil qu'***est bien sené.(*Renaut de Montauban*, 150, 2)
《*Le roi vint à leur rencontre, en homme avisé*》

2) 전치사 'com(e) a, de, pour + 부정법'이 수행하는 목표를 표시할 수 있다.

Defendez vus, dolenz, issi
***Com pur*** vos vies ***garantir***.(*Gormont*, 596)

《*Défendez-vous, malheureux, en hommes décidés à assiéger la ville*》
Celui jour ne li fali rien
***Comme de boire*** et ***de mangier***.(*J&B*, 3763)
《*Rien ne lui manqua ce jour-là pour ce qui est de boire et de manger*》

3) *com(e)*는 현대 프랑스어 'c'est-à-dire', 'par exemple'의 의미로 형태소를 열거할 수 있다.

... En lui ot, ce sachiez devoir,
Kank'en chevalier doit avoir,
Si ***com*** de sens et de calour
Et de gentillece et d'onnour.(*Cleomadés*, 2511)
《*Il y avait en lui, assurément, toutes les qualités que l'on doit trouver dans un chevalier, c'est-à-dire l'intelligence, la valeur, la noblesse, l'honneur*》

## 2. 유추나 일치

고대 프랑스어에서부터 중세 프랑스어까지 유사성의 관계는 일치와 순수한 의미의 비교로 구분된다.

1) 일치는 하나의 동일한 현실에 관계하며, 가시적 의무(*comme il se doit(appartient* à, *convient* à, *requiert* à...)), 의지(*comme il le veut(demande, commande...)*), 약속(*comme il l'a promis(juré, voué,...)*), 의견이나 외관(*comme il paraît(apparaît)*), *comme il est apparissant,...*), 습관 등을 설명한다.

Te prometent il tant d'avoir
***Come*** tu me vas ci contant?(*Fa* III, 43)

*《... autant d'argent que tu me racontes》*
***Autretant com*** il avoit fait de son compaing fist il sans faille de cestui.(*Trist.* prose, 6)
*《Il réserva exactement le même sort(il en fit autant)* à *celui-ci qu'*à *son compagnon》*

또한 *comme, si comme, ainsi comme, si ... comme(que), tant ... comme, tel ... comme* 등과 같은 접속사구가 주절과 종속절 사이의 사건의 일치를 표현할 수 있다.

Ja te doiz tu couchier o moi
***Si con*** tu m'as acreané.(*Charrette,* 1075)
*《... comme tu me l'as promis》*
***Si*** dolente, si esploree
***Come*** ele ert..(*GuillaumeD,* 4709)
*《Triste et malheureuse comme elle était...》*

이 때 동사는 *devoir,* 또는 비인칭 동사 *aferir, apartenir, apendre, convenir, estre droit, estovoir, requerir, estre raison, seoir* 등을 비롯하여, 의지나 지각동사 *voloir, commander, consentir, demander, desirer, promettre, jurer, proier, vouer, dire, conter, oïr, cuidier, croire, penser, entendre, sembler* 등이 종속절에 올 수 있다.

Puis les regrette ***cum*** gentil home ***deit*** faire.(*Guillaume,* 2398)
*《Alors il se lamente sur les siens comme un noble guerrier doit le faire》*
Paien s'en fuient, ***cum*** Damnesdeu le ***voelt***.(*Rol.,* 3625)
*《Les paiens s'enfuient, car c'est la volonté de Dieu》*
Renart face le sairement
Et l'amande par cel devise
***Con*** il a Isangrin ***promise***.(*Renart,* VIIb, 6672)
*《Que Renart prête serment et fasse réparation ainsi qu'il l'a promis* à *Isengrin》*
Lors prent Berte a ouvrer ***si come*** je vous ***dirai***,

Si conme a Saint Denis en escrit le trouvai.(*Berte*, 1387)
《*Alors, Berthe commence à agir comme je vais vous le narrer, conformément au récit que j'ai trouvé à Saint Denis*》

2) 순수한 동등비교는 두 개의 서로 다른 현실에 관계하며, 특히 *si ... comme, aussi ... comme, autant ... comme, autretant ... come, ainsi ... comme, tant ... comme, tel ... comme, autresi/aussi/autretant/autant... que*로 표현된다.

Si li dist qu'il avoit ***tel*** force
***Come*** a desus le fust l'escorce.(*Yvain*, 1028)
《*... qu'il a la même vertu que l'écorce sur le bois*》
Si vaille ***tant come*** puist valloir!(*Gal*, 6394)
《*Advienne que poura*》 《*vaille que vaille*》
Desur lur bronies lur barbes unt getees
***Altresi*** blanches ***cume*** neif sur gelee.(*Rol.*, 3318)
《*Sur leurs brognes ils ont étalé leurs barbes, aussi blanches que neige sur glace*》
De sen argent n'a il que faire;
Il en a ***autretant com*** ele.(*Eracle*, 4461)
《*Il n'a que faire de son argent: il en a autant qu'elle*》

3) 비교의 조건절은 접속법 반과거로 된 *com* 단독으로 도입될 수 있지만, *com si*가 더 통용되었다.

Sire Guillelmes, mar vi vostre barnage...
Quant por vos sui gitee en ceste chartre
A tele angoisse ***comme*** fust par putage.(*PO*, 1552)
《*.... quand par votre faute me voici jetée dans cette prison et aussi maltraitée que si j'étais coupable de m'être mal conduite*》
Si me meterai ains jour en mer, ***ausi com*** je m'en vausisse fuir.(*Con*, 36)
《*Je prendrai la mer avant le jour, comme si je voulais m'enfuir*》

Toute sa teste estoit chenue
Et blanche, ***com s'***el fust florie.(*Rose*, 347)

☞ 주의

비교의 표현에서 *com* 대신 *que*가 사용된 많은 예문이 북부지역 텍스트에서 발견된다.

Adan, si soit que me feme amés ***tant***
***C'***on puet amer...(*Jeux partis*, 12, 2)
《*Adam, supposons que vous aimiez ma femme autant qu'on peut aimer*》
Dont deviegne jou ***aussi*** fais
***Ke*** fu li hors du sens annuit.(*Feuillée*, 990)
《*Puissé-je devenir semblable au fou de cette nuit!*》

하지만 *que* 대신 *comme*가 사용된 예문도 발견된다.

Il sont si oncle, si ***que*** bien le seit on.(*RaoulC*, 1321)
《*Ce sont ses oncles, comme on le sait bien*》

4) 접속사 *que*로 도입되는 비교절은 'moins ... que'(열등), 'plus... que'(우등)로 해석될 수 있다. 열등과 우등비교의 종속절에는 직설법이나 접속법이 오며, 주절이 긍정일 경우, 허사 *ne*가 온다.

Assez font el ***que*** il ***ne*** dient.(*Phar*, 78)
《*Ils font tout autre chose que ce qu'ils disent*》
Car ***moins*** jeue ***qu'***ele ***ne*** siat.(*Cligès*, 2958)
《*Car elle joue moins que de coutume(qu'elle n'en a l'habitude)*》
***Plus*** vert ***que n'***est fuelle de vingne.(*Eracle*, 5280)
***Plus*** est esnels ***que nen*** est uns falcuns.(*Rol.*, 1572)
《*Il est plus rapide qu'un faucon*》

하지만 비교절이 조건의 의미를 갖거나, *mielz est que*,

*mielz vueil que* 다음에서는 접속법이 온다.

> ***Mialz vialt*** morir ***que*** il s'en ***aut***.(*Yvain*, 1544)
> 《*il aime mieux mourir que s'en aller*》
> ***Mielz est que*** je seule ***muire***
> Que je les veïsse deduire
> De vostre mort et de la moie.(*Yvain*, 3739)
> 《*Il vaut mieux que je meure seule plutôt que de les voir se réjouir de votre mort et de la mienne*》

> **☞ 주의**
>
> 문두에서 *que*의 중복인 'que(보어절) + que(비교접속사)'는 보어절의 접속사 *que*가 생략되고, 대신 *que ce que, que se*로 대치된다.
>
> Ne vaut il miex c'umilité....
> Soit leüe en roial palais...
> ***Que ce c'***on secorus la terre
> Ou li fol vont folie querre?(*Vices*, 92)
> 《*Ne vaut-il pas mieux enseigner l'humilité dans un palais digne d'un roi, plutôt que d'aller secourir la terre...?*》
> Il me venist miex li alers
> ***Que se*** g'i envoi.(*Ombre* 199)
> 《*Il vaudrait mieux pour moi y aller moi-même plutôt que d'y envoyer un messager*》

5) *ainz que, ainçois que* 다음에서는 접속법을 선호한다.

> ***Ainz que*** m'i ***doignes***, art moi ci.(*Tristan*, 1222)
> 《*Plutôt que de me donner à lui, brûle-moi ici*》
> ***Ainçois*** le di por la geline
> Qu'il a morte, ***que*** je ne ***face***
> Por chose que je Renart hace.(*Renart*, 404)
> 《*Je le dis en pensant à la poule qu'il a tuée et non pas/plutôt*

*que par haine de Renard*》

6) 부정의 비교 *ne... ne que, ne... nes que, ne... ne/nient plus que* 다음에서는 직설법이 오며, 부정의 유사성을 표현한다.

***Nes qu'***em puet espuisier la mer
Ne poroit nus les maus d'amer
Conter en romanz ne en livre.(*Rose*, 2592)
《*Pas plus qu'on ne peut épuiser la mer, on ne saurait conter les peines de l'amour...*》
Juda e Israel pur la multitudine de els, ne pourent estre numbrez ***ne plus que*** li graviers de mer.(*QLRois*, 239)
《*Juda et Israël, à cause de leur multitude, ne purent être dénombrés, pas plus que le sable de la mer*》
Et cele piere ***n'***a de force,
Ce dïent bien, ***ne c'***une escorce.(*Eracle*, 1076)
《*Et cette pierre n'a pas plus de force, à ce qu'ils disent, qu'une écorce*》

2. 차이

차이의 관계는 현대 프랑스어와 마찬가지로 열등비교(*moins, moindre que*), 우등비교(*plus, trop plus, mieux, meilleur, greigneur ... que*), 차이(*autre, autrement que, ailleurs que*), *ainz... ainz*로 구성된다.

Qui ***plus*** a, ***plus*** convoite.(*Proverbes*, 2090)
Com ***ainz*** l'avrez requis, ***ainz*** serez a repos(*Rou*, 2, 1854)
《*Plus tôt vous l'aurez attaqué, plus tôt vous serez tranquilles*》
Com ***plus*** couve li feus, ***plus*** art.(*C Guill*, 29)
《*Plus le feu couve, plus il brûle*》
Que ***miex*** vaurrai, ***mieudres*** vous iere.(*Congé*, 69)
《*Plus j'aurai de valeur et plus vous en aurez de bénéfice*》

☞ **주의**

비교항이 생략된 구문도 많이 찾아볼 수 있다.

Et or n'i pert ne que devint.(*Sac*, 619)
《*Et maintenant, il n'y paraît pas plus qu'avant*》
Des nefs sunt ki ainz issus.(*Rou*, 3, 1081)
《*Ils sont sortis des navires à qui mieux mieux*》
Et l'embrace parmi les flans si estroitement que trop.(*Artu*, 99)
《*Il le serre dans ses bras le plus étroitement que l'on puisse imaginer*》

## 6.8. 양보 및 반의절

1. 고대 프랑스어에서는 현대 프랑스어와는 달리 구체적인 형태소(*bien que*, *quoique*, *même si*)가 없이 양보의 의미를 표현할 수 있다.

Si jo puisse od gent parler
E en deduit od lui aler
Jo li mustrasee bien semblant
***Ja*** n'en eüsse jeo talent.(*Yonec*, 77)
《*Si je pouvais parler avec quelqu'un et me divertir en sa compagnie, je lui(à mon mari) ferais bon visage, bien que je n'en aie pas le désir*》

2. 양보는 부사 *tot*, *ja*, *encore*, *toutevoies*, *tant*, *por tant*, *por quant*으로 표현될 수 있다.

***Tout*** n'en soit il pas renonmee,
Si vous ay je conté vray conte.(*Gal*, 3949)
《*Bien qu'il ne soit pas célèbre, c'est un conte véridique que je vous ai conté*》

***Encor*** ne soit ma parole franchoise
Si la puet on bien entendre en franchois.(*C. de Béth.*, 3, 10)
《*Bien que mon discours ne soit pas en français, on peut parfaitement le comprendre en français*》

3. 양보는 정도부사 *tant, si, quelque* 등으로도 표현될 수 있다.

Ne n'a an trestot cest païs
Nul baron, ***tant soit*** de haut pris,
Qui ne l'eüst a fame prise.(*Erec*, 525)
《*Il y a dans ce pays aucun baron, si haute que fût sa renommée, qui ne l'aurait prise pour femme*》

4. 양보는 *-ant*나 부정법이 따르는 전치사 *por*를 통해 표현될 수 있다.

Ge ne leroie, ***por*** les membres ***tranchier***.(*PO*, 387)
《*Je ne m'abstiendrai pas, même si on devait me trancher les membres*》

5. 양보는 양보의 가치를 갖는 부정 한정사가 있는 관계절로도 표현될 수 있다. 이 때 관계절에는 접속법이 온다.

***Cui qu'***on ***doie*** venir envi
Ja cest esperviers vostres n'iert.(*Erec*, 82)
《*Quel que soit celui qui doive en recevoir de la contrariété, jamais cet épervier ne vous appartiendra*》

6. 양보절의 접속사구 *ja soit ce que*(='bien que'), *tant soit ce que, or ce soit ce que*가 고대 프랑스어기에 출현한다.

Et ***ja soit chou que*** il ne l'ait belement contee le conqueste, comme maint boin diteer l'eussent contee, si en a il toutes eures la droite verite

contee.(*Clari*, 120, 9)
《*Et bien qu'il n'ait pas fait un aussi beau récit de la conquête comme maint auteur aurait pu le faire, il n'en a pas moins dit toute la vérité*》

7. *se*(='même si'), *bien que*, *quoi que*, *même si*, *néantmoins que*, *nonobstant que*, *coment que*, *combien que*의 접속사구가 양보의 종속절을 도입할 수 있다.

***Comment que*** la chose preïst.(*C Guill*, 136)
《*Quoi qu'il en doive advenir*》
Tel sent ***bien que*** a tort il possesse Que non obstant tient sa saisine...(*Alexis*, 173)

8. 반의의 가치는 *si*나 *quant*으로 표현되며, 부정문에서는 *sans que*로 도입된다.

Et nequedent, ***s***'il vous grevoit
Et ***s***'il anuier vous devoit,
Vous di... (*El*, 2081)
《*Et néanmoins, même si cela devait vous déplaire et vous ennuyer, je vous dis...*》
Sire Diex, por qoi l'oublion,
***Quant*** por nostre redempcion
i fu la char de Dieu trahie?(*Clari*, 90)
《*Pourquoi l'oublions-nous(la Terre Sainte), alors que pour notre rédemption la chair de Dieu y fut livrée*》

9. 접속사 *que* 또한 다음과 같이 반의를 표현할 수 있다.

1) 종속절이 부정문일 때, 'alors que'의 의미를 갖는다.

Car se vos estiez vint tnat de gent, ne vos en porriez vos aler...

***que*** vos ***ne*** fussiez tout desconfit.(*Villh*, 143)
《*Car si vous étiez vingt fois plus nombreux, vous ne pourriez vous en aller que vous ne soyez tous anéantis*》

2) 주절이 부정문일 때, 'sans que'의 의미를 갖는다. 이 때 종속절에는 반드시 허사 *ne*가 온다.

Vous ***ne*** me sarés ***ja*** demander or ***ni*** argent... ***que*** je ***ne*** vos doinse.(*Aucassin*, 10)
《*Vous ne pourrez jamais me demander de l'or ou de l'argent sans que je vous en donne*》

10. 접속법으로 된 양자택일의 표현 *vueille non vueille, sache non sache*; *vueille ou non, sache ou non*도 널리 통용되었다.

Si le corona lues esraument, ***vausist ou ne dengnast***.(*Con*, 22)
《*Bon gré, mal gré(qu'il le veuille ou le refuse), il le couronna sur-le-champs*》
Sire cevaliers, fait Lancelos, u ***soiiés faus u soiiés sages***, ne m'alés ensi reprendant.(*Trist*. prose, 108)
《*... Que vous soyez fou ou que vous soyez sage, ne me reprenez pas de cette manière*》

## 6.9. 금지 및 제한절

금지 및 제한의 종속절은 *fors*(*tant*) *que*, *pourvu que*, *sans*(*ce*) *que*, *sauf que*, *sinon que* 등의 접속사구로 도입되며, 'sauf'나 excepté que'의 의미를 갖는다.

Et leur samble qu'il est haistiés
***Fors tant qu***'il est afebloiié.(*J&B*, 1423)

*《Il leur semble qu'il est en bonne santé, sauf qu'il est affaibli》*
... li uns comenche l'autre a regarder par mout grant ire et, ***sans ce k'***il ne s'entredient nul mot du monde, il metent les mains as espees...(*Trist.*, prose, 1, 141)

특히 *que*(='sinon'), *a peu que*의 경우, 종속절에 허사 *ne*가 동반된다.

***A pou que*** li cuers ***ne*** me *faut.*(*Renart*, 10988)

☞ **주의**

(a) 제한이 명사 요소에 주어질 경우 *outre, for(de)/(que), sanz* 곁에서 'ne... mais(que)', 'ne... se + 배제(제한)요소 + non'의 표현이 널리 통용되었다.

Tu m'as fait greigneur honte que tu me peüse faire ***sans*** me metre main en mon cors.(*Trist.* prose, 136)
*《Tu m'as fait la plus grande honte que tu pouvais me faire, à l'exception de porter la main sur moi》*
N'i a celui ne face duel,
***Fors que*** li nains de Tintajol.(*Tristan*, 880)
*《Tous se désolent, sauf le nain...》*
Des .xii. pers les .x. en sunt ocis,
***Ne mes que*** dous n'en i ad remés vifs.(*Théophile*, 6857)
*《Dix des douze pairs ont été tués; il n'en reste plus que deux vivants》*
Ce ***n'***apartient ***s'***a dames ***non.***(*Rose*, 2159)
*《Cela convient exclusivement aux femmes》*
***Se*** por oïr ***non qu'***il diroient.(*Ombre*, 259)
*《Sinon pour entendre ce qu'ils diraient》*

(b) 생략 구문 *ne... se... non, ne... fors*는 등위사 'mais seulement'의 의미로 해석될 수 있다.

Onques n'i ot mengié vendoise
***Ne*** poisson a l'eure de lors,

***Fors*** malarz, faisanz et butors.(*Fa*, 5, 80)

《*A cette heure, on ne mangea ni vandoise ni poisson quelconque, mais seulement des canards, des faisans et des butors*》

Et si estoit enteciés de bones teces qu'en lui ***n'***en avoit nule mauvaise ***se*** bone ***non***.(*Aucassin*, 2)

《*Et il était doué de tant de qualités qu'il n'y avait aucun défaut en lui, mais seulement des qualités*》

# 7. 문장의 구성요소

## 7.1. 어순(Ordre des mots)

고대 프랑스어 어순의 특징은 강세요소(형용사, 명사, 강세형 대명사, 동사, 부사)로 문장이 시작된다는 점이다. 따라서 이러한 강세요소의 문두에의 위치는 주어 앞에 직·간접목적어, 전치사구, 속사, 부사 등을 위치시켜 자동적으로 주어의 후치 현상을 초래하였다. 고대 프랑스어에서 동사는 문장의 핵심 역할을 했으며, 동사 이외의 다른 요소의 위치는 현대 프랑스어보다 더 자유로웠다. 특히 문법적인 기능을 표시하는 격어미의 존재는 이러한 자율성을 보장하였다.

어순은 문장의 리듬적인 요소로 인하여 주절에서 동사가 문장의 악센트가 있는 두 번째에 위치하여 「주어 + 동사」, 「목적어 + 동사」, 「부사 + 동사」의 형식이 지배적이다. 이러한 경향은 중세 프랑스어에서도 독립절이나 주절의 어두에 부사, 목적보어 및 전치사의 보어와 같은 요소들이 위치하여 어순에 영향을 미친다는 사실에서 그 연속성을 찾아볼 수 있다. 고대 프랑스어의 어순은 다음과 같이 6개의 형태로 분류할 수 있다.

### 7.1.1. 주어 + 동사 + 보어

주어가 동사 전치 영역을 차지하며, 보어(목적보어, 상황보어, 속사)가 동사 후치 영역을 차지하는 어순이다.

1. 주어는 명사일 수 있다.

Et *li baron* regardent les letres.(*Queste*, 5, 22)

《*Les barons observent l'inscription*》
***Joseph*** respont isnelement.(*Est. Gr.*, 681).
《*Joseph répond aussitôt*》
***Aucassin*** tent le main(*Aucassin*, 10, 35)
《*Aucassin tend la main*》

2. 주어가 대명사인 경우

***Je*** tieng Rognel le buel a mien.(*Renart*, 9418).
《*Je considère que le boeuf Rougeaud m'appartient*》

### 7.1.2. 보어 + 동사 + 주어

주어가 문두에 위치하고 있지 않으므로, 동사 전치영역은 강세요소(직·간접 목적보어, 상황보어, 부사 등이) 자리 잡고 있어 주어는 동사의 후치영역으로 밀려난다. 이와 같은 주어 후치 어순은 고대 프랑스어 어순의 가장 큰 특징 중의 하나에 속한다. 특히 이 구조에서는 대명사일 경우 주어가 종종 생략되기도 한다.

1. 동사 전치 영역에 놓일 수 있는 요소들

1) 명사 또는 목적보어 명사구

(1) 목적보어

***Mult larges terres*** de vus avrai cunquises(*Rol.*, 2352)
《*J'aurai par toi conquis d'immenses terres*》
***Ceste costume*** ai je toz jors tenue.(*Queste*, 5, 7)
***Itieus paroles*** distrent li frere de Lancelot(*Artu*, 21, 1)

(2) 동작보어

et *de ceste chose* furent esbahi et li fol et li sage.(*Queste*, 7, 15)

(3) 속사

***Halt*** sunt li pui e la voiz est mult lunge.(*Rol.*, 1755)
《*Les monts sont hauts et longue la voix du cor*》
***Bons*** fu li secles al tens ancïenur(*Alexis*, 1)
《*Parfait était ce monde dans les temps anciens*》

(4) 상황보어

***En tel maniere*** dura la melle toute la nuit.(*Lancelot*, 14, 50)
***Le soir*** demanda li preudons a monseignor Gauvain dont il esoit.(*Queste*, 53, 25)
《*Le soir, le saint hermite demanda à monseigenur d'où il venait*》

☞ 주의

(a) 상황종속절이 명사절로 올 수 도 있다. 주로 시간의 상황보어절인 *ainçois que*로 도입되며, *ainçois que*는 부사(='auparavant')과 동가 를 갖는다.

Dame, *ainchois ke tout chou fust prest,*
Ving je chi si ke on metoit
La talve et c'on appareilloit.(*Feuillée*, 648)
《*Ma dame, avant que tout soit prêt, je suis arrivé ici alors qu'on mettait la table et qu'on faisait les préparatifs*》

(b) 다른 상황 보어절도 이와 유사한 기능을 할 수 있다.

*Quant on ot anfoï le mort,*
S'en partirent totes les genz.(*Yvain*, 1411)
*Puisque ge portait prime corone* n'enpris ge guerre dont

ge ne venisse a chief a l'enneur de moi et de mon roiaume.(*Artu*, 104, 56).
《*Depuis le premier jour où j'ai porté la couronne, je n'ai jamais entrepris de guerre que je n'aie terminée à mon honneur et à celui du royaume*》

2) 부사

***Einsi*** s'en vont li dui frere tant dolent, qu'il ne sevent qu'il doient fere.(*Artu*, 86, 1)
《*Ainsi s'en allèrent les deux frères, si ennuyés qu'ils ne savaint à quoi se résoudre*》
***Atant*** se teut Phariens, que plus ne dist, et lors comenche a plorer trop durement.(*Lancelot*, 17, 28)

외치해있는 요소가 문장의 구성요소에 어떤 영향을 끼치지 않을 경우, 주어는 도치되지 않는다. 특히 등위 접속사 *et*, *ou*, *ne*, *mais*나 종속 접속사가 이에 해당된다.

***Mes*** ge ne sei qui il est, ne comment il a non.(*Artu*, 25, 35)
***Quant*** la roïne voit son fil dedens le lac, si se pasme.(*Lancelot*, 3, 9)

아울러 감탄사, 돈호법 등도 어순에 영향을 주지 않는다.

***Certes***, ***dame***, je nel feroie
tant que certement seüsse
que le bon cuer ma dame eüsse.(*Yvain*, 4618).
《*En vérité, madame, je ne puis accepter avant d'être sûr de rentrer en grâce auprès de ma dame*》

**☞ 주의**

(a) 고대 프랑스어에서 접속사와 부사의 구별이 명확한 것은 아니었다.

㉮ 형태소 *et*는 등위접속사로 주어의 도치를 야기하지 않는다.
Sire, ge iroie volentiers, se il voit plesoit, veoir ceste assemblee; ***et*** il m'i pleroit mout aler... - Dame, fet li rois, vos n'iroiz pas a ceste fois. ***Et*** il s'en test atant. ***Et*** il la fesoit tot de gré remanoir por esprover la mençonge Agravain.(*Artu*, 7)

하지만 *si*의 영향으로 부사의 가치(='cependant, pourtant, par conséquant')를 가질 수 있으며, 이 경우 주어는 도치된다.

Ai je donc ronkiét?
J'en eüsse aussi boin markiét,
Che me sanle, en l'Enganerie
***Et*** n'a il as dés jué mie
De par mi ne a ma requeste.(*Fuillée*, 979)
《*Ai-je donc ronflé? J'en aurais eu aussi bon marché, il me semble, à l'Enganerie. Et pourtant, il n'a pas joué aux dés de ma part ni à ma requête*》

㉯ 반대로 *car*는 원인을 표현하는 부사이며, 종종 명령문을 도입한다.

A! rois, ***car*** fusses tu noiés
Comme falis et recreans.(*Nicolas*, 1480)
《*Ah! roi, fusses-tu noyé, traître et capon que tu es*》

하지만 *car*는 등위접속사로 「주어 + 동사」를 도입할 수 있다.

Dites le moi hardiement
Car je vous creant loialment.(.*J&B*, 730)
《*Parlez sans hésitation car je vous fais toute confiance*》

㉰ 문두에서 부사의 존재는 어순에 영향을 주지 않을 수도 있다.

***onques*** ma cor n'amenda tant de vos come ele en est ore

empoiriee.(*Queste*, 21, 25).
《*Vous n'avez jamais donné autant d'éclat* à *ma cour que vous ne lui causez de tort aujourd'hui*》

(b) 부사가 문두에 위치한 구조는 선행하는 언술에 이어질 언술을 밀접하게 연결시켜준다. 문두에 사용된 부사는 시간의 연속이나 결과를 표현한다.

- Estes vos ce, mes cuers, m'amie?
*Lors* dist ele: N'en doutez mie,
ce sui ge bele Lïenors.(*Dole*, 5096)
Sire, li uns des esquiés ki avoec Daguenet alerent hui matin est venus. Faites le venir devant vous, s'il vous plaist. *Si* vous contera conment Dagunés fu descevauchiés.(*Trist.*, prose, 175, 8).
《*Sire, l'un des écuyers qui ont accompagné Daguenet ce matin est de retour. S'il vous plaît de le faire venir devant vous, alors il vous racontera comment Daguenet a été désarçonné*》

(c) 명사구에서는 반복의 가치를 갖는 지시사나 부정사가 연속을 표현할 수 있다.

Sire, font eles, nous somes ci venues por vos vonvoier jusqu'a vostre lit, car il nous est einsi commandé. - *Ce* vueil ge bien, fet li rois.(*Artu*, 50, 20).
Atant se metent a la voie et cevauchent tout le grant cemin ferré, parlamt de maintes aventures... *En tel maniere* cevaucent li trois chevalier, tant k'il sont venu trusc'au pont.(*Trist.*, prose, 4, 1).
《*Ils se mettent alors en route et empruntent le grand chemin empierré, tout en parlant de divers événements... Les trois chevaliers chevauchent de la sorte jusqu'au pont*》

2. 후치된 주어의 생략

1) 주어가 인칭대명사일 경우, 후치된 주어는 지시체(référent)와 애매성이 없을 경우 생략된다.

> Dame, fait il ma grant dolor
> me remembrez Ø et ma tristor.(*Enéas*, 850)
> 《*Madame, vous me rappelez ma grande douleur et ma tristesse*》

직접 목적보어 명사구로 문장이 시작되는 윗 문장에서 주어 인칭대명사 *vos*는 동사 뒤에서 생략되어있다.

> Cele nuit demora laienz Lancelot et fist toute la nuit veillier le vaslet au moister, et a l'endemain a hore de prime le fist Ø chevalier.(*Queste*, 3, 8)
> 《*Lancelot resta là et passa la nuit dans la chapelle aux côtés du jeune homme qui veillait. Le lendemain, au lever du jour, il le fit chevalier*》

하지만 13세기부터 이 용법에서도 주어 인칭대명사는 동사 뒤에서 표현된다.

> Sire, fet li valsez, retornez la dont nos venons,
> car ilec avré ***je*** armes et cheval.(*Queste*, 35, 26)
> 《*Retournons d'où nous venons, seigneur, lui dit le jeune homme, car je trouverai là une armure et un cheval*》

고대 프랑스어에서 가장 널리 통용된 어순은 지금까지 살펴본 동사가 중요한 위치를 차지하는 어순인 「주어 + 동사 + 보어」/「보어 + 동사 + 주어」의 구조이다. 앞으로 살펴볼 어순은 고대 프랑스어에서 덜 통용되었다.

### 7.1.3. 동사 + 주어 + (보어)

이 어순의 구조는 고대 프랑스어에서 다음과 같은 상황에서만 찾아볼 수 있다.

1. 완전 의문문에서

현대 프랑스어와 마찬가지로 동사로 시작되는 완전 의문문에서 주어는 동사에 후치한다(주어가 인칭대명사 또는 명사(구)에 상관없이)

> Biax sire, ***vendrez vos*** avec moi a la cort mon seigneur le roi Artuz?(*Queste*, 3, 12)
> Amis, beau frere, ***est Orenge*** si riche?(*PO*, 267)

2. 다음과 같은 동사구에서(주어는 인칭대명사와 명사)

1) *dire*, *respondre*, *faire*와 같은 서술동사 뒤에서

> ***Dist Blancandrins*** : Mervellus hom est Charles.(*Rol.*, 370)
> 《*Blancandrin dit : Quel homme extraordinaire que Charles!*》
> ***Respont Rollant*** : Jo fereie que fols.(*Ibid.*, 1053)
> ***Fait Mandaquins*** : Or torne a l'enpirier.(*Aspremont*, 8107)

2) *veoir*, *oïr*와 같은 지각동사 및 *s'en aler*, *cheoir*, *fuir*, *venir* 등과 같은 운동동사 뒤에서

> ***Voit le Bertrans***, a pou n'est forsené(*Nîmes*, 1006)
> 《*Bertrand l'aperçoit, peu s'en faut qu'il ne devienne fou de rage?*》
> ***Va s'en Amis*** li gentiz et li bers.(*Ami*, 1862)
> 《*Ami s'en va, le noble et le vaillant*》

3) 시간, 날짜, 계절이나 갑자기 일어나는 사건을 표현하는 동사 뒤에서

***Passet li jurz***, la nuit est aserie.(*Rol.*, 3991)
《*Le jour baisse, la nuit tombe*》
***Yra Yvers***, si revenra estez.(*Nîmes*, 1006)
《*L'hiver passera, l'été reviendra*》
***Lieve la noise***, si fremirent li rent(Aspremont, 4448)
《*Le vacarme s'élève, les rangs s'ébranlent*》

4) 서사시의 양식화된 표현(전투, 폭풍우, 감정의 동요. 축제...)에 사용된 동사에서(특히 (무)관사, 소유사, *tant* 곁에서 지시사로 강조)

***Vollent pilet, cariaus et darz,***
***Vollent saietes barbelees***
***Et javeloz et granz plomees***
Come pluie sus el chastel.(*Eneas*, 5312)
《*Et javelots et carreaux et dards de voler, et les flèches barbelées, et les javelines et les traits plombés tombant comme pluie sur le château*》
***Cruissent*** osbercs e ***ces*** helmes d'acer.(*Rol.*, 2540)
《*Les haubers se brisent d'acier se tordent*》
***Sunent cil greisle*** e derer e devant.(*Ibid.*, 3118)
《*Les clairons sonnent de tout côté*》

5) 'faillir, morir + 여격 대명사'에서

***Faillent mei*** les braz, ne me puis prof aider
***Moert mei*** le quor, ***falt mei*** mun vasselage.(*Guillaume*, 1748)
《*Mon oncle, mes deux yeux s'éteignent, mes bras n'ont plus de force...Le courage me manque, ma vaillance m'abandonne*》
***Feuillissent gaut, reversissent li pré***.(*Nïmes*, 15)
《*Le bois fleurissent, les prés reverdissent*》

3. 다음과 같이 직접화법을 알리는 *dire*, *faire* 동사로 된 삽입구에서 (주어는 인칭대명사와 명사)

Mors? ***dist li rois***. Sainte Marie!(*Trist*. prose, 83, 9)
E! Deus, ***dist il***, cum fort pecét m'apresset!(*Alexis*, 59)
《*Ah! Dieu, dit-il, quel lourd péché m'accable*》
Coi? ***fait Lyonioax***, dont ne sont chil de chest païs tout mi homme?(*Lancelot*, 12, 5).
《*Comment? répond Lionnel, les gens de cette région ne sont-ils pas tous mes vassaux?*》

**☞ 주의**

「보어 + 동사 + 주어」의 어순이 삽입구로 사용된 예도 발견된다. 여기에서 보어는 일반적으로 중성 지시사 *ce*가 온다.

Certes, ***ce dist Palamidés***, vaillans dame est ele durement sans faille.(*Trist*., prose, 103, 29)
《*Oui, déclare Palamède, elle est assurément une dame d'une valeur exceptionnelle*》

또한 *Je vous dis (ce) que*의 변이형인 *ce vous dis, ce cuit, ce croi, ce criem, ce dot*의 형태에서도 발견된다.

Malades ert, ***ce vous di*** bien.(*JehanB*., 1669)
《*Il était malade, je vous l'assure*》
Seignor, par foi,
Ne feïsse pas bien, ***ce croi***.(*Graal*, 2341)
《*Par ma foi, seigneurs, j'aurais mal agi, je pense*》
Se vos avant aleiez,
Ja, ***ce cuit***, n'esploitereiz.(*Ibid*, 2389)
《*Si vous alliez plus avant, vous n'y gagneriez rien, je pense*》

4. 명령법이나 희구법(optative)에서

1) 고대 프랑스어에서 명령법 동사의 주어의 표현은 극히 드물다. 특히 동사의 뒤에서 명령법 주어는 표현될 수 있다.

*oz tu*, chevaliers qui vas aventures querant, voiz ci deus voies, l'une a destre, l'autre a senestre.(*Queste*, 41, 3)
《*Chevalier, toi qui cherche les aventures,* écoute*: voici deux routes, l'une* à *droite, l'autre* à *gauche*》

하지만 이 경우에서도 「주어 + 동사 + 보어」의 어순도 발견된다.

Mais *vous* me *donnés* de quemun
Trois de ches deniers qui sont rouge.(*Nicolas*, 1099)
《*Mais mettez-vous plutôt d'accord pour me donner trois de ces deniers, les rouges*》

2) 명령법의 가치를 갖는 접속법 뒤에서 주어는 일반적으로 표현된다.

Mueve *li rois* quant il voudra.(*Artu*, 104, 35)
《*Que le roi se mette en route quand il voudra*》

5. 상황보어의 가치를 갖는 형식적으로 독립된 문장에서

형식적으로 뒤에 오는 문장과 상황보어(시간, 결과, 반대, 가정)의 관계를 유지하지만 접속사가 생략된 문장의 형식을 띤다. 일반적으로 「동사 + 주어 + 보어」의 어순을 보이며, 이 형식은 특히 무훈시의 지배적인 어순이다.

*Voit le li cuens*, le sens cuide changier.(*PO*, 894)
《*Voyant cela, le comte faillit devenir fou*》(결과)
*Fust* i *li reis* n'i oüssum damage.(*Rol.*, 1102)
《*Si le roi était là nous ne subirons aucun dommage*》(가정)

### 7.1.4. 주어 + 보어 + 동사

이 어순의 구조는 독립절이나 종속절에서 주로 발견된다.

1. 독립절에서

Li roi Tristan menace(*Trist.*, 770)
《*Si le roi menace Tristan*》

2. 관계사로 *qui*로 도입된 종속절에서

관계대명사는 관계절에서 주어의 기능을 담당한다.

(Galaad) chevaucha mainte jornee sans aventure trover ***qui a conter face***.(*Queste*, 46, 20)

3. 접속사로 도입되는 종속절에서(보어절이나 상황보어절)

Dites le moi, car de lui ne me gardasse ge jamés que ***il ma honte porchaçast***.(*Artu*, 86, 26)
Et ***se tu en cele a destre entres***, tost i porras perir.(*Queste*, 41, 8)

4. 보어가 장소 · 시간 · 방법이나 양을 의미하는 문장에서

et quant vos ***la amont vanroiz***
devant vos, an un val, verroiz
une maison, ou ge estois.(*Perceval*, 3025)
《*Une fois au sommet, vous verrez devant vous dans la vallée la maison où je réside*》
Je ne voil, fet il, fors la costume dou chastel. - Certes, fet cil, ce est la chose que vos ***mar desirrez***.(*Queste*, 47, 23)
《*Je ne veux rien d'autre que satisfaire à la coutume du château.*

- *Vous vous en repentirez, réplique l'écuyer*》
quant li deable vit ce, si fu molt dolenz et pensa que il vos corroit sus... Et il ***si fist***.(*Queste*, 45, 5)
《*Quand le diable s'en aperçut, il en fut affligé et décida de vous attaquer... Ainsi fit-il*》

> ☞ **주의**
> 보어가 부사인 경우를 제외하고 독립절에서 이 어순을 찾아보기 힘들다.
>
> Et doit me ele ami clamer?
> Oïl, voir, por ce que je l'aim.
> Et je ***m'anemie la claim***.(*Yvain*, 1460)
> 《*Mais, doit-elle m'appeler son ami? Oui, certainement, puisque je l'aime. Et moi je l'appelle mon ennemie*》

## 7.1.5. 보어 + 주어 + 동사

고대 프랑스어 초기에 이 형식의 어순은 드물었으나, 13세기에 다음과 같은 상황에서 확장되었다.

1. 목적보어 대명사로 도입된 관계절에서

Lors voit jesir en mi la place
S'espee, ***que il*** bien ***conut***.(*B.I.*, 1455)
《*Il aperçut alors au milieu du terrain son épée, qu'il reconnut parfaitement*》

2. 보어가 종속절의 형식으로 나타나는 문장에서

Mesire Blyoblerys, fait Lancelos, ***se je ne vous tenoie por boin cevalier***, je m'esprendroie trop durement.(*Trist.*, prose, 116, 26).

《*Monseigneur Blyoblerys, répond Lancelot, si je ne vous considérais pas comme un chevalier de valeur, j'aurais bien tort*》

> ☞ 주의
> 하지만 *ainz que, ainçois que*와 같은 시간의 상황보어로 도입된 종속절에서는 주어가 도치된다(p. 410 '주의' 참조)

3. 담화의 부사로 시작되는 독립절에서

이 형태의 부사는 문장에 통합되지 않고 동사 앞에 주어를 위치시킨다.

1) 언술에 대한 평가(appréciation)를 표시하는 부사(구) 다음에서

***Certes*** Rollanz nel valut onques.(*Dole*, 2755)
《*À coup sûr, Roland ne le valait pas*》
Maintenant ot entor lui si grant noise et si grant cri qu'il li est avis que tuit li anemi d'enfer soient entor lui : et ***sanz faille*** il en I avoit plusors.(*Queste*, 182, 5)
《*Aussitôt retentissent autour de lui de telles calmeurs, de telles plaintes qu'il se croit entouré de tous les diables de l'enfer ; au reste, il y en avait là un certain nombre!*》

2) 양보를 표현하는 *neporquant, neporoec, nequedent*과 같은 부사 다음에서

Si est abaubis devant soi
Jehans qu'il n'ose tenir mot.
***Neporquant*** il se tint a sot.(*J&B*, 870)
《*Jean est si décontenancé devant elle qu'il n'ose émettre un son. Cependant, il se dit qu'il est sot*》
Et ***neporec*** il le diroit volentiers, mais il n'ose, com cil qui plus est coarz que hardiz.(*Queste*, 66,1)

Quant Lancelos entent ceste requeste, si l'en pesa moult ; et ***nequedant*** il ne li ose contredire puis qu'il li avoit creanté.(*Artu*, 14, 18)
《À *l'énoncé de cette requête, Lancelot se trouva très ennuyé* ; *pourtant il n'osa pas la repousser, puisqu'il avait promis*》

## 7.1.6. 동사 + 보어 + 주어

이 마지막 어순의 구조는 고대 프랑스어에서 가장 희귀한 형식이다. 이 어순에서 보어는 부사이거나 명사구이다.

Ma honte? fet li rois, va ***donc*** la chose si haut que ma honte i est?(*Artu*, 5, 10)
Assamblé ont ***grant compaignie***
li dui chevalier ancïen.(*Palefroi*, 700)

## 7.2. 강조구문과 소개사 (Gallicisme et Présentatif)

### 7.2.1. 강조구문(Gallicisme)

고대 프랑스어의 강조구문은 현대 프랑스어와는 달리 주어 강조형인 *ez*(='voici') *vos*형이나 대명사 *ce*가 *estre* 동사와 결합된 형태를 주로 이용하였다. 이 때 주어 인칭 대명사는 현대 프랑스어와는 달리 술어 비대용형 대명사(비강세형)가 온다. *Estre* 동사 다음에서 술어 대용형(강세형) 대명사의 사용은 중세 프랑스어기에 등장한다.

1. *ez vos* 형

> ***Es vos*** Renart le Pelerin.(*Renart*, 1483)
> Quant cil l'oïrent, ***es*** les ***vos*** tos montez.(*Cambrai*, 5448)
> Atant ***estes vous*** les enfanz.(*Thèbes*, 4910)
> 《*Alors voici les enfants*》

2. *ce sui je, ce es tu, ce est il, ce some nos, se estes vos, ce sont il* 형으로 주어는 비강세형(술어 비대용형) 대명사가 온다.

> ***iestes vos ce***, Renart, biausire?(*Renart*, 9802)
> Ne suis je Meraugis? - ***Ce sui je***.(*Meraugis*, 4379)
> 《*Ne suis je point Maurugis? - Oui, c'est moi*》

### 7.2.2. 소개사(Présentatif)

소개사는 목적격 형태로 *voi ci*, *vez ci*, *ez*, *ez vos* 등이 연극이나 이야기에 삽입된 대화에서 주로 사용되었다.

*Veez ci* l'escu que je vos les en remembrance de moi.(*Queste*, 34, 19)
*Ves chi* un grant vilain kenu.(*Nicolas*, 457)
Atant *ez vos* un chevalier vaillant.(*Nîmes*, 1414)
*Ez vous* un mes aprés celui.(*Thèbes*, 5107)
《*Voici un second messager qui succède au premier*》

## 7.3. 직접화법과 간접화법 (Style direct et Style indirect)

현대 프랑스어와 마찬가지로 고대 프랑스어에서도 직접화법, 간접화접 및 자유 간접화법이 통용되었다.

### 7.3.1. 직접화법

고대 프랑스어에서는 동사나 대명사의 도치를 내포하는 간접화법보다 강한 운동이나 색감을 지닌 직접화법을 선호하였다.

#### 1. 직접화법의 도입

직접화법은 긍정(서술)의 동사로 도입되며, 12세기부터 경보기 역할을 하는 대명사 *ce*로 도입된다. 서술 동사가 부재하거나 내재한 경우 *dit il*이나 *fait il*의 삽입구를 사용하기도 한다.

> Ço dist Rollant : Cornerai l'olifant.(*Rol.*, 1702)
> 《*Roland dit* : 《*Je sonnerai l'olifant*》
> Et les salua au plus bel que pot : 《Seignor, ***dit il***, dont iestes vos》.(*Trist.* prose, 381, 3)
> 《*Et il les salua très courtoisement* : 《*Seigneurs, leur dit-il, d'où êtes-vous?*》
> Et la damoisele li dist : 《Sire, ***fait ele***, vos avez molt bien esploitié.(*Perlesvaus*, 5804)
> 《*Et la damoiselle lui dit* : 《*Seigneur, vous avez parfaitement réussi*》

**☞ 주의**

(a) 삽입구에서 *dire* 동사는 종종 단순과거형(*dist il*)이지만, *faire* 동사는 주로 직설법 현재형(*fait il*)이다. *Fait il*형은 *dist il*형 보다 더 통용되었으며, 특히 Chrétien de Troyes의 작품에서 *fait il* 형이 지배적이며, 13세기까지 통용되었다.

(b) 경제적인 이유로 대화체에서 이러한 삽입구가 종종 생략되기도 한다.

> Et veïstes vos le graal? - Oïl, bien. - Et qui le tenoit? - Une pucele. - Et dont venoit? - D'une chambre. - Et ou en ala? - En une autre chambre entra.(*Perceval*, 3556)
> 《*Avez-vous vu le graal? - Oui, parfaitement. - Qui le portait? - Une jeune fille. - D'où venait-elle? - D'une chambre. - Et où est-elle allée? - Elle est entrée dans une autre chambre*》

### 2. 직접화법 앞에서 접속사 Que

직접화법은 종종 접속사 *que*로 도입된다. 이 때 *que*는 종속절의 완화된 표현으로 볼 수 있고, 직접화법의 간접화법으로의 대체 형태로 볼 수 있다. 또한 접속사 *que* 다음에 명령법이 올 수 있다.

Et dist li cuens ***qu'*** 《au parler entendoie
Au messaigier, l'eure soit benoite...》.(*Ami*, 1103)
《*Et le comte dit* : 《*J'étais occupé à parler au messager, bénie soit cette heure...*》
Et dist Jordains ***que*** 《G'estoie malades
De la colee qu'avant ier me donnastez.(*Jourdain de Blaye*, 997)
《*Et Jourdain dit* : 《*J'étais malade du coup que vous m'avez porté l'autre jour*》
Or te conur et pri ***que*** 《me di verité》.(*Fierabras*, 697)
《*Je t'en prie et je t'en conjure* : *dis-moi la vérité*》

## 7.3.2. 간접화법

간접화법은 일반적으로 접속사 *que*로 도입되며, 긍정, 인지, 의견동사에 의존한다.

### 1. 접속사 Que의 생략

종속절이 완화된 형태로 접속사 *que*가 생략되기도 하며, *il dit il fera* 형태를 취한다.

Si ***dist***, pui que ses sires est partiz de cest siecle, ***il*** n'i ***demorra*** plus.(*Artu*, 194, 35)
《*Il dit que puisque son seigneur a quitté ce monde il n'y restera pas plus longtemps*》

Puis li a ***dit*** avenantment
***Qu'***a sa fille ireit
Mut volentiers, s'il lui pleisoit(*Eliduc*, 648)
*《Il lui dit avec courtoisie qu'il irait volontiers parler à sa fille, avec sa permission》*

## 2. 어순 전환(Transposition)

간접화법은 인칭 · 장소 · 시간 · 의문부사 및 법과 시제의 어순전환(도치)을 포함한다. 고대 프랑스어에서는 과거에서의 시제전환이 이루어졌으나, 문장에 생기를 불어넣기 위해 종종 역사적 현재나 직접화법의 시제를 사용하기도 했다.

A celui jor meïsmes... oï nouveles Lancelos ***que*** li rois Artus vouloit venir a ost sus li, et vendroit sans faille, maintenant ***que*** l'ivers seroit passez, car ja avoit fet auques son estorement.(*Artu*, 127, 3)
*《Ce même jour, Lancelot apprit que le roi Arthur avait l'intention de marcher contre lui avec une armée, et qu'il viendrait sans faute dès que l'hiver serait passé, car il avait déjà fit ses préparatifs》*
Il ***distrent qu'***il ne leur chaloit, qu'il n'ont doute d'eus.(*Artu*, 132, 11)
*《Ils dirent que peu leur importait, car ils ne les craignaient pas du tout》*

## 3. 화법의 변화

고대 프랑스어에서의 간접화법의 사용은 서서히 이루어졌다. 종종 간접화법으로 시작하여 직접화법으로 끝나는 문장도 발견된다.

Et quant ele parole, si ***dist que*** maudite soit l'eure que onques tieus noveles vindrent devant li, <<***car g'en sui, fet ele, maubaillie***>>.(*Artu*, 36)
Et elle lui ***conte que*** le senechal la veult avoir a femme <<***et la***

*moitié du royaume mon pere pour ce qu'il dit qu'il a ocis le serpent.*>>(*Trist.* prose, 2, 134)
《*Et elle lui raconte que le sénéchal veut l'épouser* 《*et il veut voir, dit-elle, la moitié du royaume de mon père parce qu'il prétend avoir tué le dragon*》

## 7.3.3. 자유 간접화법

자유 간접화법은 간접화법과는 달리 접속사 *que*로 도입되지 않는 통사적 특성을 보인다.

### 1. 자유 간접화법의 등장

자유 간접화법은 일반적으로 접속사 *que*로 도입된 간접화법에 등위되거나 병렬되어있다.

Congié li ad rové e quis
*Qu'*ele puisse de lui partir :
Nune voelt estre, Deu servir ;
De sa tere li doint partie
U ele face une abeïe.(*Eliduc*, 1122)
《*Elle lui a demandé la permission de le quitter : elle veut devenir religieuse et servir Dieu. Qu'il lui donne une partie de sa terre pour qu'elle y fonde une abbaye*》

### 2. 직접 · 간접 · 자유 간접화법의 교체

고대 프랑스어에서는 동일 문장에서 이 세 가지 화법이 종종 교체되어 사용되기도 한다. 이 경우 문장은 간접화법으로 시작되어 자유간접화법으로 계속되다가 직접화법으로 이어진다.

Et a ce respondit li roys que il *savoit* bien *que* li roys d'angleterre n'i avoit droit ; ***mais*** il y avoit raison par quoy il li devoit bien donner : ***《Car nous avons deus serours a femmes, et sont nostre enfant cousin germain...》*** .(*SL*, 14)

*《Le roi répondit qu'il savait parfaitement que le roi d'Angleterre n'avait aucun droit sur cette terre ; mais il y avait des raisons pour la lui rendre : 《C'est que nos deux femmes sont soeurs, que nos enfants sont cousins germains》*

# 참 고 문 헌

## 1. 주요 자료체


*Alexis* *La vie de Saint Alexis*, éd. A. Meunier, Droz, 1933.

*Alis.* *Aliscans*, éd. C. Régnier, CFMA, Champion, 1990.

*Ami* *Ami et Amile*, éd. P.F. Dembrovski, CFMA, 1969.

*Artu* *La Mort le roi Artu*, éd. J. Frappier, Droz, 1964.

*Aspr.* *La Chanson d'Aspremont*, éd. M. Roques, CFMA, 1973

*Aucassin* *Aucassin et Nicolette*, éd. M. Roques, CFMA, 1973.

*Becket* *La vie de saint Thomas Becket*, éd. Walberg, CFMA, 1936.

*B.I.* Renaud de Beaujeu, *Le Bel Inconnu*, éd. G. P. Willams, CFMA, 1991.

*Charrette* Chrétien de Troyes, *Le Chevalier de la Charrette*, éd. Roques, CFMA, 1965.

*Cambrai* Raoul de Cambrai, éd. P. Meyer et A. Longnon, SATF, 1882.

*CL* *Le Couronnement de Louis*, éd. Langlois, CFMA, 1925.

*Cligès* Chrétien de Troyes, *Cligès*, éd. A. Micha, CFMA, 1975.

*Clari* Robert de Clari, *La Conquête de Constatinople*, éd. Ph. Lauer, Champion, 1924.

*Courtois* *Courtois d'Arras*, éd. E. Faral, Champion, 1967.

*Dole* Jean de Renart, *Le Roman de la Rose ou de Guillaume de Dole*, éd. F. Lecoy, Champion, 1979.

*Do Mire* *Do Mire de Brai*, *Fabliaux français du Moyen Age*, T.1. éd. Ph. Ménard, Droz, 1979.

*Eliduc* Marie de France, *Eliduc*, *Les Lais*, éd. J. Rychner,

Champion, 1969.

*Eracle* Gautier d'Arras, *Eracle*, éd. Raynaud de Lesage, Champion, 1976.

*Erec* Chrétien de Troyes, *Erec et Enide*, éd. M. Roques, Champion, 1952.

*Eulalie* *Séquence de sainte Eulalie*, éd. W. Foerster.

*Fabliaux* *Fabliaux* du Moyen âge, éd. Ph. Ménard, Droz, 1979.

*FabliauxNR* *Nouveau Recueil Complet des Fabliaux*, éd.W. Noomen et alii., Van Gorcum, 1983-1996.

*Feuillée* Adam le Bossu, *Le Jeu de la Feuillée*, éd. E. Langlois, CFMA, 1968.

*Gal* Jean de Renart, *Galeran de Bretagne*, éd. Foulet, CFMA, 1925.

*Gormont* *Gormont et Isembart*, éd., Y, Otaka, Champion, 1931.

*Guig.* Marie de France, *Guigemar*, *Les Lais*, éd. J. Rychner, Champion, 1969.

*Guillaume* *La Chanson de Guillaume*, éd. D. Mcmillan,

*J&B* Philippe de Rémi, *Jehan et Blonde*, éd. S. Lecuyer, Champion, 1984.

*Lanval* Marie de France, *Lanval*, *Les Lais*, éd. J. Rychner, Champion, 1969.

*Lancelot* *Lancelot*, éd. A. Micha, TLF, Droz, 1980.

*Manekine* Philippe de Beaumanoir, *La Manekine*, éd. A. Suchier.

*Nicolas* Jean Bodel, *Le Jeu de saint Nicolas*, éd. A. Henry, 1965.

*Nîmes* *Le Charroi de Nîmes*, éd. D. Millan, Klincksieck, 1978.

*Palefroi* Huon le Roi, *Le Vair Palefroi*, éd. A. Langfors, Champion, 1947.

*Partonopeus* *Partonopeus de Blois*, éd.J. Gildea, Villanova, 1967.

*Perceval* *La Conte du Graal(Perceval)*, éd. F. Lecoy, Champion, 1975.

*PO* *La Prise d'Orange*, éd. Régnier, Klincksieck, 1972.

*Proverbes* *Proverbes français du Moyen Âge*, éd. J. Morawski, CFMA, Champion, 1925.

*Queste* *La Queste de Saint Graal*, éd. A. Pauphilet,

*Renart* *Le Roman de Renart*, éd. Roques, Champion, 1973.

*Robin* *Le Jeu de Robin et Marion*, éd. E. Langlois, Champion, 1968.

*Rol.* *La Chanson de Roland*, éd. G. Moignet, Bordas, 1969.

*Rose* G. de Lorris & J. de Meun, *Le Roman de la Rose*, éd. F. Lecoy, Champion, 1976-1982.

*Rou* Wace, *Le Roman de Rou*, éd. A. J. Holden, SATF, 1 970-1973.

*Rutebeuf* Reutebeuf, *Oeuvres complètes*, éd. E. Faral, Picard, 1968.

*SL* *Histoire de Saint Louis*, éd. A. Pauphilet, 1952.

*St. Léger* *La Vie de saint Léger*, éd. D'Arco Silvio, Pavie, 1967.

*Thèbes* *Le Roman de Thèbes*, éd. R. de Lage, CFMA, 1968.

*Théophile* Rutebeuf, *Le Miracle de Théophile*, éd. Faral et J. Bastin, Picard, 1968.

*Trist. prose* *Le Roman de Tristan en prose*, éd. J. Ménard, Droz, 1987.

*Tresc.* *Des Tresces, Fabliaux français du Moyen Âge*, éd. Droz, 1987.

*Tristan* Béroul, *Le Roman de Tristan*, éd., E. Muret, Champion, 1970.

*Troie* *Le Roman de Troie*, éd. E. Faral, CFMA, 1922.

*Vergi* *La Chastelaine de Vergi*, éd. G. R. de Lesage, CFMA,

1967.

*Villh.* *Villh, La Conquête de Constantinople*, éd. Faral, Les Belles Lettres, 1961.

*Yonec* Marie de France, *Yonec, Les Lais*, éd. J. Rychner, Champion, 1969.

*Yvain* Chrétien de Troyes, *Le Chevalier au lion(Yvain)*, éd. M. Roques, Champion, 1982.

## 2. 기타 자료체

*Adam* Adam de la Halle, *Chansons*, éd. R. Berger, Halle, 1900

*Aiol* *Aiol*, éd. J. Normand et G. Raynaud, Paris, 1877

*Aliscans* *Aliscans*, éd. F. Guessard et A. de Montaiglon, Paris, 1870

*Ay. Nar.* *Aymeri de Narbonne*, éd. L. Demaison, Paris, 1887.

*Am. et Yd.* *Amadas et Ydone*, éd. J.-R, Reinard, Paris, 1926.

*Aubere* *Auberee*, éd. H. Christmann, Tübingen, 1963.

*Av. Comp.* *Des .III. Avugles de Compiegnes, Fabliaux français du Moyen Âge*, T, 1, éd. Ph. Ménard, TLF, Droz

*Barb.* *Le Siège de Barbastre*, éd. J.-L. Perrier, CFMA, Champion, 1926.

*Barbazan et Méon* *Barbazan et Méon*

*Berte* Adenet le Roi, *Berte aux grands pieds*, éd. A. Henry, Bruxelles, 1971.

*Bestiaire* *Philippe de Taon, Le Bestiaire*, éd. E. Walberg, Praris, 1900.

*Béthune,* Conon de Béthune, *Chansons*, éd. A. Wallenscöld, 1921.

*Beuve* *Beuvon de Conmarchis*, éd. A. Henry, Bruges, 1953.

*Brendan* *Le Voyage de Saint Brendan*, éd. Merrilees, MUP, 1979.

*Brut* Wace, *Le Roman de Brut*, éd. E Arnold, SATF, 1938-1940.

*Cha* *La Chastelaine de Vergi*, éd.. G. Raynaud, CFMA, 1921.

*Chans.* Colin Muset, *Chansons*, éd. J. Bédier, Paris, 1912.

*Chans.* *Guill. La Chanson de Guillaume*, éd. D. Mcmillan, Paris, 1922.

*Chanson des Saines* Jean Bodel, *Chanson des Saines,* éd. F. Menzel et E. Stengel, Marburg, 1906.

*Chastelain de Couci*, *chansons*, éd. A, Lerond, Paris, 1964.

*Chevaliers aux deux épées*, éd. W. Foerster, Amsterdam, 1966.

*Chevalerie Ogier*, *La Chevalerie d'Ogier de Danemarche*, éd. M. Eusebi, Milanon 1963.

*Chev. Bar.* *Le Chevalier au barisel*, éd. F. Lecoy, Paris, CFMA, 1955.

*Chev. Viv.* *La Chevalerie Vivien*, éd. A.L., Terracher, Paris, 1909.

*Cleomadés* *Adenet le Roi*, *Cleomadés*, éd. A, Henry, Bruxelles, 1971.

*Comp. Guill.* Rutebeuf, *Complainte de Guillaume*, éd. E. Faral et J. Bastin, t,1, Picard, 1976.

*Comp. Outr.* Rutebeuf, *La Complainte d'Outremer*, éd. J. Dufournet, G.F. 1969.

*CNN* *Les Cents Nouvelles Nouvelles*, éd. Sweetser, TLF, 1966.

*Const.* Rutebeuf, *La Complainte de Constantinople*

*Del Mun* *Del Munier et des .II. clers, Fabliaux français du Moyen* Âge, T.1., éd. Ph. Ménard, TLF, Droz, 1979.

*Saint-Gilles* *Elie de Saint-Gilles*, éd. G. Raynaud, Paris, 1879.

*Equitan* Marie de France, *Lai d'Equitan*

*Escan.* *Gérard d'Amiens*, *Escanor*, éd. H. Michelant, 1886.

*Escoufle* Jean Renart, *L'Escoufle*, éd. H. Michelant et P. Meyer,

Paris, 1984.

*Est. Gt.* Robert de Boron, *Le Roman de l'estoire dou Graal,* éd. W.A., Nitze, CFMA, Champion, 1971.

*Fa* *Fabliaux français du Moyen Âge,* éd. Ph. Ménard, TLF, 1979.

*Fables* Marie de France, *Fables,* éd. A. Ewert et R.C. Hohnston, Oxford, Blackwell, 1966.

*Fabliau du Boucher d'Abbevill* *Fabliau du Boucher d'Abbevill*

*Faits des Romains, Les Faits des Romains,* éd. L.F. Flutre, 1938

*Fergus* *Fergus,* éd. Martin, Halle, 1872.

*Fierabras* *Fierabras,* éd. A. Kroeber et G. Servois, Paris, 1860.

*Flo* *Floovant,* éd. F, Guessard, et H. Michelant, 1859.

*Floire* *Le Conte de Floire de Blancheflor,* éd. J.L. Leclanche, CFMA, 1980.

*Folie de Tristan de Berne,* éd. E, Hoeffner, Paris, 1949.

*Garçon et av.* *Le Garçon et l'Aveugle,* éd. M. Roques, Paris, 1921.

*Gries. E.* *Rutebeuf, La Griesche d'été,* éd. E. Faral et J. Bastin, T. 1. Picard, 1976.

*Guillaume d'Angleterre* *Chrétien de Troyes, Guillaume d'Angleterre,* éd. M. Wilmotte, CFMA, 1927.

*Guillaume le Vinier* *Poésies,* éd. Ph. Ménard, 1970.

*Huon* *Huon de Bordeaux,* éd. P. Ruelle, Bruxelles-Paris, 1960.

*Ille* Gautier d'Arras, *Ille et Galeron,* éd. W. Foerster, Halle, 1981.

*Jeu d'Adam* *Le Jeu d'Adam,* éd. P. Aebischer, Genève, 1963.

*Joufroi* éd. P.B. Fay et J. L. Grigsby, Genève, 1972.

*Jourdain de Blaye* éd. P. Dembowski, Chicago, 1969.

*JP* Adam de la Halle, *Jeux partis,* éd. Nicod, Paris, 1917.

*Lai de l'Ombre* Jean Renart, *Le lai de l'Ombre,* éd. A. Limentani,

Torino, 1970.

*Laüs* Marie de France, *Laüstic, les Lais*, éd. J. Rychner, CFMA, Champion, 1968.

*Laurin* *Le Roman de Laurin*, éd. L. Thorpe, Cambridge, 1958

*Mar. Eg.* Rutebeuf, *Sainte Marie Egyptienne*, éd. E. Faral et J. Bastin, T.2, Picard, 1976.

*Miracles N.D.* Gautier de Coinci, *Les Miracles de Nostre Dame*, éd. F. Koeing, 1955-1970.

*Mort Aymeri* *La Mort Aymeri de Narbonne*, éd. J. Couraye du Parc, Paris, 1884.

*Moniage Guillaume* *Le Moniage Guillaume*, éd. W. Cloetta, Paris, 1906.

*Ombre* Jean Renart, *Le Lais de l'Ombre*, éd. F, Lecoy, CFMA, 1979.

*Par* Rutebeuf, *Voie de paradis*

*Parise* *Parise la duchesse*, éd. M. Plouzeau, CUERMA, 1986.

*Partonopeus* *Partonopeus de Blois*, éd. J. Gildea, Villanova, 1967.

*Pèlerinage de Charlemagne*, *Le Pèlerinage de Charlemagne* à *Jérusalem*, éd. P. Aebischer, Genève, 1885.

*Phar* Rutebeuf, *Du Pharisien*

*Pouille,* Rutebeuf, *Le Dit de Pouille*, éd. E. Faral et J. Bastin, t.1, Picard, 1968.

*Montauban* *Renaut de Montauban*, éd. H. Michelant, Amsterdam, 1966.

*Robert* *Robert le Diable*, éd. E. Löseth, Paris, 1903.

*Rois* *Les Quatre Livres des Rois*, éd. E. R. Curtius, Dresde, 1911.

*Rom.* *Romances et Pastourelles*, éd. K. Bartsch, Leipzig, 1870.

*Sac* Rutebeuf, *Le Sacristain et la femme au chevalier*

*Voyage* *Le Voyage de Charlemagne à Jérusalem et à Constantinople*, éd. P. Aebischer, Droz, 1965.

*Vices* Rutebeuf, *Bataille des vices et des vertus*

*Wistasse* *Wistasse le Moine*, éd. W. Foerster et J. Trost, Halle, 1868.

*Ysopet* *Ysopet de Lyon*, éd. J. Bastin dans *Recueil général des sopets*, Paris 1930.

## 3. 논문 및 연구서

김영모, 「접속사 *ainz*와 *mais*의 비교연구(I) : 고대 불어에서 중세 불어까지」, 『불어불문학연구』 32집, 한국불어불문학회, 1996.

_____, 「중세 불어에서의 *si* + *faire*」, 『언어』 19호, 충남대학교 어학연구소, 1998.

_____, 「*Si m'aït Diex/Se Diex m'aït*의 형태·통사론적 연구-중세 불어 자료체를 중심으로」, 『언어연구』 17-1호, 현대언어학회, 2001.

_____, 「중세 불어에서의 *Si m'aït Diex/Se Diex m'aït*」, 『한국프랑스학논집』 35집, 한국프랑스학회, 2001.

_____, 「중세 프랑스어 연구」, 도서출판 만남, 2002.

_____, 「중세 프랑스어 형태론 연구」, 도서출판 만남, 2005.

_____, 「11-15세기 중세프랑스어에서의 형태소 *car*」, 『언어연구』 22-2호, 현대언어학회, 2006.

Antoine, G., *La coordination en français*, 2 vol. D'Artrey, 1958.

Batagny, J., *Français médiéval*, Bordas, 1972.

Bonnard, H. et Régnier, G., *Petite grammaire de l'ancien français*, Magnard, 1989.

Buridant, Cl., *Grammaire nouvelle de l'ancien français*, SEDES, 2000.

Cerquiguligni, B., *La parole médiévale*, Minuit, 1981.

Cohen, M, *Histoire d'une langue : le français*, Éd. Sociales, 1973.

Ernout, A. et Thomas, F., *Syntaxe latine*, Klincksieck, Nathan, 1973.

Foulet, L., *Petite syntaxe de l'ancien français*, 1930, Champion.

Gardner, R. et Greene, A. M, *A brief description of middle french syntax*, The University of North Carolina Press, 1958.

Gougenheim, G., *Etude sur les périphrases verbales de langue française*, Nizet, 1971.

Hasenhor, G., *Introduction* à *l'ancien français*, SEDES, 1990.

Joly, G., *Précis d'ancien français*, A. Colin, 1998.

Kerlouègan, F. et ali, *Initiation au système de la langue latine: Du latin classique aux langues romanes*, Nathan, 1975.

Kim, Y. M., *Recherches sur la conjonction de coordination en moyen français: d'après un corpus constitué par les .XV. Joies de Mariage*, Thèse de Doctorat, Paris-Sorbonne, 1992.

______, "*SI* marqueur de la liaison des propositions en moyen français", *The journal of Studies in language*, 1994.

Martin, R., *Temps et aspect : Essai sur l'emploi des temps narratifs en moyen français*, Klincksieck, 1971.

Ménard, Ph., *Manuel du français du moyen âge: syntaxe de l'ancien français*, Bière, 1988.

Moignet, G., *Grammaire de l'ancien français*, Klincksieck, 1979.

Nyrop. Kr., *Grammaire historique de la langue française*, T.1, Nordisk Forlag, 1950.

Perret, M., *Le signe et la mention : adverbes embrayeurs ci, ça, la, illuec en moyen français*, Droz, 1988.

Quefflec, A. et Bellon. R., *Linguistique médiévale*, A. Colin, 1995.

Soutet, O., *La concession en français des origines au XVI$^{e}$ siècle*, Droz, 1990.

_______, *Etudes d'ancien et de moyen français*, PUF., 1992.

Thomasset, Cl. et Ueltschi, K., *Pour lire l'ancien français*, Nathan, 1997.

Wilmet, M., *Le système de l'indicatif en moyen français*, Droz, 1970.

# 찾 아 보 기

## 1. 전문 용어 및 고유명사

### ㄱ



### ㄷ



### ㄹ

ㅁ



ㅂ



ㅅ



ㅇ

ㅊ



ㅍ



ㅎ

# 찾 아 보 기

## 2. 프랑스어 어휘

### A



### B



### C

D



E



F

## R



## S



## T



## U



## V-W

김 영 모(金永模)

충남대학교 불어불문학과 및 동 대학원 졸업
프랑스 니스(Nice) 대학교 박사과정(D.E.A.) 수료
프랑스 파리-소르본(Paris-Sorbonne) 대학 문학박사(중세프랑스어 전공)
현재 : 카이스트 인문 사회과학부 대우교수
저서 : 『중세 프랑스어에서의 등위접속사 연구』
『프랑스 문화와 예술』(공저), 『프랑스 문화』(공저)
『중세 프랑스어 연구』(2003년 문화관광부 추천 우수학술도서)
『프랑스어 동사활용 대사전』, 『중세 프랑스어 형태론 연구』등
역서 : 『프랑스 지성인들의 12월』
『새로운 충격들 - 프랑스 미디어의 허와 실』
『영화를 생각하다』, 『바칼로레아 논술 』(공역) 등
논문 : 「노르만 정복 이후 중세 영국사회에서 불어의 지배적 상황연구」
「중세불어에서의 *Si m'äit Diex/Se Diex m'äit*」
「14세기 프랑스어의 위상」, 「12-15세기에서의 프랑스어 문법」 외 다수

# 고대 프랑스어 통사론 연구

지은이 / 김영모

초판1쇄발행 / 2007. 4. 27.
초판2쇄발행 / 2007. 7. 30.

발행인 / 차상면
발행처 / 도서출판 만 남
등록번호 / 제2-1798호
주 소 / 서울시 광진구 자양3동 510-5 이튼타워 A동 2302호
전화 (02) 3436-0746, 0747
FAX (02) 3436-0747

값 20.000원
ISBN 978-89-5920-120-4-93670

홈페이지 주소 : www.mannam21.co.kr
E-mail : mannampub@ hanmail.net